2023年
会计专业技术资格考试
考点一本通

初级会计实务

● 新东方财经教育 编

计划

ccounting

中国教育出版传媒集团

高等教育出版社·北京

图书在版编目（ＣＩＰ）数据

会计专业技术资格考试：考点一本通. 初级会计实务 / 新东方财经教育编. -- 北京 ：高等教育出版社，2023.3

ISBN 978-7-04-059916-9

Ⅰ. ①会… Ⅱ. ①新… Ⅲ. ①会计实务－资格考试－自学参考资料 Ⅳ. ①F23

中国国家版本馆CIP数据核字(2023)第023872号

KUAIJI ZHUANYE JISHU ZIGE KAOSHI KAODIAN YIBENTONG CHUJI KUAIJI SHIWU

策划编辑	石 磊 周 睿	责任编辑	周 睿	封面设计	姜 磊	版式设计	马 云
责任绘图	杨伟露	责任校对	高 歌	责任印制	耿 轩		

出版发行	高等教育出版社	网　　址	http://www.hep.edu.cn	
社　　址	北京市西城区德外大街4号		http://www.hep.com.cn	
邮政编码	100120	网上订购	http://www.hepmall.com.cn	
印　　刷	固安县铭成印刷有限公司		http://www.hepmall.com	
开　　本	787mm×1092mm　1/16		http://www.hepmall.cn	
印　　张	23.25			
字　　数	510 千字	版　　次	2023 年 3 月第 1 版	
购书热线	010-58581118	印　　次	2023 年 3 月第 1 次印刷	
咨询电话	400-810-0598	定　　价	63.80 元	

前　言

　　当您翻开本书时，意味着您已经选择开启通往新世界的大门，您将踏上一个充满奋斗与艰辛的征程，这就是会计学习之路，也是您成就自己的开始。您选择了本书，是您与我们的故事的开始，希望本书能成为您学习路上的灯塔，指引您学习的航向，陪伴您乘风破浪。

　　我们总是在思考、探索和践行，如何帮助您以最有效的方式去学习初级会计资格的相关知识，帮助您高效通过考试。新东方财经团队在结合考试教材与历年考试规律的基础上，将近乎所有的考点融入本书。本书的编写团队有着丰富的考试与教学教研经验，掌握了应试之匙、直击考试命门。在您学习本书时，所有的知识点会如春日细雨般，润物细无声，您会在潜移默化间掌握知识；通过本书的学习，您将在会计知识的学习中"引而伸之，触类而长之"，从而能"举一反三""融会贯通"。

　　编写一本书难，编写一本好书更难，而编写一本能够帮助学员高效通过考试的书，则需要信仰。信仰，是对知识的尊重，对品质的追求，对学员的理解。在编写过程中，整个团队在近5年真题中寻找考点、总结规律，在考试教材中探究答案、沉淀技巧。我们希望本书能给您明确的复习方向、系统的知识体系和高效的学习路径；我们同样希望，本书将会成为您在会计学习中的第一盏明灯。孤独和彷徨不可怕，当您翻开本书，相信自己，您就是那可以燎原的星星之火。

　　十年寒窗无人问，希望您在默默无闻的日子里，保持进取。

　　一举成名天下知，期待您在成功的道路上，不断突破。

　　会计学习的征途，已然开始。而本书，将会是您征途中的最忠实的伙伴，是您故事中的最佳配角，陪您演绎辉煌、战胜孤独、见证荣耀。

　　尽管前路艰辛，但我们依然坚持，就是为了成就更好的自己。既然选择，唯有前进；既然坚持，唯有成功。前路漫漫，上下求索；不积跬步，无以至千里，不积小流，无以成江海；点点滴滴，都是您成功的阶梯。

　　当您学完本书、收获整个秋天时，您会认识一个更好的自己。

　　希望在您的会计职业生涯中，一直有我们陪伴；希望您与新东方财经团队的故事，持续演绎……

目 录

▶▶ 第八章　财务报告 ……………………………………… 330

第一部分

1

考试介绍

一、初级会计专业技术资格考试介绍

（一）了解初级会计专业技术资格考试

初级会计专业技术资格考试是全国统一考试，考试合格者，颁发由人力资源和社会保障部、财政部批准的《会计专业技术资格证书》，该证书在全国范围内有效。

（二）考试科目

初级会计专业技术资格考试科目包括"初级会计实务"和"经济法基础"。参加初级资格考试的人员，在一个考试年度内通过全部科目的考试，才能取得初级资格证书。

（三）考试方式

无纸化方式。

二、报名信息

（一）报名条件

1. 报名参加会计专业技术资格考试的人员，应具备下列基本条件：

（1）遵守《中华人民共和国会计法》和国家统一的会计制度等法律法规。

（2）具备良好的职业道德，无严重违反财经纪律的行为。

（3）热爱会计工作，具备相应的会计专业知识和业务技能。

2. 报名参加初级资格考试的人员，除具备基本条件外，还必须具备国家教育部门认可的高中毕业（含高中、中专、职高和技校）及以上学历。

（二）报名地点

符合报名条件的在职在岗人员按属地化原则在其工作单位所在地报名；符合报名条件的在校学生，在其学籍所在地报名；符合报名条件的其他人员，在其户籍所在地或居住地报名。

（三）报名方式

全国会计专业技术资格考试全部实行网上报名。

（四）报名关注网站

1. 财政部会计财务评价中心（全国会计资格评价网），如图 0-1 所示；

2. 各省市财政局官方网站，图 0-2 为北京市财政局官方网站。

图 0-1　财政部会计财务评价中心官方网站

图 0-2　北京市财政局官方网站

三、考试日程

（一）考试日程安排的公告

2022 年 11 月 18 日，全国会计专业技术资格考试领导小组办公室发布《关于 2023 年度全国会计专业技术资格考试考务日程安排及有关事项的通知》。

（二）大纲发布

2023 年 1 月 3 日，全国会计专业技术资格考试领导小组办公室发布《2023 年度全国

会计专业技术资格考试大纲》。

（三）报名时间

2023 年初级资格考试报名时间为 2023 年 2 月 7 日至 2 月 28 日。在上述时间内，各省级考试管理机构自行确定本地区的报名开始时间。考试报名统一在 2 月 28 日 12：00 截止，缴费统一在 2 月 28 日 18：00 截止。

（四）准考证打印时间

2023 年 4 月 12 日前，各省级考试管理机构公布本地区初级资格考试准考证网上打印的起止时间。

（五）考试时间及时长

2023 年初级资格考试时间为 2023 年 5 月 13 日至 17 日。

考试日期	考试时间及科目
5 月 13 日至 17 日	8：30-11：30 初级会计实务 经济法基础
	14：30-17：30 初级会计实务 经济法基础

"初级会计实务"科目考试时长为 105 分钟，"经济法基础"科目考试时长为 75 分钟，两个科目连续考试，时间不能混用。

（六）成绩查询时间

2023 年初级资格考试成绩于 2023 年 6 月 16 日在"财政部会计财务评价中心（全国会计资格评价网）"上公布。

（七）合格标准

2022 年初级资格考试各科目的合格标准均为 60 分（各科目试卷满分均为 100 分）。

四、"初级会计实务"考试题型及题量（以 2022 年为例）

题型	题量及分数
单项选择题	20 题 ×2 分 / 题 = 40 分
多项选择题	10 题 ×2 分 / 题 = 20 分
判断题	10 题 ×1 分 / 题 = 10 分
不定项选择题	3 题 ×5 小题 / 题 ×2 分 / 小题 = 30 分
合计	55 题 100 分

（一）单项选择题

单项选择题较容易，综合性较弱，主要考查教材基础知识点，考生应力争多拿分，为后续题型减轻压力，为通过考试奠定基础。

1. 记忆型

（2022 年）下列各项中，关于会计职能的说法不正确的是（　　　）。

A. 核算是监督的基础

B. 监督为核算提供了质量保障

C. 监督贯穿于经济活动的全过程，是会计最基本的职能

D. 核算是对特定主体的经济活动进行确认、计量、记录和报告

2. 分录型

（2022 年）甲公司（增值税一般纳税人）从证券交易所购入乙上市公司股票并划分为交易性金融资产，支付价款 1 200 万元（其中包含已宣告但尚未发放的现金股利 72 万元）；另支付交易费用 3 万元，取得的增值税专用发票上注明的增值税税额为 0.18 万元。不考虑其他因素，甲公司取得交易性金融资产的会计处理正确的是（　　　）。

A. 借：交易性金融资产——成本　　　　　　　　　　12 030 000

　　应交税费——应交增值税（进项税额）　　　　　　1 800

　　　贷：其他货币资金　　　　　　　　　　　　　12 031 800

B. 借：财务费用　　　　　　　　　　　　　　　　　30 000

　　应交税费——应交增值税（进项税额）　　　　　　1 800

　　　贷：其他货币资金　　　　　　　　　　　　　　31 800

C. 借：交易性金融资产——成本　　　　　　　　　　11 310 000

　　应交税费——应交增值税（进项税额）　　　　　　1 800

　　　贷：其他货币资金　　　　　　　　　　　　　11 311 800

D. 借：交易性金融资产——成本　　　　　　　　　　11 280 000

　　应收股利　　　　　　　　　　　　　　　　　　720 000

贷：其他货币资金　　　　　　　　　　　　　　　　　　　　12 000 000

　　3. 计算分析型

　　（2022 年）2021 年 12 月，某企业"坏账准备"科目贷方余额为 50 万元，本月发生坏账损失 30 万元。12 月 31 日，确定本期预期信用损失为 80 万元。2021 年 12 月 31 日应计提的坏账准备金额为（　　）万元。

　　A. 30　　　　　　　　B. 60　　　　　　　　C. 80　　　　　　　　D. 0

（二）多项选择题

　　多项选择题综合性较强，一个题目中往往涉及多个知识点，至少选择两个选项，全部选对得满分，少选得相应分值，多选、错选、不选均不得分。这种题属于比较难的题型。

　　1. 记忆型

　　（2022 年）下列各项中，企业应确认为无形资产的有（　　）。

　　A. 吸收投资取得的土地使用权　　　　　　B. 企业无偿取得的商标权

　　C. 企业因合并产生的商誉　　　　　　　　D. 无偿划拨取得的土地使用权

　　2. 分录型

　　（2022 年）下列各项中，导致企业实收资本（或股本）发生增减变动的有（　　）。

　　A. 接受投资者追加投资　　　　　　　　　B. 提取盈余公积

　　C. 资本公积转增资本　　　　　　　　　　D. 盈余公积弥补亏损

　　3. 计算分析型

　　（2022 年）2021 年 6 月 30 日，甲公司以支付手续费方式委托乙公司销售商品一批，商品已发出，实际成本为 100 万元。7 月，乙公司将受托代销商品全部销售，取得收入 150 万元。7 月 31 日，甲公司收到代销清单和代销手续费发票，应支付乙公司代销手续费 15 万元。不考虑增值税等其他因素，下列各项中，关于甲公司委托代销商品的会计处理表述正确的有（　　）。

　　A. 收到代销清单时，确认主营业务收入 150 万元

　　B. 收到代销手续费发票时，确认销售费用 15 万元

　　C. 发出商品时结转主营业务成本 100 万元

　　D. 收到代销清单时，结转主营业务成本 100 万元

（三）判断题

　　错答、不答均不得分，也不扣分。判断题出题范围较广，应注重细节，要求考生全面掌握教材内容。

（四）不定项选择题

　　有一个或一个以上符合题意的正确选项。每小题全部选对得满分，少选得相应分值，

多选、错选、不选均不得分。考查内容涉及多个业务，综合性强，难度大，前面题目的结果可能决定后面题目的结果。

五、"初级会计实务"命题规律总结

1. 考核全面

注重考查基础知识，要求考生全面掌握教材内容。

2. 重点突出

有侧重的全面考核，重点内容反复出题。

3. 考新考变

当年教材更新及变化部分，通常是考试的重点方向，要求考生依照最新版教材学习。

4. 综合性强，灵活多变

要求考生在全面掌握教材内容的基础上，融会贯通，以不变应万变。

六、"初级会计实务"教材框架

"初级会计实务"教材框架，如表0-1所示。

表0-1　"初级会计实务"教材框架

章	主要内容	考查分数	重要程度
第一章 概述	讲述会计的入门知识，包括： 会计概念、职能和目标；会计基本假设和会计核算的基础；会计信息质量要求；会计职业道德；内部控制基础	5分	（★）
第二章 会计基础	讲述会计的基础理论知识，包括： 会计要素及其确认与计量；会计科目和借贷记账法；会计凭证和会计账簿；财产清查；会计账务处理程序；会计信息化基础；成本与管理会计基础；政府会计基础	8分	（★★）
第三章 流动资产	讲述流动资产的常见组成部分及会计处理，包括： 货币资金；交易性金融资产；应收及预付款项；存货	15分	（★★★）
第四章 非流动资产	讲述非流动资产的常见组成部分及会计处理，包括： 长期投资；投资性房地产；固定资产；生产性生物资产；无形资产和长期待摊费用	22分	（★★★）
第五章 负债	讲述流动负债及非流动负债的会计处理，包括： 短期借款；应付及预收账款；应付职工薪酬；应交税费；非流动负债	10分	（★★）

续表

章	主要内容	考查分数	重要程度
第六章 所有者权益	讲述所有者权益的常见组成部分及会计处理，包括： 实收资本或股本；资本公积和其他综合收益；留存收益	10分	（★★）
第七章 收入、费用 和利润	讲述收入、费用和利润及会计处理，包括： 收入；费用；利润	20分	（★★★）
第八章 财务报告	讲述财务报告部分内容，包括： 概述；资产负债表；利润表；现金流量表；所有者权益变动表；财务报表附注及财务报告信息披露要求；财务报告的阅读与应用	10分	（★★）

七、学习方法

（一）坚持
1. 认真对待

初级资格很有用，职业发展打基础！

2. 坚持听课

相信老师能带领大家快乐地通过考试！

（二）全面理解教材内容，抓住重点
1. 尊重教材，学习和考试以教材为准；

2. 有针对性地做经典题目，建议做历年真题；

3. 重点章节重点练，达到融会贯通的目的。

（三）合理分配时间
1. 平时合理分配时间；

2. 注重考前时间。

（四）加强机考模拟训练
适应机考环境。

考点精讲

第一章　概述

❀ 内容框架

单元	考点	星级
会计概念、职能和目标	会计基本职能和目标	★★
会计基本假设、会计核算的基础和会计信息质量要求	会计基本假设	★★★
	会计核算的基础	★★
	会计信息质量要求	★★★
会计职业道德	会计职业道德	★★
内部控制基础	内部控制概述	★
	内部控制要素	★★

❀ 考情分析

　　本章最近 3 年考查分值约为 5 分，涉及单选题、多选题和判断题，属于一般章节。本章主要介绍会计的基础知识，包括会计概念、职能和目标，会计基本假设、会计核算的基础、会计信息质量要求、会计职业道德和内部控制基础等内容，难度一般。

❀ 教材变化

　　1. 第一节修改了"会计监督"的范围，属于重要变化。

　　2. 第二节将"会计基础"修改为"会计核算的基础"，属于不重要变化。

　　3. 第四节会计职业道德中，删除了"会计职业风险"，属于不重要变化。

　　4. 第五节内部控制的目标中，对"资产安全完整"做了重新表述，属于不重要变化。

第一单元 会计概念、职能和目标

考点 会计基本职能和目标 ★★★

一、会计基本职能

会计具有会计核算和会计监督两项基本职能，还具有预测经济前景、参与经济决策、评价经营业绩等拓展职能。

【新东方提示】

（1）会计核算和会计监督两者相辅相成、辩证统一；

（2）会计核算是会计监督的基础，没有核算所提供的各种信息，监督就失去了依据；

（3）会计监督是会计核算质量的保障，只有核算没有监督，就难以保证核算提供信息的质量。

（一）会计核算

1. 含义

会计的核算职能，是指会计以货币为主要计量单位，对特定主体的经济活动进行确认、计量、记录和报告。会计核算贯穿于经济活动的全过程，是会计最基本的职能。

2. 会计核算的主要内容

（1）款项和有价证券的收付；

（2）财物的收发、增减和使用；

（3）债权、债务的发生和结算；

（4）资本、基金的增减；

（5）收入、支出、费用、成本的计算；

（6）财务成果的计算和处理；

（7）需要办理会计手续、进行会计核算的其他事项。

【例题·多选题】（2022年）下列各项中，属于会计核算职能的内容有（　　）。

A. 审查各项会计核算是否反映经济业务的真实状况

B. 归集并分配产品生产过程中发生的制造费用

C. 对财物的收发、增减和使用进行确认和计量

D. 审查各项经济业务是否符合国家法律规定

【答案】B、C

【解析】选项 A、D 错误，属于会计监督职能的内容。

（二）会计监督

会计监督可分为单位内部监督、国家监督和社会监督三部分，三者共同构成了"三位一体"的会计监督体系。

1. 单位内部的会计监督，是指会计机构、会计人员对其特定主体经济活动和相关会计核算的真实性、完整性、合法性和合理性进行审查，使之达到预期经济活动和会计核算目标的功能。

（1）真实性审查：是指检查各项会计核算是否根据实际发生的经济业务进行，是否如实反映经济交易或事项的真实情况。

（2）完整性审查：是指检查会计核算的范围和内容是否全面，是否有遗漏等不完整的情况。

（3）合法性审查：是指检查各项经济交易或事项及其会计核算是否符合国家有关法律法规，遵守财经纪律，执行国家各项方针政策，以杜绝违法乱纪行为。

（4）合理性审查：是指检查各项财务收支是否符合客观经济规律及经营管理方面的要求，保证各项财务收支符合特定的财务收支计划，实现预算目标，保持会计核算的准确性和科学性。

2. 会计的国家监督是指财政、审计、税务、人民银行、证券监管、保险监管等部门依照有关法律、行政法规规定对各有关单位会计资料的真实性、完整性、合法性等实施的监督检查。

3. 会计的社会监督是指以注册会计师为主体的社会中介机构等实施的监督活动。

【例题·单选题】（2022 年）下列各项中，关于会计职能的说法不正确的是（　　　）。

A. 核算是监督的基础

B. 监督为核算提供了质量保障

C. 监督贯穿于经济活动的全过程，是会计最基本的职能

D. 核算是对特定主体的经济活动进行确认、计量、记录和报告

【答案】C

【解析】选项 C 的说法不正确，核算贯穿于经济活动的全过程，是会计最基本的职能。

【例题·单选题】（2019 年改编）下列各项中，对企业会计核算资料的真实性、完整

性、合法性和合理性进行审查的会计职能是（ 　　 ）。

A. 参与经济决策职能 　　　　　　　B. 评价经营业绩职能

C. 监督职能 　　　　　　　　　　　D. 核算职能

【答案】C

【解析】选项 C 正确，会计监督可分为单位内部监督、国家监督和社会监督三部分，单位内部的会计监督职能是指会计机构、会计人员对其特定主体经济活动和相关会计核算的真实性、完整性、合法性和合理性进行审查，使之达到预期经济活动和会计核算目标的功能。

二、会计目标

会计目标，是要求会计工作完成的任务或达到的标准。

会计的基本目标是向财务报告使用者提供与企业财务状况、经营成果和现金流量等有关的会计资料和信息，反映企业管理层受托责任履行情况，有助于财务报告使用者作出经济决策。从更高层面看，会计的目标还包括规范会计行为，保证会计资料真实、完整，加强经济管理和财务管理，提高经济效益，维护社会主义市场经济秩序等。会计资料及会计信息的使用者如图 1-1 所示。

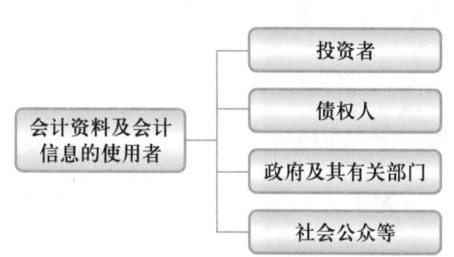

图 1-1 会计资料及会计信息的使用者

【例题·多选题】下列各项中，不属于企业会计目标的有（ 　　 ）。

A. 向财务报告使用者提供决策有用的会计信息

B. 反映企业管理层受托责任的履行情况

C. 核算财产物资的收发、增减和使用

D. 进行会计核算和会计监督

【答案】C、D

【解析】选项 C、D 不属于企业会计目标。会计的基本目标，是向财务报告使用者提供与企业财务状况、经营成果和现金流量等有关的会计资料和信息，反映企业管理层受托责任的履行情况，有助于财务报告使用者作出经济决策。从更高层面来看，企业会计的目标还包括规范会计行为，保证会计资料真实、完整，加强经济管理和财务管理，提高经济效益，维护社会主义市场经济秩序等。

第二单元 会计基本假设、会计核算的基础和会计信息质量要求

考点一 会计基本假设 ★★★

会计基本假设是对会计核算时间和空间范围以及所采用的主要计量单位等所作的合理假定，是企业会计确认、计量、记录和报告的前提。会计基本假设的内容如表 1-1 所示。

表 1-1 会计基本假设

会计主体	是指会计工作服务的特定对象，是企业会计确认、计量、记录和报告的空间范围（注意与法律主体进行区别） 包括：企业、企业内部部门、分公司、子公司、企业集团等
持续经营	是指在可以预见的将来，企业将会按当前的规模和状态继续经营下去，不会停业，也不会大规模削减业务
会计分期	是指将一个企业持续经营的生产经营活动划分为一个个连续的、长短相同的期间。其目的是据以分期结算盈亏，按期编报财务报告，从而及时向财务报告使用者提供有关企业财务状况、经营成果和现金流量的信息
货币计量	是指会计主体在会计确认、计量、记录和报告时主要以货币作为计量单位，来反映会计主体的生产经营活动过程及其结果

【例题·判断题】持续经营是会计分期假设的前提。（   ）

【答案】√

考点二 会计核算的基础 ★★

会计核算的基础，指会计确认、计量、记录和报告的基础，具体包括权责发生制和收付实现制，如表 1-2 所示。

 【新东方提示】

由于会计分期，才产生了当期与以前期间、以后期间的区别，从而形成了权责发生制和收付实现制两个不同的会计核算的基础。

表 1-2 会计核算的基础

权责发生制	定义	权责发生制，是指以取得款项的权利或支付款项的义务为标志来确定本期收入和费用的会计核算基础
	原则	凡是当期已经实现的收入和已经发生或者应当负担的费用，无论款项是否收付，都应当作为当期的收入和费用，计入利润表
		凡是不属于当期的收入和费用，即使款项已经在当期收付，也不应当作为当期的收入和费用
收付实现制		是指以现金的实际收付为标志来确定本期收入和费用的会计核算基础

【例题·多选题】下列有关会计核算的基础的表述中，正确的有（   ）。

A. 在权责发生制下，收入、费用的确认应当以收入和费用的实际发生作为确认的标准

B. 在权责发生制下，凡是不属于当期应当负担的费用，即使款项在当期支付，也不作为当期费用计入利润表

C. 在权责发生制下，凡是当期已经实现的收入，即使在当期尚未收取，也作为当期收入计入利润表

D. 预算会计采用权责发生制，财务会计采用收付实现制

【答案】A、B、C

【解析】选项 D 错误，预算会计采用收付实现制，国务院另有规定的，从其规定。财务会计采用权责发生制。

考点三　会计信息质量要求★★★

会计信息质量要求是使财务报告所提供会计信息对投资者等信息使用者决策有用应具备的基本特征，主要包括可靠性、相关性、可理解性、可比性、实质重于形式、重要性、谨慎性和及时性等，如表 1-3 所示。

表 1-3 会计信息质量要求

质量要求	具体内容	原理解释
可靠性	要求企业应当以实际发生的交易或者事项为依据进行确认、计量、记录和报告，如实反映符合确认和计量要求的各项会计要素及其他相关信息，保证会计信息真实可靠、内容完整	真实、客观、完整
相关性	要求企业提供的会计信息应当与投资者等财务报告使用者的经济决策需要相关，有助于投资者等财务报告使用者对企业过去、现在或未来的情况作出评价或者预测	决策相关

续表

质量要求	具体内容	原理解释
可理解性	要求企业提供的会计信息应当清晰明了，便于投资者等财务报告使用者理解和使用	简单明了、便于理解
可比性	要求企业提供的会计信息应当相互可比： （1）同一企业不同时期可比（纵向可比），即同一企业不同时期发生的相同或者相似的交易或者事项，应当采用一致的会计政策，不得随意变更。但是，如果按照规定或者在会计政策变更后能够提供更可靠、更相关的会计信息，企业可以变更会计政策。有关会计政策变更的情况，应当在附注中予以说明 （2）不同企业相同会计期间可比（横向可比），即不同企业同一会计期间发生的相同或者相似的交易或者事项，应当采用同一会计政策，确保会计信息口径一致、相互可比，以使不同企业按照一致的确认、计量、记录和报告要求提供有关会计信息	横向看规定、纵向看一致
重要性	（1）要求企业提供的会计信息应当反映与企业财务状况、经营成果和现金流量有关的所有重要交易或者事项 （2）重要性的应用需要依赖职业判断，企业应当根据其所处环境和实际情况，从项目的功能、性质和金额大小等多方面加以判断	抓大放小
及时性	对于已经发生的交易或者事项，应当及时进行确认、计量、记录和报告，不得提前或延后	不提前、不滞后
实质重于形式	要求企业应当按照交易或者事项的经济实质进行会计确认、计量、记录和报告，不应仅以交易或者事项的法律形式为依据，例如企业租入的资产（短期租赁和低价值资产租赁除外）	透过现象看本质
谨慎性	要求企业对交易或者事项进行会计确认、计量、记录和报告应当保持应有的谨慎 不应高估资产或者收益，也不应低估负债或者费用 谨慎性的应用： （1）企业定期或至少于年度终了对可能发生的各项资产减值损失计提减值准备（坏账准备） （2）企业对固定资产采用加速折旧法 （3）企业对售出商品很可能发生的保修义务确认预计负债、对很可能承担的环保责任确认预计负债等	不高估资产或收益、不低估负债或费用

【例题·多选题】（2021年）下列关于企业会计信息可靠性表述中，正确的有（　　　）。

A. 企业应当保持应有的谨慎，不高估资产或者收益、低估负债或者费用

B. 企业提供的会计信息应当相互可比

C. 企业应当保证会计信息真实可靠、内容完整

D. 企业应当以实际发生的交易或事项为依据进行确认、计量、记录和报告

【答案】C、D

【解析】选项 A 错误，属于会计信息谨慎性原则；选项 B 错误，属于会计信息可比性原则。

【例题·单选题】（2020 年）下列各项中，属于会计信息质量要求中谨慎性要求的是（ ）。

A. 同一企业在不同时期的相同或相似事项要采用相同的会计政策，不得随意变更

B. 企业要以实际发生的经济业务或者事项为依据进行会计核算

C. 计提应收账款坏账准备

D. 租入资产视为企业资产核算（短期租赁和低价值资产租赁除外）

【答案】C

【解析】选项 A，属于可比性要求；选项 B，属于可靠性要求；选项 D，属于实质重于形式要求。

【例题·单选题】符合谨慎性会计信息质量要求的是（ ）。

A. 在存货的可变现净值低于成本时，按可变现净值计量

B. 确认收入时不考虑很可能发生的保修义务

C. 按年限平均法计提固定资产折旧

D. 金额较小的低值易耗品采用一次摊销法摊销

【答案】A

【解析】谨慎性要求企业对交易或者事项进行会计确认、计量、记录和报告应当保持应有的谨慎，不应高估资产或者收益，也不应低估负债或者费用。选项 A 符合，在存货的可变现净值低于成本时，按可变现净值计量体现谨慎性；选项 B 不符合，确认收入时不考虑很可能发生的保修义务，不体现谨慎性；选项 C 不符合，年限平均法不属于加速折旧方法；选项 D 不符合，金额较小的低值易耗品采用一次摊销法摊销体现重要性信息质量要求。

第三单元 会计职业道德

考点 会计职业道德★★

一、会计职业道德的概述

（一）会计职业道德的概念

会计职业道德，指会计人员在会计工作中应当遵循的、体现会计职业特征的、调整会

17

计职业关系的职业行为准则和规范。会计职业道德的核心是诚信。

（二）会计职业道德与会计法律制度的联系与区别

1. 会计职业道德与会计法律制度的联系

（1）在内容上相互渗透、相互吸收；

（2）在作用上相互补充、相互协调；

（3）会计职业道德是对会计法律制度的重要补充；

（4）会计法律制度是对会计职业道德的 "最低" 要求。

2. 会计法律制度与会计职业道德的区别，如表 1-4 所示。

表 1-4 会计法律制度与会计职业道德的区别

区别	会计法律制度	会计职业道德
性质不同	通过国家权利强制执行，具有很强的 "他律性"	通过行业行政管理部门规范和会计人员自觉遵守，具有很强的 "自律性"
作用范围不同	侧重于 "外在" 行为、结果的合法化，有较强的 "客观性"	既调整 "外在" 行为，也调整 "内在" 精神世界，有较强的 "主观性"，作用范围更加广泛
表现形式不同	表现形式 "具体" "明确"，属于 "成文" 规定	表现形式既有 "成文" 规范，也有 "不成文" 规范
实施保障机制不同	依靠国家 "强制力" 保证其贯彻执行	依靠 "行业行政管理部门监管执行和职业道德教育、社会舆论、传统习惯和道德评价" 来实现
评价标准不同	以权利和义务（法律规定）为标准	以行业行政管理规范和道德评价为标准

【例题·判断题】（2019 年）会计法律制度是对会计职业道德的最低要求。（ 　　 ）

【答案】√

【解析】会计法律制度是对会计职业道德的最低要求。

二、会计职业道德的主要内容

会计职业道德的主要内容，如表 1-5 所示。

表 1-5 会计职业道德的主要内容

爱岗敬业	正确认知会计职业，树立职业荣誉感；热爱会计工作，敬重会计职业；安心会计工作和岗位，任劳任怨；严肃认真，一丝不苟；忠于职守，尽心尽力，尽职尽责

续表

诚实守信	做老实人，说老实话，办老实事，执业谨慎，不弄虚作假；不为利益所诱惑，保密守信，信誉至上
廉洁自律	树立正确的人生观和价值观；公私分明、清正廉洁、不贪不占、保持清白；遵纪守法，一身正气；坚持职业标准，严格自我约束，自觉抵制不良欲望的侵袭和干扰
客观公正	端正态度，以客观事实为依据，依法依规办事；实事求是，不偏不倚；公正处理企业利益相关者和社会公众的利益关系，保持应有的独立性
坚持准则	熟悉国家法律、法规和国家统一的会计制度，始终坚持按法律、法规和国家统一的会计制度的要求进行会计核算，实施会计监督
提高技能	具有不断提高会计专业技能的意识和愿望，不断增强提高专业技能的自觉性和紧迫感；具有勤学苦练的精神和科学的学习方法，刻苦钻研，不断进取，提高业务技能水平
参与管理	应当广泛宣传财经法律、法规、规章和国家统一的会计制度；全面熟悉本单位经营活动和业务流程，主动提出"合理化"建议，积极参与管理
强化服务	树立服务意识，提高服务质量，努力维护和提升会计职业的良好社会形象

【例题·单选题】（2022年）下列关于会计职业道德内容的表述中，体现参与管理要求的是（　　）。

A. 保守本单位的商业秘密
B. 广泛宣传国家统一的会计制度
C. 客观公正的办理会计事务
D. 树立正确的人生观和价值观

【答案】B
【解析】选项B正确。选项A，体现诚实守信要求；选项C，体现客观公正要求；选项D，体现廉洁自律要求。

三、会计职业道德管理

（一）增强会计人员诚信意识

1. 强化会计职业道德意识

引导会计人员自觉遵纪守法、勤勉尽责、参与管理、强化服务，不断提高专业胜任能力；督促会计人员坚持客观公正、诚实守信、廉洁自律、不做假账，不断提高职业操守。

2. 加强会计诚信教育

采取多种形式，广泛开展会计诚信教育。

（二）建设会计人员信用档案

1. 建立严重失信会计人员"黑名单"制度

将严重失信会计人员列入"黑名单"，纳入全国信用信息共享平台，依法通过"信用中国"网站等途径，向社会公开披露相关信息。

2. 建立会计人员信用信息管理制度

制定会计人员信用信息管理办法，规范会计人员信用评价、信用信息采集、信用信息综合利用、激励惩戒措施等，建立会计人员信息纠错、信用修复、分级管理等制度，建立健全会计人员信用信息体系。

3. 完善会计人员信用信息管理系统

以会计专业技术资格管理为抓手，有序采集会计人员信息，记录会计人员从业情况和信用情况，建立和完善会计人员信用档案，构建全国统一的会计人员信用信息平台。

（三）会计职业道德管理的组织实施

1. 组织领导

形成政府部门协同联动、行业组织自律管理、信用服务机构积极参与、社会舆论广泛监督的共同治理格局，建立联席制度，共同推动会计人员诚信建设工作有效开展。

2. 广泛宣传

积极引导社会各方依法依规利用会计人员信用信息，褒扬会计诚信，惩戒会计失信，扩大会计人员信用信息的影响力和警示力，使全社会形成崇尚会计诚信、践行会计诚信的社会风尚。

3. 褒奖守信会计人员

将会计人员信用信息作为先进会计工作者评选、会计职称考试或评审、高端会计人才选拔等资格资质审查的重要依据。

（四）建立健全会计职业联合惩戒机制

1. 建立健全失信会计人员联合惩戒机制

建立健全失信会计人员联合惩戒机制，明确联合惩戒对象、信息共享与联合惩戒的实施方式和惩戒措施。

　【新东方提示】

　　联合惩戒对象，主要指在会计工作中违反《会计法》《公司法》《证券法》以及其他法律、法规、规章和规范性文件，违背诚实信用原则，经财政部门及相关部门依法认定的存在严重违法失信行为的会计人员（以下简称"会计领域违法失信当事人"）。

> 信息共享与联合惩戒的实施方式，是指认定联合惩戒对象名单的相关部门和单位通过全国信用信息共享平台将会计领域违法失信当事人的相关信息推送给财政部，并及时更新。

2. 联合惩戒措施

联合惩戒措施主要有：

（1）罚款、限制从事会计工作、追究刑事责任等惩戒措施。

（2）记入会计从业人员信用档案。

（3）将会计领域违法失信当事人信息通过财政部网站、"信用中国"网站予以发布，同时协调相关互联网新闻信息服务单位向社会公布。

（4）实行行业惩戒。

（5）限制取得相关从业任职资格，限制获得认证证书。

（6）依法限制参与评先、评优或取得荣誉称号。

（7）依法限制担任金融机构董事、监事、高级管理人员。

（8）依法限制其担任国有企业法定代表人、董事、监事。对会计领域违法失信当事人，依法限制其担任国有企业法定代表人、董事、监事；已担任相关职务的，依法提出其不再担任相关职务的意见。

（9）限制登记为事业单位法定代表人。对会计领域违法失信当事人，限制登记为事业单位法定代表人。

（10）作为招录（聘）为公务员或事业单位工作人员以及业绩考核、干部选任的参考。

第四单元　内部控制基础

考点一　内部控制概述★

一、内部控制的概念

内部控制，是指由企业董事会、监事会、经理层和全体员工实施的、旨在实现控制目标的过程。内部控制通过对企业生产经营管理过程中各种资源、权力和活动的掌握、支配和牵制，使控制对象的各项活动不超出一定的控制目标范围。

内部控制的实施主体由企业董事会、监事会、经理层和全体员工所构成。各控制主体在职务职权、业务岗位、控制范围及内容体系中互为分工、互为控制，共同构成企业内部控制的主体。

【新东方提示】

　　控制的过程涵盖三个方面：一是企业生产经营管理活动全过程的控制；二是企业风险控制的全过程，包括风险控制目标设定、风险识别、风险分析和风险应对等各环节的控制；三是信息收集、整理、传递与运用的全过程，包括会计确认、计量、记录和报告等会计信息和生产经营管理活动中非财务信息以及可能对企业产生影响的外部信息的收集整理与传递使用的全面控制。

二、内部控制的作用

　　实施规范、高质量的企业内部控制对于提高企业经营管理水平和风险防范能力，促进企业可持续发展，维护社会主义市场经济秩序和社会公众利益等具有重要的意义和作用。内部控制的作用如表 1-6 所示。

表 1-6　内部控制的作用

作用	具体理解
有利于提高会计信息质量	健全有效的内部控制，发挥其查错防弊功能，有利于保障财务报告及相关信息真实完整，满足企业投资者等利益相关者对高质量会计信息的需求，对实现资本市场"公开、公平、公正"的原则要求、保护投资者合法权益等具有重要的意义
有利于合理保证企业合法合规经营管理	健全有效的内部控制，可以有效保证企业遵守国家法律、法规、规章及其他相关规定，堵塞管理漏洞，保障公司资产的安全，有效提高公司风险防范能力，减少乃至避免舞弊事件的发生
有助于提高企业生产经营效率和经济效益	健全有效的内部控制，可以提升企业经营管理水平、盈利能力和持续发展能力，增强其竞争力，从而提高上市公司质量，最大限度地回报股东和社会

三、内部控制的目标

　　内部控制的目标，是建立健全并实施内部控制应实现的目的和要求。企业内部控制的目标包括合理保证企业经营管理合法合规、资产安全完整、财务报告及相关信息真实完整、提高经营效率和效果、促进企业实现发展战略等相互联系、围绕企业安全和健康发展要求的五个目标。内部控制的目标如表 1-7 所示。

表 1-7 内部控制的目标

目标	具体理解
合理保证企业经营管理合法合规	建立健全企业内部控制的规章制度和操作手册，包括股东会、董事会、监事会、经理以及各基层管理和业务经管部门及人员的内部控制权限、职责、义务范围、工作方式方法及奖惩内容、办法等都应以科学合理的制度形式加以固定
资产安全完整	企业应当建立健全资产安全的规章制度、落实经管责任，合理保证资产安全完整，预防或及时发现对未经授权的资产购买、使用或处置等行为，防止因偷窃、浪费、经营的无效性以及企业经营管理决策不当或错误所引起的资产或资源流失
财务报告及相关信息真实完整	企业应当建立健全财务报告及相关信息的规章制度，合理保证财务报告及相关信息真实、准确、完整、及时和有效，不得有虚假记载、误导性陈述或者重大遗漏
提高经营效率和效果	企业应当建立健全生产经营活动及其管理活动的规章制度、落实经管责任，努力提高企业的经营效率、效果
促进企业实现发展战略	该目标要求企业内部控制对企业战略的规划、制定、实施、调整、结果考核与评价的全过程提供合理保障，促进企业实现发展战略

考点二 内部控制要素★★

一、内部控制要素的内容

内部控制要素，是指对内部控制的内容和措施方法的系统的、合理的、简明的划分。合理确定内部控制要素有利于具体实施内部控制制度。建立有效的内部控制，至少应当考虑内部环境、风险评估、控制活动、信息与沟通和内部监督等五项基本要素，如表 1-8 所示。

表 1-8 内部控制要素

内部控制要素	具体理解
内部环境	内部环境主要包括治理结构、组织机构设置与权责分配、企业文化、人力资源政策、内部审计机构设置、反舞弊机制等 【新东方提示】 内部环境，是指影响、制约企业内部控制建立与执行的各种内部因素的总称，是实施内部控制的基础

续表

内部控制要素	具体理解
风险评估	企业应当针对影响其目标实现的内部因素和外部因素，结合本企业的规模大小、经营的复杂性及其组织结构和管理特点等，评估风险发生的可能性及其影响，确定风险应对策略。风险评估主要包括风险目标设定、风险识别、风险分析和风险应对等 🔆【新东方提示】 　　风险评估，是指及时识别、科学分析和评价影响企业内部控制目标实现的各种不确定因素并采取应对策略的过程，是实施内部控制的重要环节
控制活动	控制活动，是指企业根据风险评估结果，采用相应的控制措施，将风险控制在可承受范围和程度之内的过程，是实施内部控制的具体方式方法和手段。控制措施应结合企业具体业务和事项的特点与要求制定，主要包括职责分工控制、授权控制、审核批准控制、预算控制、财产保护控制、会计系统控制、内部报告控制、经济活动分析控制、绩效考评控制、信息技术控制等
信息与沟通	信息与沟通，是指及时、准确、完整地收集与企业经营管理相关的各种信息，并使这些信息以适当的方式在企业有关层级之间进行及时传递、有效沟通和正确应用的过程，是实施内部控制的重要条件
内部监督	（1）内部监督，是指企业对其内部控制的健全性、合理性和有效性进行监督检查与评估，形成书面报告并作出相应处理的过程，是实施内部控制的重要保证 （2）内部监督主要包括对建立健全并执行内部控制的整体情况进行持续性监督检查，对内部控制的某一方面或者某些方面进行专项监督检查，以及提交相应的检查报告、提出有针对性的改进措施并监督整改等 🔆【新东方提示】 　　企业内部控制自我评价是内部控制监督检查的一项重要内容。内部监督分为持续性的日常监督和专项监督

【例题·单选题】（2022 年）属于内部控制中内部环境要素内容的是（　　　）。

A. 人力资源政策　　　　　　　　　B. 会计系统控制

C. 风险识别　　　　　　　　　　　D. 内部报告控制

【答案】A

【解析】内部环境主要包括治理结构、组织机构设置与权责分配、企业文化、人力资源政策（选项 A 正确）、内部审计机构设置、反舞弊机制等；选项 B、D 属于控制活动要素；选项 C 属于风险评估要素。

【例题·单选题】（2022 年）属于内部控制的基础和环境条件的是（　　）。

A. 控制活动　　　　　　　　　　B. 风险评估

C. 内部监督　　　　　　　　　　D. 内部环境

【答案】D

【解析】选项 D 正确。内部环境，是指影响、制约企业内部控制建立与执行的各种内部因素的总称，是实施内部控制的基础。

二、内部控制缺陷

（一）按内部控制缺陷的成因分类

内部控制缺陷按其成因分为设计缺陷和运行缺陷。

设计缺陷，是指内部控制的设计存在漏洞，不能有效防范错误与舞弊。

运行缺陷，是指内部控制的运行存在弱点和偏差，不能及时发现并纠正错误与舞弊的情形。

（二）按内部控制缺陷的影响程度分类

内部控制缺陷按缺陷的影响程度分为重大缺陷、重要缺陷和一般缺陷。

1. 重大缺陷

重大缺陷是指一个或多个控制缺陷的组合，可能导致企业严重偏离控制目标。

 【新东方提示】

　　如某公司及子公司未制定对账制度，对应收账项的多个往来科目未定期与对方公司核对，导致企业财务报表中应收账款、应付账款和其他应收款、其他应付款等科目存在真实准确性的认定风险，进而导致资产安全完整和财务报告及相关信息真实完整等控制目标难以实现，属于重大缺陷。

2. 重要缺陷

重要缺陷是指一个或多个控制缺陷的组合，其严重程度低于重大缺陷，但仍有可能导致企业偏离控制目标。

3. 一般缺陷

一般缺陷是指除重大缺陷、重要缺陷之外的其他缺陷。

三、内部控制要素间的关系

内部控制各项控制要素之间是一个有机的多维的相互联系、相互影响、相互作用的整体，共同构成实现内部控制目标的体制机制和方式方法的完整体系。

内部环境作为五要素之首，是整个内部控制体系的基础和环境条件；风险评估是实施内部控制的重要环节，是实施控制的对象内容；控制活动是实施内部控制的具体方式方法和手段；信息与沟通是实施内部控制的重要条件，贯穿于风险评估、控制活动和内部监督各要素之间；内部监督是实施内部控制的重要保证。

第二章 会计基础

✦ 内容框架

单元	考点	星级
会计要素及其确认与计量	会计要素及其确认条件	★
	会计要素计量属性及其应用原则	★★
	会计等式	★★
会计科目和借贷记账法	会计科目和借贷记账法	★★★
会计凭证和会计账簿	会计凭证	★★★
	会计账簿	★★★
财产清查	财产清查概述	★★
	财产清查的方法与会计处理	★★★
会计账务处理程序	会计账务处理程序	★
会计信息化基础	会计信息化的概念和会计账务处理	★
	财务机器人、财务大数据和财务共享中心	★★
成本与管理会计基础	成本会计基础	★★
	产品成本核算	★★★
	生产费用在完工产品和在产品之间的归集和分配	★★★
	管理会计基础	★
政府会计基础	政府会计基础	★
	政府单位会计核算	★★

✦ 考情分析

　　本章最近 3 年考查分值约为 8 分，涉及单选题、多选题和判断题，属于重要章节。本章主要介绍会计要素及其确认与计量、会计科目和借贷记账法、会计凭证和会计账簿、财产清查、会计账务处理程序、会计信息化基础、成本与管理会计基础、政府会计基础等内容，难度一般。

 教材变化

1. 本章新增"第六节　会计信息化基础",将原教材"第六节"改为"第七节",原教材"第七节"改为"第八节"。

2. 新增"第六节　会计信息化基础",将原教材第五节中的"信息化环境下的会计账务处理"调至第六节中,并新增如下内容:(1)信息化环境下会计账务处理流程;(2)财务机器人和财务大数据的应用;(3)财务共享中心的功能与作用。属于不重要变化。

3. 第七节　成本与管理会计基础,新增"产品成本核算""生产费用在完工产品和在产品之间的归集和分配",属于重要变化。

4. 第八节　政府会计基础,新增"政府单位会计核算",属于重要变化。

第一单元　会计要素及其确认与计量

考点一　会计要素及其确认条件★

会计要素是根据交易或者事项的经济特征所确定的财务会计对象和基本分类。会计要素按照其性质分为资产、负债、所有者权益、收入、费用和利润,其中,资产、负债和所有者权益要素侧重于反映企业的财务状况,收入、费用和利润要素侧重于反映企业的经营成果。

一、资产

资产,是指企业过去的交易或者事项形成的、由企业拥有或者控制的、预期会给企业带来经济利益的经济资源。资产的特征、确认条件和分类如表 2-1 所示。

表 2-1　资产的特征、确认条件和分类

资产的特征	(1)资产应为企业拥有或者控制的资源 (2)资产预期会给企业带来经济利益 (3)资产是由企业过去的交易或者事项形成的
资产确认条件 (同时满足)	(1)与该资源有关的经济利益很可能流入企业 (2)该资源的成本或者价值能够可靠地计量
资产分类	(1)流动资产:包括货币资金、交易性金融资产、衍生金融资产、应收票据、应收账款等 (2)非流动资产:包括债权投资、其他债权投资、长期应收款、长期股权投资、其他权益工具投资、其他非流动金融资产、投资性房地产、固定资产、在建工程等

【例题·多选题】下列项目中，属于资产要素特征的有（　　）。

A. 预期能给企业带来经济利益的资源

B. 过去的交易或事项形成的

C. 必须是长期使用的

D. 企业拥有所有权或控制权

【答案】A、B、D

【解析】选项 C 不属于资产要素特征，资产是由企业过去的交易或者事项形成的，由企业拥有或者控制的，预期会给企业带来经济利益的资源。

二、负债

负债，是指企业过去的交易或者事项形成的、预期会导致经济利益流出企业的现时义务。负债的特征、确认条件和分类如表 2-2 所示。

表 2-2　负债的特征、确认条件和分类

负债的特征	（1）负债是企业承担的现时义务 （2）负债预期会导致经济利益流出企业 （3）负债是由企业过去的交易或者事项形成的
负债确认条件 （同时满足）	（1）与该义务有关的经济利益很可能流出企业 （2）未来流出的经济利益的金额能够可靠地计量
负债分类	（1）流动负债：包括短期借款、交易性金融负债、衍生金融负债、应付票据、应付账款、预收款项、合同负债、应付职工薪酬、应交税费等 （2）非流动负债：包括长期借款、应付债券、租赁负债、长期应付款、预计负债等

【例题·单选题】（2020 年）下列属于非流动负债的是（　　）。

A. 预收账款　　　　　　　　　　　B. 应交税费

C. 应付债券　　　　　　　　　　　D. 应付利息

【答案】C

【解析】选项 C 正确，应付债券属于非流动负债；选项 A、B、D 不属于非流动负债，预收账款、应交税费、应付利息属于流动负债。

三、所有者权益

1. 所有者权益定义

所有者权益，是指企业资产扣除负债后，由所有者享有的剩余权益。公司的所有者权益又称为股东权益。所有者权益是所有者对企业资产的剩余索取权，它是企业的资产扣除债权人权益后应由所有者享有的部分。

所有者权益的来源包括所有者投入的资本、其他综合收益、留存收益等，如表 2-3 所示。

表 2-3　所有者权益的来源

来源	含义
所有者投入的资本	是指企业所有者投入企业的资本部分，包括注册资本（或股本），也包括投入资本超过注册资本（或股本）部分的金额，即资本公积——资本溢价（或股本溢价）
其他综合收益	是指企业根据会计准则规定未在当期损益中确认的各项利得和损失
留存收益	是指企业从历年实现的利润中提取或形成的留存于企业的内部积累，包括盈余公积和未分配利润

2. 所有者权益的确认条件

所有者权益的确认和计量主要依赖于资产和负债的确认和计量。

四、收入

收入，是指企业在日常活动中形成的、会导致所有者权益增加的、与所有者投入资本无关的经济利益的总流入。收入的特征和确认的前提条件如表 2-4 所示。

表 2-4　收入的特征和确认的前提条件

收入的特征	（1）收入是企业在日常活动中形成的
	【新东方提示】 　　日常活动，是指企业为完成其经营目标所从事的经常性活动，以及与之相关的活动。例如，工业企业制造并销售产品，属于企业的日常活动
	（2）收入是与所有者投入资本无关的经济利益的总流入
	【新东方提示】 　　例如，企业销售商品，应当收到现金或者有权在未来收到现金，才表明该交易符合收入的定义

续表

收入的特征	（3）收入会导致所有者权益的增加 【新东方提示】 　　例如，企业向银行借入款项，虽然导致经济利益流入企业，但不会导致所有者权益增加，应确认为一项负债 【新东方提示】 　　利得是指企业在非日常活动中形成的、会导致所有者权益增加的、与所有者投入资本无关的经济利益的流入
收入确认的前提条件	当企业与客户之间的合同同时满足下列条件时，企业应当在客户取得相关商品控制权时确认收入： （1）合同各方已批准该合同并承诺将履行各自义务 （2）该合同明确了合同各方与所转让商品或提供劳务相关的权利和义务 （3）该合同有明确的与所转让商品或提供劳务相关的支付条款 （4）该合同具有商业实质，即履行该合同将改变企业未来现金流量的风险、时间分布或金额 （5）企业因向客户转让商品或提供劳务而有权取得的对价很可能收回

五、费用

　　费用，是指企业在日常活动中发生的、会导致所有者权益减少的、与向所有者分配利润无关的经济利益的总流出。费用的特征和确认条件如表2-5所示。

表2-5　费用的特征和确认条件

费用的特征	（1）费用是企业在日常活动中形成的 （2）费用是与向所有者分配利润无关的经济利益的总流出 （3）费用会导致所有者权益的减少 【新东方提示】 　　损失是指企业在非日常活动中发生的、会导致所有者权益减少的、与向所有者分配利润无关的经济利益的流出

续表

费用的确认条件	费用的确认除了应当符合定义外，还至少应当符合以下条件： （1）与费用相关的经济利益应当很可能流出企业 （2）经济利益流出企业的结果会导致资产的减少或者负债的增加 （3）经济利益的流出额能够可靠计量

六、利润

利润，是指企业在一定会计期间的经营成果。利润的内容和确认条件如表 2-6 所示。

表 2-6　利润的内容和确认条件

利润的内容	利润包括： （1）收入减去费用后的净额，反映的是日常活动 （2）直接计入当期利润的利得和损失，反映的是非日常活动
利润的确认条件	反映的是收入减去费用、利得减去损失后的净额。利润的确认和计量主要依赖于收入、费用、利得和损失的确认和计量

考点二　会计要素计量属性及其应用原则★★

会计计量是为了将符合确认条件的会计要素登记入账并列报于财务报表而确定其金额的过程。会计要素计量属性如表 2-7 所示。

表 2-7　会计要素计量属性

计量属性	概念	主要应用
历史成本	又称为实际成本，是指取得或制造某项财产物资时所实际支付的现金或者现金等价物	我国企业对会计要素的计量一般采用历史成本
重置成本	又称现行成本，是指按照当前市场条件，重新取得同样一项资产所需要支付的现金或现金等价物金额	盘盈固定资产的计量
可变现净值	是指在生产经营过程中，以预计售价减去进一步加工成本和销售所必需的预计税金、费用后的净值	存货期末按成本与可变现净值孰低计量
现值	是指对未来现金流量以恰当的折现率进行折现后的价值，是考虑货币时间价值因素等的一种计量属性	分期购买固定资产等入账价值计量
公允价值	是指市场参与者在计量日发生的有序交易中，出售一项资产所能收到或者转移一项负债所需支付的价格	交易性金融资产等

【例题·多选题】（2021年）企业的会计计量属性包括（　　）。

A. 重置成本　　　　　　　　　B. 历史成本

C. 公允价值　　　　　　　　　D. 可变现净值

【答案】A、B、C、D

【解析】会计计量属性主要包括历史成本（选项 B 正确）、重置成本（选项 A 正确）、可变现净值（选项 D 正确）、现值和公允价值（选项 C 正确）等。

【例题·多选题】（2020年）下列各项中，影响企业资产负债表日存货可变现净值的有（　　）。

A. 存货的账面价值

B. 销售存货过程中估计的销售费用及相关税费

C. 存货的估计售价

D. 存货从生产至完工估计将要发生的成本

【答案】B、C、D

【解析】可变现净值是指在生产经营过程中，以预计售价（选项 C 正确）减去进一步加工成本（选项 D 正确）和销售所必需的预计税金、费用（选项 B 正确）后的净值。

考点三　会计等式 ★★

会计等式，又称会计恒等式、会计方程式或会计平衡公式，是表明会计要素之间基本关系的等式。

一、会计等式的表现形式

资产表明企业拥有什么样的经济资源和拥有多少经济资源，负债和所有者权益表明经济资源的来源渠道，即谁提供了这些经济资源。

企业进行生产经营活动的目的是获取收入，实现盈利。企业在取得收入的同时，必然要发生相应的费用。

会计要素关系如图 2-1 所示。

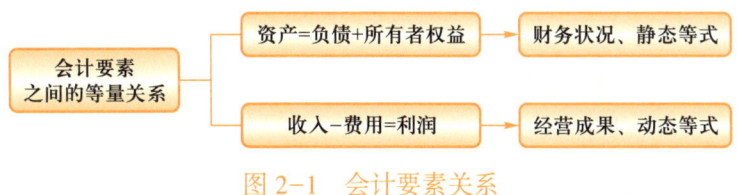

图 2-1　会计要素关系

二、交易或事项对会计等式的影响

企业发生的交易或事项对会计等式的影响如表 2-8 所示。

表 2-8　交易或事项对会计等式的影响

序号	举例	资产	负债	所有者权益
1	从银行提取现金 8 000 元备用	一增一减		
2	签发三个月到期的商业汇票 50 000 元抵付上月所欠货款		一增一减	
3	经批准用盈余公积 30 万元转为实收资本			一增一减
4	向银行借入期限为三个月的借款 600 000 元存入银行	增	增	
5	收到投资者按投资合同投入资本 420 000 元，已存入银行	增		增
6	用银行存款 100 000 元偿还短期借款	减	减	
7	企业投资者抽回投资款 40 万元，款已付	减		减
8	宣布向投资者分配股利 10 万元		增	减
9	经批准将已发行的公司债券 50 万元转为实收资本		减	增

💡 【新东方提示】

　　资产＝负债＋所有者权益，每一项经济业务的发生，都必然会引起会计等式的一边或两边有关项目相互联系地发生等量变化。当涉及会计等式的一边时，有关项目的金额发生相反方向的等额变动；当涉及会计等式的两边时，有关项目的金额发生相同方向的等额变动，始终不会影响会计等式的平衡关系。

【例题·单选题】（2020 年）企业以银行存款偿还到期的短期借款，关于这笔经济业务，以下说法正确的是（　　）。

A. 导致负债内部增减变动总额不变

B. 导致资产、负债同时减少

C. 导致资产、负债同时增加

D. 导致所有者权益减少、负债减少

【答案】B

【解析】选项 B 正确，企业以银行存款偿还到期的短期借款，借记"短期借款"科目，贷记"银行存款"科目，对会计等式的影响为一项资产减少和一项负债减少。

第二单元　会计科目和借贷记账法

考点　会计科目和借贷记账法★★★

一、会计科目与账户

会计科目与账户及其联系与区别如表 2-9 所示。

表 2-9　会计科目与账户及其联系与区别

会计科目	简称科目，是对会计要素具体内容进行分类核算的项目，是进行会计核算和提供会计信息的基础
会计账户	是根据会计科目设置的，具有一定格式和结构，用于分类反映会计要素增减变动情况及其结果的载体
区别	会计科目不具有格式和结构，不能反映各会计要素的增减变动情况及结果
联系	会计科目是账户的名称，也是设置账户的依据；会计科目与会计账户的分类内容一致

二、会计科目的分类

（一）按反映的经济内容分类

会计科目按其反映的经济内容不同，可分为资产类科目、负债类科目、共同类科目、所有者权益类科目、成本类科目和损益类科目。分类情况如表 2-10 所示。

表 2-10　会计科目按反映的经济内容分类

分类		具体科目
资产类科目	流动资产	主要有库存现金、银行存款、应收账款、原材料、库存商品等
	非流动资产	主要有长期股权投资、长期应收款、固定资产、在建工程、无形资产等

续表

分类		具体科目
负债类科目	流动负债	主要有短期借款、应付账款、应付职工薪酬、应交税费等
	非流动负债	主要有长期借款、应付债券、长期应付款等
所有者权益类科目		包括实收资本（或股本）、资本公积、其他综合收益、盈余公积、本年利润、利润分配、库存股等
成本类科目		包括生产成本、制造费用、劳务成本、研发支出等
损益类科目	收入	主要有主营业务收入、其他业务收入等
	费用	主要有主营业务成本、其他业务成本、销售费用、管理费用、财务费用等
共同类科目		略

【例题·单选题】（2018 年）根据科目内容计入成本类账户的是（　　　）。

A. 主营业务成本 　　　　　　　B. 制造费用

C. 管理费用 　　　　　　　D. 其他业务成本

【答案】B

【解析】成本类科目主要有"生产成本""制造费用""研发支出"等，选项 B 正确。

（二）按提供信息的详细程度及其统驭关系分类

会计科目按其提供信息的详细程度及其统驭关系，可分为总分类科目和明细分类科目。分类情况如表 2-11 所示。

表 2-11　会计科目按提供信息的详细程度及其统驭关系分类

科目类别	具体内容
总分类科目	又称总账科目或一级科目，是对会计要素的具体内容进行总括分类，提供总括信息的会计科目
明细分类科目	又称明细科目，是对总分类科目作进一步分类，提供更为详细和具体会计信息的科目。如果某一总分类科目所辖的明细分类科目较多，可在总分类科目下设置二级明细科目，在二级明细科目下设置三级明细科目 💡【新东方提示】 　　并不是所有的总分类科目都有明细科目，如"本年利润"

三、会计账户分类

同会计科目分类相对应，账户可以根据其核算的经济内容、提供信息的详细程度及其统驭关系进行分类。

根据核算的经济内容，账户分为资产类账户、负债类账户、共同类账户、所有者权益类账户、成本类账户和损益类账户；

根据提供信息的详细程度及其统驭关系，账户分为总分类账户和明细分类账户。

四、借贷记账法

复式记账法，是指对于每一笔经济业务，都必须用相等的金额在两个或两个以上相互联系的账户中进行登记，全面、系统地反映会计要素增减变化的一种记账方法。

复式记账法有借贷记账法、增减记账法、收付记账法等。

【新东方提示】

我国会计准则规定，企业、行政单位和事业单位会计核算采用借贷记账法记账。

（一）借贷记账法的概念

借贷记账法，是以"借"和"贷"为记账符号的一种复式记账方法。其结构以一方登记增加额，另一方就登记减少额为特征。

（二）借贷记账法的账户结构

1. 资产类和成本类账户结构及余额公式

资产类和成本类账户结构如图 2-2 所示。

借方	资产类和成本类账户		贷方
期初余额	×××		
本期增加额	×××	本期减少额	×××
	……		……
本期借方发生额合计	×××	本期贷方发生额合计	×××
期末余额	×××		

图 2-2　资产类和成本类账户结构

余额计算公式：期末借方余额＝期初借方余额＋本期借方发生额－本期贷方发生额

【新东方提示】

（1）期末余额＝借＋借－贷，余额方向同增加。

（2）备抵账户：累计折旧、累计摊销、减值准备等，资产类账户与其备抵类账户如图2-3所示。

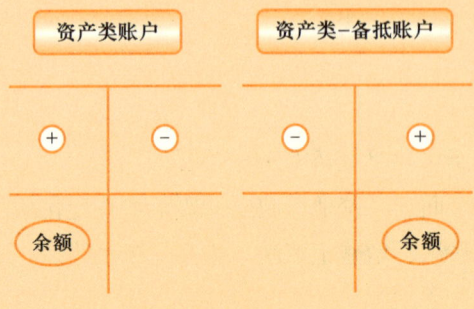

图 2-3　资产类账户与其备抵类账户

2. 负债类和所有者权益类账户结构及余额公式

负债和所有者权益类账户结构如图2-4所示。

借方	负债类和所有者权益类账户		贷方
		期初余额	×××
本期减少额	×××	本期增加额	×××
	……		……
本期借方发生额合计	×××	本期贷方发生额合计	×××
		期末余额	×××

图 2-4　负债类和所有者权益类账户结构

余额计算公式：期末贷方余额＝期初贷方余额＋本期贷方发生额－本期借方发生额

【新东方提示】

期末余额＝贷＋贷－借，余额方向同增加。

3. 损益类账户结构及余额公式

损益类账户结构如图2-5、图2-6所示。

借方	收入类账户		贷方
本期减少额	×××	本期增加额	×××
本期转出额	×××		
	……		……
本期借方发生额合计	×××	本期贷方发生额合计	×××

图 2-5 收入类账户结构

借方	费用类账户		贷方
本期增加额	×××	本期减少额	×××
		本期转出额	×××
	……		……
本期借方发生额合计	×××	本期贷方发生额合计	×××

图 2-6 费用类账户结构

【新东方提示】

损益类账户期末结转入"本年利润"账户计算当期损益，结转后无余额。

【例题·多选题】以下会计科目中，期末一般将余额全部转出的有（　　　　）。

A. 资本公积

B. 销售费用

C. 主营业务收入

D. 生产成本

【答案】B、C

【解析】选项 A 错误，所有者权益类账户，期末一般有余额；选项 B、C 正确，损益类账户期末无余额；选项 D 错误，成本类账户，期末一般有余额。

（三）借贷记账法的记账规则

（1）借贷记账法的记账规则："有借必有贷，借贷必相等"。

即对于每一笔经济业务，都要在两个或两个以上相互联系的账户中以借方和贷方相等的金额进行登记。

（2）借贷记账法下的账户对应关系与会计分录如表 2-12 所示。

表 2-12 借贷记账法下账户对应关系与会计分录

账户对应关系	相关账户之间形成的应借、应贷的相互关系 存在对应关系的账户称为对应账户

会计分录	定义	简称分录，是对每项经济业务应借、应贷的账户名称（科目）及其金额的一种记录	
	构成	会计分录由应借应贷方向、相互对应的会计科目及其金额三个要素构成	
	分类	简单会计分录	一借一贷
		复合会计分录	一借多贷、多借一贷、多借多贷

【新东方提示】

（1）一笔复合会计分录可以分解为若干简单会计分录，而若干笔相关简单会计分录又可复合为一笔复合会计分录。

（2）为保持账户对应关系清晰，一般不应把不同经济业务合并在一起，需编制多借多贷的会计分录。

（四）借贷记账法下的试算平衡

试算平衡，是指根据借贷记账法的记账规则和资产与权益（负债和所有者权益）的恒等关系，通过对所有账户的发生额和余额的汇总计算和比较，来检查账户记录是否正确的一种方法。

1. 试算平衡的分类（见表2-13）

表2-13　试算平衡的分类

分类	公式	依据
发生额试算平衡	全部账户本期借方发生额合计＝全部账户本期贷方发生额合计	借贷记账法的记账规则，即："有借必有贷，借贷必相等"
余额试算平衡	全部账户借方期初余额合计＝全部账户贷方期初余额合计	财务状况等式，即：资产＝负债＋所有者权益
	全部账户借方期末余额合计＝全部账户贷方期末余额合计	

2. 试算平衡表的编制

试算平衡是通过编制试算平衡表进行的，试算平衡表的编制如表2-14所示。

表 2-14 试算平衡表的编制

账户名称	期初余额（元）		本期发生额（元）		期末余额（元）	
	借方	贷方	借方	贷方	借方	贷方
银行存款	600		500		1 100	
固定资产	400		600	500	500	
应付账款		1 000		600		1 600
……						
合计	1 000	1 000	1 100	1 100	1 600	1 600

 【新东方提示】

　　试算不平衡时，表示记账一定有错误；试算平衡时，不能表明记账一定正确。

3. 不影响借贷双方平衡关系的错误

（1）漏记某项经济业务，使本期借贷双方的发生额等额减少，借贷仍然平衡。

（2）重记某项经济业务，使本期借贷双方的发生额等额虚增，借贷仍然平衡。

（3）某项经济业务记录的应借、应贷科目正确，但借贷双方金额同时多记或少记，且金额一致，借贷仍然平衡。

（4）某项经济业务记错有关账户，借贷仍然平衡。

（5）某项经济业务在账户记录中，颠倒了记账方向，借贷仍然平衡。

（6）某借方或贷方发生额中，偶然发生多记和少记并相互抵销，借贷仍然平衡。

【例题·单选题】（2020 年）下列选项中，会导致试算不平衡的因素是（　　　）。

A. 重记某经济业务　　　　　　　B. 漏记某项经济业务

C. 借方多记金额　　　　　　　　D. 借贷科目用错

【答案】C

【解析】选项 C 正确。不影响借贷双方平衡关系的错误通常有：（1）漏记某项经济业务（选项 B 错误）；（2）重记某项经济业务（选项 A 错误）；（3）某项经济业务记录的应借、应贷科目正确，但借贷双方金额同时多记或少记，且金额一致；（4）某项经济业务记错有关账户（选项 D 错误）；（5）某项经济业务在账户记录中，颠倒了记账方向；（6）某借方或贷方发生额中，偶然发生多记或少记并相互抵销。

第三单元　会计凭证和会计账簿

考点一　会计凭证★★★

一、会计凭证概述

会计凭证，是指记录经济业务发生或者完成情况的书面证明，是登记账簿的依据。会计凭证按照填制程序和用途可分为原始凭证和记账凭证，如表 2-15 所示。

表 2-15　会计凭证按照填制程序和用途分类

凭证分类	概述
原始凭证	又称单据，是指在经济业务发生或完成时取得或填制的，用以记录或证明经济业务的发生或完成情况的原始凭据。主要作用是记载经济业务的发生过程和具体内容
记账凭证	又称记账凭单，是指会计人员根据审核无误的原始凭证，按照经济业务的内容加以归类，并据以确定会计分录后填制的会计凭证。主要作用是确定会计分录，进行账簿登记，反映经济业务的发生或完成情况，监督企业经济活动，明确相关人员的责任

二、原始凭证

（一）原始凭证的种类
原始凭证可以按照取得来源、格式、填制的手续和内容进行分类。

1. 按取得来源分类（见表 2-16）

表 2-16　原始凭证按取得来源分类

凭证分类	概述
自制原始凭证	是指由本单位有关部门或人员，在经办或完成某项经济业务时填制的原始凭证。例如，领料单（如图 2-7 所示）、入库单、借款单等
外来原始凭证	指在经济业务发生或完成时，从其他单位或个人直接取得的原始凭证。例如，购买原材料发票、出差报销的火车票等

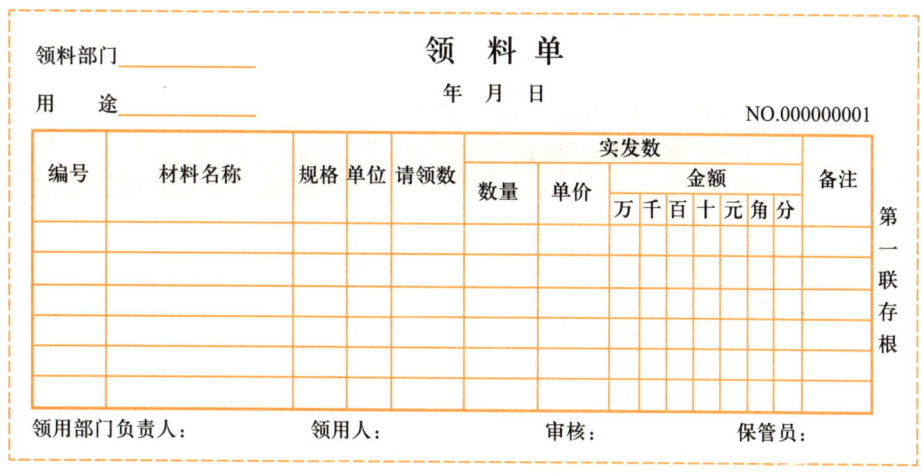

图 2-7 自制原始凭证

2. 按格式分类（见表 2-17）

表 2-17 原始凭证按格式分类

凭证分类	概述
通用凭证	是指由有关部门统一印制、在一定范围内使用的具有统一格式和使用方法的原始凭证。例如，由国家税务总局统一印制的全国通用的增值税专用发票（如图 2-8 所示）、由中国人民银行制作的在全国通用的银行转账结算凭证
专用凭证	是指由单位自行印制的原始凭证。例如，领料单、差旅费报销单、折旧计算表、工资费用分配表等

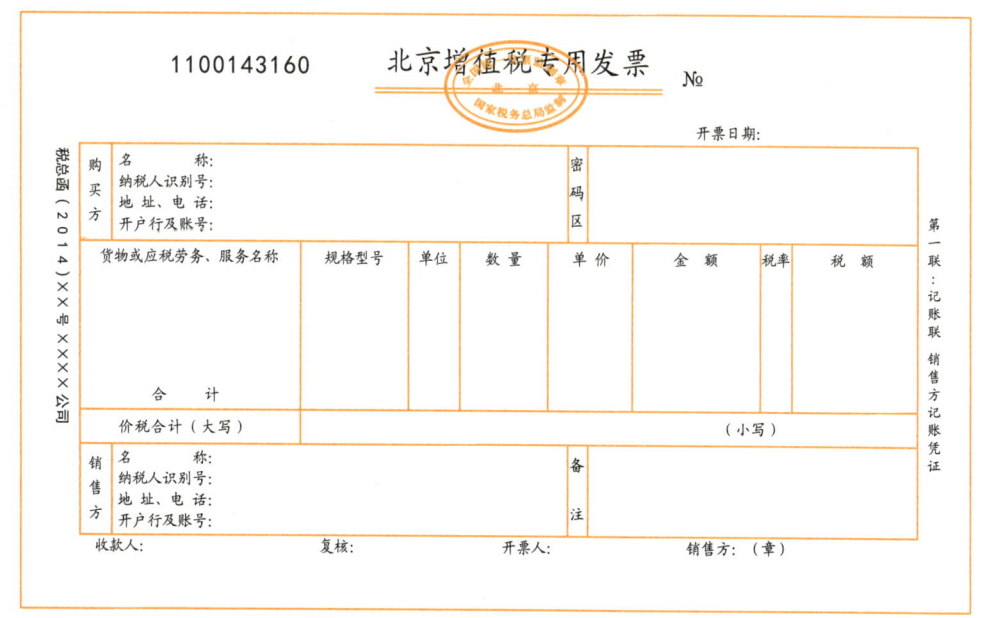

图 2-8 增值税专用发票

3. 按填制的手续和内容分类（见表2-18）

表2-18　原始凭证按填制的手续和内容分类

凭证分类	概述
一次凭证	是指一次填制完成，只记录一笔经济业务且仅一次有效的原始凭证。例如，收据、收料单、发货票、银行结算凭证等
累计凭证	是指在一定时期内多次记录发生的同类型经济业务且多次有效的原始凭证。例如，限额领料单
汇总凭证	是指对一定时期内反映经济业务内容相同的若干张原始凭证，按照一定标准综合填制的原始凭证。例如，发料凭证汇总表

【例题·判断题】（2021年）企业生产车间在一定时期内领用原材料多次使用同一张"限额领料单"，该领料单属于累计原始凭证。（　　　）

【答案】√

（二）原始凭证的基本内容

原始凭证的格式和内容因经济业务和经营管理的不同而有所差异，但原始凭证应当具备以下基本内容（也称为原始凭证要素）：

（1）凭证的名称；

（2）填制凭证的日期；

（3）填制凭证单位名称和填制人姓名；

（4）经办人员的签名或者盖章；

（5）接受凭证单位名称；

（6）经济业务内容；

（7）数量、单价和金额。

（三）原始凭证的填制要求

基本要求：

（1）记录真实。原始凭证所填列经济业务的内容和数字，必须真实可靠，符合实际情况。

（2）内容完整。原始凭证所要求填列的项目必须逐项填列齐全，不得遗漏或者省略。

（3）手续完备。单位自制的原始凭证必须有经办单位相关负责人的签名盖章；对外开出的原始凭证必须加盖本单位公章或者财务专用章；从外部取得的原始凭证，必须盖有填制单位的公章或者财务专用章；从个人取得的原始凭证，必须有填制人员的签名或盖章。

【新东方提示】

对外开出或从外取得的电子形式的原始凭证必须附有符合《电子签名法》的电子签名。

（4）书写清楚、规范。按规定填写，文字要简明，字迹要清楚，易于辨认，不得使用未经国务院公布的简化汉字。

【新东方提示】

原始凭证上大小写金额填写规范如表 2-19 所示。

表 2-19　原始凭证上大小写金额填写规范

分类	规范
小写金额	（1）用阿拉伯数字逐个书写，不得写连笔字 （2）在金额前要填写人民币符号"￥"，且与阿拉伯数字之间不得留有空白 （3）金额数字一律填写到角、分，无角无分的，写"00"或者符号"–"，有角无分的，分位写"0"，不得用符号"–"
大写金额	（1）壹、贰、叁、肆、伍、陆、柒、捌、玖、拾、佰、仟、万、亿、元、角、分、零、整等，一律用正楷或行书字体书写 （2）大写金额前无"人民币"字样的，应加写"人民币"，且和大写金额之间不得留有空白 （3）到元或角为止的，后面要写"整"或"正"，有分的，不写"整"或"正"字

（5）编号连续。如果凭证已预先印定编号，如发票、支票等重要凭证，在因错作废时，应加盖"作废"戳记，妥善保管，不得撕毁。

（6）不得涂改、刮擦、挖补，金额有错的，应当由出具单位重开，不得在原始凭证上更正。有其他错误的，应当由出具单位重开或更正，更正处应当加盖出具单位印章。

（7）填制及时。及时填写，并按规定的程序及时送交会计机构审核。

（四）原始凭证的审核

原始凭证的审核要点如表 2-20 所示。

表 2-20　原始凭证审核要点

审核要点	审核内容
真实性	凭证日期、业务内容、数据等是否真实 【新东方提示】 　　外来原始凭证，必须有填制单位公章或财务专用章和填制人员签章，其中，电子形式的外来原始凭证，应当附有符合《电子签名法》的电子签名（章）
合法性、合理性	是否符合国家法律法规，是否履行了规定的凭证传递和审核程序；是否符合企业经济活动的需要、是否符合有关的计划和预算等
完整性	基本要素是否齐全，有无漏项，日期是否完整，数字是否清晰，文字是否工整，有关人员签章是否齐全，凭证联次是否正确等
正确性	接受原始凭证单位的名称是否正确，金额的填写和计算是否正确，更正是否正确

三、记账凭证

记账凭证是登记账簿的<u>直接依据</u>。

（一）记账凭证的种类

记账凭证按其反映的经济业务的内容来划分，通常可分为收款凭证、付款凭证和转账凭证。

（1）收款凭证，是指用于记录库存现金和银行存款收款业务的记账凭证。

（2）付款凭证，是指用于记录库存现金和银行存款付款业务的记账凭证。

（3）转账凭证，是指用于记录不涉及库存现金和银行存款业务的记账凭证。

（二）记账凭证的基本内容

（1）填制凭证的日期；

（2）凭证编号；

（3）经济业务摘要；

（4）应借应贷会计科目；

（5）金额；

（6）所附原始凭证张数；

（7）填制凭证人员、稽核人员、记账人员、会计机构负责人、会计主管人员签名或者盖章。

【新东方提示】
　　收款和付款记账凭证还应当由出纳人员签名或者盖章。

（三）记账凭证的填制要求

1. 填制记账凭证的**基本要求**

记账凭证的填制除了要做到内容完整、书写清楚和规范外，还必须符合以下要求：

（1）除结账和更正错账可以不附原始凭证外，其他记账凭证必须附原始凭证。

（2）记账凭证可以根据每一张原始凭证填制，或根据若干张同类原始凭证汇总填制，也可根据原始凭证汇总表填制。

【新东方提示】
　　不得将不同内容和类别的原始凭证汇总填制在一张记账凭证上。

（3）记账凭证应当连续编号。应按业务发生的顺序并按不同种类的记账凭证采用"字号编号法"连续编号。如果一笔经济业务需要填制两张以上（含两张）记账凭证的，可以采用"分数编号法"。如转字 $4\frac{1}{3}$ 号、转字 $4\frac{2}{3}$ 号、转字 $4\frac{3}{3}$ 号。

【新东方提示】
　　为便于监督，反映付款业务的会计凭证不得由出纳人员编号。

（4）填制记账凭证时若发生错误，应当**重新填制**。

（5）记账凭证填制完成后，如有空行，应当自金额栏最后一笔金额数字下的空行处至合计数上的空行处划线注销，如图 2-9 所示。

【例题·多选题】（2020 年）下列各项中，属于记账凭证填制要求的内容有（　　）。

A. 所有记账凭证都必须附有原始凭证

B. 记账凭证应连续编号

C. 记账凭证要内容完整，书写清楚和规范

D. 填制记账凭证时若发现错误，应当重新填制

【答案】B、C、D

【解析】选项 A 不正确。结账和更正错账可以不附原始凭证，其他记账凭证必须附原始凭证。

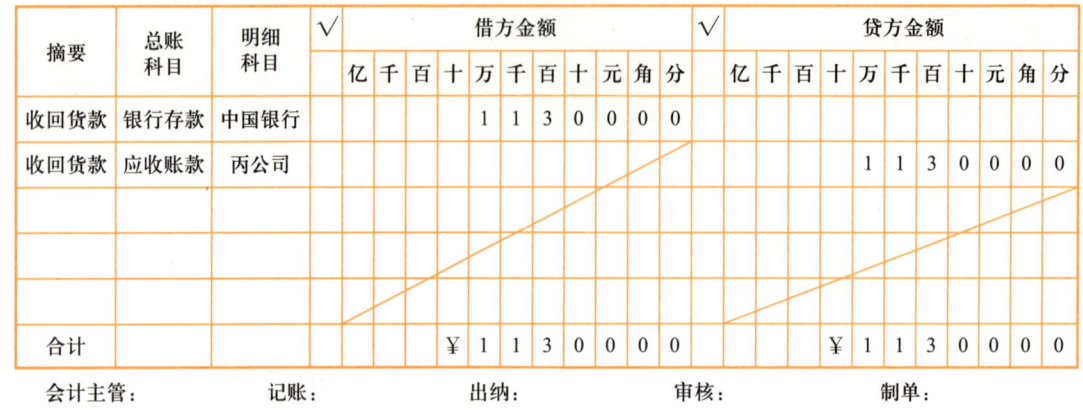

图 2-9 记账凭证填制

2. 收款凭证、付款凭证的填制要求（见表 2-21）

表 2-21 收款凭证、付款凭证的填制要求

凭证分类	填制要求
收款凭证	收款凭证左上角的"借方科目"按收款的性质填写"库存现金"或"银行存款"
付款凭证	付款凭证的填制方法与收款凭证基本相同，不同的是在付款凭证的左上角应填列贷方科目，即"库存现金"或"银行存款"科目

【新东方提示】

（1）对于涉及"库存现金"和"银行存款"之间的相互划转业务，一般只填制付款凭证，不再填制收款凭证。

（2）出纳人员办理完收款或付款业务后，应在原始凭证上加盖"收讫"或"付讫"的戳记，以避免重收重付。

3. 转账凭证的填制要求

（1）转账凭证通常是根据有关转账业务的原始凭证填制的；

（2）转账凭证中"总账科目"和"明细科目"栏填写应借、应贷的总账科目和明细科目，借方科目应记金额在同一行的"借方金额"栏填列，贷方科目应记金额在同一行的

"贷方金额"栏填列，"借方金额"栏合计数与"贷方金额"栏合计数应相等。

4. 记账凭证的审核

（1）记账凭证是否有原始凭证为依据，所附原始凭证或原始凭证汇总表的内容与记账凭证的内容是否一致；

（2）记账凭证各项目的填写是否齐全，如日期、凭证编号、摘要、会计科目、金额、所附原始凭证张数及有关人员签章等；

（3）记账凭证的应借、应贷科目以及对应关系是否正确；

（4）记账凭证所记录的金额与原始凭证的有关金额是否一致，计算是否正确；

（5）记账凭证中的记录是否文字工整、数字清晰，是否按规定进行更正等；

（6）出纳人员在办理收款或付款业务后，是否在原始凭证上加盖"收讫"或"付讫"的戳记。

四、会计凭证的保管

会计凭证的保管，是指会计凭证记账后的整理、装订、归档和存查工作。会计凭证的保管要求主要有：

（1）会计机构在依据会计凭证记账以后，应定期（每天、每旬或每月）对各种会计凭证进行分类整理，将各种记账凭证按照编号顺序，连同所附的原始凭证一起加具封面和封底，装订成册，并在装订线上加贴封签，防止抽换凭证。

（2）原始凭证较多时，可单独装订，但应在凭证封面注明所属记账凭证的日期、编号和种类，同时在所属的记账凭证上应当注明"附件另订"及原始凭证的名称和编号，以便查阅。

（3）同时满足以下条件的，单位内部形成的属于归档范围的电子会计凭证等电子会计资料可仅以电子形式保存，形成电子会计档案，无须打印电子会计资料纸质件进行归档保存：

① 形成的电子会计资料来源真实有效，由计算机等电子设备形成和传输；

② 使用的会计核算系统能够准确、完整、有效接收和读取电子会计资料，能够输出符合国家标准归档格式的会计凭证、会计账簿、财务会计报表等会计资料，设定了经办、审核、审批等必要的审签程序；

③ 使用的电子档案管理系统能够有效接收、管理、利用电子会计档案，符合电子档案的长期保管要求，并建立了电子会计档案与相关联的其他纸质会计档案的检索关系；

④ 采取有效措施，防止电子会计档案被篡改；

⑤ 建立电子会计档案备份制度，能够有效防范自然灾害、意外事故和人为破坏的影响；

⑥ 形成的电子会计资料不属于具有永久保存价值或者其他重要保存价值的会计档案。

【新东方提示】

　　在同时满足上述条件的情况下，单位从外部接收的电子会计资料附有符合《电子签名法》规定的电子签名的，可仅以电子形式归档保存，形成电子会计档案，无须打印电子会计资料纸质件进行归档保存。

　　单位仅以电子形式保存会计档案的，原则上应从一个完整会计年度的年初开始执行，以保证其年度会计档案保存形式的一致性。

　　（4）当年形成的会计档案，在会计年度终了后，可由单位会计机构临时保管一年，期满后再移交本单位档案机构统一保管；因工作需要确需推迟移交的，应当经单位档案管理机构同意，且最长不超过三年；单位未设立档案机构的，应在会计机构等机构内部指定专人保管。出纳人员不得兼管会计档案。

【新东方提示】

　　会计档案，自管一年，专人保管，出纳不行。

　　（5）单位保存的会计档案一般不得对外借出，确因工作需要且根据国家有关规定必须借出的，应当严格按照规定办理相关手续；其他单位如有特殊原因，确实需要使用单位会计档案时，经本单位会计机构负责人、会计主管人员批准，方可复制。

【新东方提示】

　　会计档案，一般不外借，批准可复制。

　　（6）单位应当严格遵守会计档案的保管期限要求，保管期满前不得任意销毁。

【新东方提示】

　　保管期满但未结清的债权债务会计档案和涉及其他未了事项的会计档案不得销毁，纸质会计档案应当单独抽出立卷，电子会计档案单独转存，保管到未了事项完结时为止。

考点二　会计账簿 ★★★

一、会计账簿概念

会计账簿，简称账簿，是指由一定格式的账页组成的，以经过审核的会计凭证为依据，全面、系统、连续地记录各项经济业务和会计事项的簿籍。

【新东方提示】

实际工作中，由于各种会计账簿所记录的经济业务不同，账簿的格式也多种多样，但各种账簿都应具备封面、扉页、账页等基本内容。

二、会计账簿的种类

（一）按用途分类

按照用途，会计账簿可以分为序时账簿、分类账簿和备查账簿，如表 2-22 所示。

表 2-22　会计账簿按用途分类

分类		内容
序时账簿		又称日记账，是按照经济业务发生时间的先后顺序逐日、逐笔登记的账簿
分类账簿	总分类账簿	简称总账，是根据总分类账户设置的，总括地反映某类经济活动
	明细分类账簿	简称明细账，是根据明细分类账户设置的，用来提供明细的核算资料
备查账簿		又称辅助登记簿或补充登记簿，是对某些在序时账簿和分类账簿中未能记载或记载不全的经济业务进行补充登记的账簿

【新东方提示】

代管商品采用备查簿形式。例如，为其他企业代管商品设置的"代管商品物资备查簿"。

（二）按账页格式分类

按照账页格式，会计账簿主要分为三栏式账簿、多栏式账簿、数量金额式账簿，如表 2-23 所示。

表 2-23 会计账簿按账页格式分类

分类	特点	适用情况
三栏式账簿	设有借方、贷方和余额三个金额栏目	各种日记账、总账以及资本、债权、债务明细账
多栏式账簿	借方和贷方按需要分设若干专栏	收入、成本、费用明细账
数量金额式账簿	借方、贷方和余额三个栏目内，再分设数量、单价和金额三小栏	原材料、库存商品明细账

（三）按外形特征分类

按照外形特征，会计账簿可以分为订本式账簿、活页式账簿、卡片式账簿，如表 2-24 所示。

表 2-24 会计账簿按外形特征分类

分类	内容
订本式账簿	（1）是在启用前将编有顺序页码的一定数量账页装订成册的账簿 （2）优点是能避免账页散失和防止抽换页 （3）缺点是不能准确为各账户预留账页 （4）一般适用于重要的和具有统驭性的总分类账、库存现金日记账和银行存款日记账
活页式账簿	（1）是将一定数量的账页置于活页夹内，可根据记账内容的变化随时增加或减少部分账页的账簿 （2）优点是记账时可以根据实际需要，随时将空白账页装入账簿，或抽去不需要的账页，便于分工记账 （3）缺点是若管理不善，可能会造成账页散失或故意抽换账页 （4）一般适用各种明细分类账
卡片式账簿	（1）是将一定数量的卡片式账页存放于专设的卡片箱中，可以根据需要随时增添账页的账簿 （2）在我国，企业一般只对固定资产的核算采用卡片账形式，也有少数企业在材料核算中使用材料卡片

三、会计账簿的启用与登记要求

为保证账簿记录的正确性，必须根据审核无误的会计凭证登记会计账簿，并符合有关法律、行政法规和国家统一的会计制度的规定。

1. 登记会计账簿时，应当将会计凭证日期、编号、业务内容摘要、金额和其他有关资料逐项记入账内。

2. 为了保持账簿记录的持久性，防止涂改，登记账簿必须使用蓝黑墨水或碳素墨水书写，不得使用圆珠笔（银行的复写账簿除外）或者铅笔书写。

【新东方提示】

可以使用红墨水记账的情况：（1）按照红字冲账的记账凭证，冲销错误记录；（2）在不设借贷等栏的多栏式账页中，登记减少数；（3）在三栏式账簿的余额栏前，如未印明余额方向的，在余额栏内登记负数余额；（4）根据国家规定可以用红字登记的其他会计记录。

3. 会计账簿应当按照连续编号的页码顺序登记。记账时发生错误或者隔页、缺号、跳行的，应在空页、空行处用红色墨水划对角线注销，或者注明"此页空白"或"此行空白"字样，并由记账人员和会计机构负责人（会计主管人员）在更正处签章。

4. 凡需要结出余额的账户，结出余额后，应当在"借或贷"栏目内注明"借"或"贷"字样，以示余额的方向；对于没有余额的账户，应在"借或贷"栏内写"平"字，并在"余额"栏"元"位处用"θ"表示。库存现金日记账和银行存款日记账必须逐日结出余额。

5. 每一账页登记完毕时，应当结出本页发生额合计及余额，在该账页最末一行"摘要"栏注明"转次页"或"过次页"，并将这一金额记入下一页第一行有关金额栏内，在该行"摘要"栏注明"承前页"。

6. 账簿记录发生错误时，不得刮擦、挖补或用褪色药水更改字迹，而应采用规定的方法更正。

四、会计账簿的格式与登记方法

（一）日记账的格式与登记方法

日记账，是按照经济业务发生或完成的时间先后顺序逐日逐笔进行登记的账簿。在我国，大多数企业一般只设库存现金日记账和银行存款日记账。

1. 日记账的格式

库存现金日记账的格式主要为三栏式，且必须使用订本账。银行存款日记账可以采用

三栏式，也可以采用多栏式。

2. 日记账的登记方法（见表2-25）

表2-25 日记账的登记方法

类别	登记方法
库存现金日记账	（1）由出纳人员根据库存现金收款凭证、库存现金付款凭证和银行存款付款凭证，按照库存现金收、付款业务和银行存款付款业务发生时间的先后顺序逐日逐笔登记 （2）收入、支出栏（或借方、贷方）是库存现金实际收付的金额 （3）每日终了，分别结出收、付合计和余额，并与库存现金核对 （4）月终，计算库存现金收、付和结存的合计数
银行存款日记账	（1）由出纳人员根据与银行存款收付业务有关的记账凭证，按时间先后顺序逐日逐笔进行登记 （2）根据银行存款收款凭证和有关的库存现金付款凭证（如现金存入银行的业务）登记银行存款收入栏，根据银行存款付款凭证登记其支出栏 （3）每日结出存款余额

（二）分类账的格式与登记方法

总分类账是按照总分类账户分类登记以提供总括会计信息的账簿。明细分类账是根据有关明细分类账户设置并登记的账簿。分类账格式与登记方法如表2-26所示。

表2-26 分类账的格式与登记方法

类别	登记方法
总分类账	（1）经济业务少的小型单位，总分类账可以根据记账凭证逐笔登记 （2）经济业务多的大中型单位，总分类账可以根据记账凭证汇总表（又称科目汇总表）或汇总记账凭证等定期登记
明细分类账	各单位在设置总账的同时，还应设置必要的明细账： （1）明细分类账一般采用活页式账簿、卡片式账簿 （2）明细分类账一般根据记账凭证和相应的原始凭证来登记 【新东方提示】 根据经济业务的特点，明细分类账的格式主要有： 三栏式；多栏式；数量金额式

续表

类别	登记方法
总分类账与明细分类账的平行登记	（1）平行登记，是指对所发生的每项经济业务都要以会计凭证为依据，一方面记入有关总分类账户，另一方面记入所辖明细分类账户的方法 （2）登记要点：① 方向相同，在总分类账户及其所辖的明细分类账户中登记同一项经济业务时，方向应当相同；② 期间一致，发生的经济业务，应在同一会计期间记入总分类账户和所辖明细分类账户；③ 金额相等，记入总分类账户的金额必须与记入其所辖的一个或几个明细分类账户的金额合计数相等

五、对账与结账

（一）对账

对账，是对账簿记录所进行的核对，也就是核对账目。对账工作一般在记账之后结账之前，即在月末进行。对账一般分为账证核对、账账核对、账实核对，如表 2-27 所示。

表 2-27　对账的分类

分类	主要内容
账证核对	将账簿记录与会计凭证核对
账账核对	（1）总分类账簿之间的核对 （2）总分类账簿与所辖明细分类账簿之间的核对 （3）总分类账簿与序时账簿之间的核对 （4）明细分类账簿之间的核对（会计部门与财产物资保管或使用部门）
账实核对	（1）是指各项财产物资、债权债务等账面余额与实有数额之间的核对 （2）库存现金日记账账面余额与现金实际库存数逐日核对 （3）银行存款日记账账面余额与银行对账单余额定期核对 （4）各项财产物资明细账账面余额与实有数额定期核对 （5）有关债权债务明细账账面余额与对方单位债权债务账面记录核对

（二）结账

1. 结账是将账簿记录定期结算清楚的会计工作，在一定时期结束时（如月末、季末或年末），为编制财务报表，需要进行结账，具体包括月结、季结和年结。

2. 结账的内容通常包括两个方面：一是结清各种损益类账户，据以计算确定本期利润；二是结出各资产、负债和所有者权益账户的本期发生额合计和期末余额。

六、错账更正的方法

对于发生的账簿记录错误，应当采用正确、规范的方法予以更正，不得涂改、挖补、刮擦或者用药水消除字迹，不得重新抄写。

错账更正的方法一般有划线更正法、红字更正法和补充登记法。

（一）划线更正法

划线更正法如表 2-28 所示。

表 2-28　划线更正法

错账情形	更正方法
（1）在结账前发现账簿记录有文字或数字错误，而记账凭证没有错误，应当采用划线更正法 （2）如记账凭证中的文字或数字发生错误，在尚未过账前，也可用划线更正法更正	可在错误的文字或数字上划一条红线在红线的上方填写正确的文字或数字并由记账人员和会计机构负责人（会计主管人员）在更正处盖章，以明确责任

【新东方提示】

对于数字错误更正时不得只划销错误数字，应将全部数字划销，并保持原有数字清晰可辨，以便审查。

（二）红字更正法

红字更正法如表 2-29 所示。

表 2-29　红字更正法

错账情形	更正方法
记账后发现记账凭证中应借、应贷会计科目有错误所引起的记账错误	用红字填写一张与原记账凭证完全相同的记账凭证，在摘要栏内注明"注销某月某日某号凭证"，并据以用红字登入账，以示注销原记账凭证。然后用蓝字填写一张正确的记账凭证，并据以用蓝字登记入账
记账后发现记账凭证和账簿记录中应借、应贷会计科目无误，只是所记金额大于应记金额引起的记账错误	按多记的金额用红字编制一张与原记账凭证应借、应贷科目完全相同的记账凭证，在摘要栏内写明"冲销某月某日第 × 号记账凭证多记金额"，以冲销多记金额，并据以用红字登记入账

【例题·多选题】更正错账时，红字更正法的适用范围有（   ）。

A. 记账凭证正确，登记账簿时发生文字或数字错误

B. 记账凭证上会计科目或记账方向错误，导致账簿记录错误

C. 记账凭证上会计科目或记账方向正确，所记金额大于应记金额，导致账簿记录错误

D. 记账凭证中会计科目或借贷方向正确，所记金额大于应记金额，尚未登记入账

【答案】B、C

【解析】选项 A 错误，采用划线更正法；选项 D 错误，尚未登记入账，重新填制正确的记账凭证，再登记入账。

（三）补充登记法

补充登记法如表 2-30 所示。

表 2-30　补充登记法

错账情形	更正方法
记账后发现记账凭证和账簿记录中应借、应贷会计科目无误，只是所记金额小于应记金额	按少记的金额用蓝字填制一张与原记账凭证应借、应贷科目完全相同的记账凭证，在摘要栏内写明"补记某月某日第 × 号记账凭证少记金额"，以补充少记的金额，并据以用蓝字登记入账

七、会计账簿的保管

会计账簿是各单位重要的经济资料，必须建立管理制度，妥善保管。

1. 各种账簿要分工明确，指定专人管理。账簿经管人员既要负责记账、对账、结账等工作，又要负责保证账簿安全。

2. 会计账簿未经领导和会计负责人或者有关人员批准，非经管人员不能随意翻阅查看会计账簿。会计账簿除需要与外单位核对外，一般不能携带外出；对携带外出的账簿，一般应由经管人员或会计主管人员指定专人负责。

【新东方提示】

　　未经批准不能看，一般不外带，外带专人负责。

3. 会计账簿不能随意交与其他人员管理，以保证账簿安全和防止任意涂改账簿等问题发生。

4. 年度终了更换并启用新账后，对更换下来的旧账要整理装订，造册归档。

5. 实行会计电算化的单位，满足《会计档案管理办法》第八条有关规定的，可仅以电

子形式保存会计账簿，无须定期打印会计账簿；确需打印的，打印的会计账簿必须连续编号，经审核无误后装订成册，并由记账人员和会计机构负责人、会计主管人员签字或者盖章。

【新东方提示】

可以电子不要纸，打印编号有签章。

6. 各种账簿同会计凭证和会计报表一样，都是重要的经济档案，必须按照《会计档案管理办法》规定的保存年限妥善保管，不得丢失和任意销毁。保管期满后，应当按照规定进行鉴定，经鉴定可以销毁的，方可按照审批程序报经批准后销毁。

第四单元　财 产 清 查

考点一 财产清查概述★★

财产清查，是指通过对货币资金、实物资产和往来款项等财产物资进行盘点或核对，确定其实存数，查明账存数与实存数是否相符的一种专门方法。

一、按照清查范围分类

按照清查范围，财产清查分为全面清查和局部清查，如表 2-31 所示。

表 2-31　财产清查按照清查范围分类

类别	适用情形
全面清查	（1）年终决算前 （2）在合并、撤销或改变隶属关系前 （3）中外合资、国内合资前 （4）股份制改造前 （5）开展全面的资产评估、清产核资前 （6）单位主要领导调离工作前等
局部清查	（1）对于流动性较大的财产物资，如原材料、在产品、产成品，应根据需要随时轮流盘点或重点抽查 （2）对于贵重财产物资，每月都要进行清查盘点 （3）对于库存现金，每日终了，应由出纳人员进行清点核对 （4）对于银行存款，企业至少每月同银行核对一次 （5）对债权、债务，企业应每年至少同债权人、债务人核对一至两次

二、按照清查的时间分类

按照清查的时间，财产清查分为定期清查和不定期清查，如表 2-32 所示。

表 2-32　财产清查按照清查时间分类

类别	适用情形
定期清查	定期清查一般在年末、季末、月末进行
不定期清查	（1）财产物资、库存现金保管人员更换时，要对有关人员保管的财产物资、库存现金进行清查 （2）发生自然灾害和意外损失时，要对受损失的财产物资进行清查 （3）上级主管、财政、审计和银行等部门，对本单位进行会计检查，应按检查的要求和范围对财产物资进行清查 （4）开展临时性清产核资时，要对本单位的财产物资进行清查

三、按照清查的执行系统分类

按照清查的执行系统，财产清查分为内部清查和外部清查，如表 2-33 所示。

表 2-33　财产清查按照清查执行系统分类

类别	适用情况
内部清查	由本单位内部自行组织清查，大多数财产清查都是内部清查
外部清查	由上级主管部门、审计机关、司法部门、注册会计师等根据国家有关规定或情况需要对本单位进行的财产清查。一般来讲，外部清查时应有本单位相关人员参加

考点二　财产清查的方法与会计处理★★★

一、财产清查的方法

（一）库存现金

1. 清查方法：实地盘点法。

2. 人员：盘点时出纳人员必须在场；由主管会计或财务负责人和出纳人员共同清点。

3. 清查凭证：盘点结束后，填制"库存现金盘点报告表"，作为重要原始凭证。

（二）银行存款

1. 采用与开户银行核对账目的方法进行，即将本单位银行存款日记账的账簿记录与开户银行转来的对账单逐笔进行核对，查明银行存款的实有数额。

2. 如二者余额不相符，则可能是企业或银行一方或双方记账过程有错误或者存在未达账项，如表2-34所示。

表2-34 未达账项

定义	未达账项，是指企业与其开户银行之间，一方收到凭证并已入账，另一方未收到凭证因而未能入账的账项
具体情况	发生未达账项的具体情况有四种： （1）企业已收款入账，银行尚未收款入账 （2）企业已付款入账，银行尚未付款入账 （3）银行已收款入账，企业尚未收款入账 （4）银行已付款入账，企业尚未付款入账

3. 如果存在未达账项，应编制"银行存款余额调节表"调节，如没有记账错误，调节后的双方余额应相等。

银行存款余额调节表的编制，是以企业银行存款日记账余额和银行对账单余额为基础，各自分别加上对方已收款入账而己方尚未入账的数额，减去对方已付款入账而己方尚未入账的数额。其计算公式如下：

企业银行存款日记账余额＋银行已收企业未收款－银行已付企业未付款

＝银行对账单存款余额＋企业已收银行未收款－企业已付银行未付款

4. 银行存款余额调节表只是为了核对账目，不能作为调整企业银行存款账面记录的记账依据。

【例题·单选题】（2022年）某公司2021年9月30日银行存款日记账余额为4 800万元，银行对账单余额为4 815万元。经逐笔核对，发现两笔未达账项：（1）公司已开出转账支票并登记银行存款减少20万元，银行尚未记账；（2）银行应收取的5万元利息已从公司存款账户中扣减，但公司未收到银行付款通知。不考虑其他因素，月末银行存款余额调节表中调节后的存款余额为（　　）万元。

A. 4 780　　　　　　B. 4 795　　　　　　C. 4 815　　　　　　D. 4 775

【答案】B

【解析】选项B正确，月末银行存款余额调节表中调节后的存款余额＝4 815－20＝4 795（万元）。

（三）实物资产

1. 实物资产的清查是对实物资产数量和质量进行的清查。

2. 常用的清查方法有实地盘点法和技术推算法，如表 2-35 所示。

表 2-35　实物资产的清查方法

方法	实地盘存法	技术推算法
概念	通过点数、过磅、量尺等方法来确定实物资产的实有数量	利用一定的技术方法对财产物资的实存数进行推算
适用范围	适用范围较广，在多数财产物资清查中都可以采用	只适用于成堆量大而价值不高、逐一清点的工作量和难度较大的财产物资的清查。例如，露天堆放的煤炭等

3. 在实物清查过程中，实物保管人员和盘点人员必须同时在场。

4. 对于盘点结果，应如实登记盘存单，并由盘点人和实物保管人签字或盖章，以明确经济责任。盘存单既是记录盘点结果的书面证明，也是反映财产物资实存数的原始凭证。

根据盘存单和有关账簿记录，编制实存账存对比表，实存账存对比表是用以调整账簿的重要原始凭证。

（四）往来款项

1. 往来款项主要包括应收、应付款项和预收、预付款项等。

2. 往来款项的清查一般采用发函询证的方法进行核对。

3. 清查单位应在其各种往来款项记录准确的基础上，按每一个经济往来单位填制"往来款项对账单"。往来款项清查以后，将清查结果编制"往来款项清查报告单"，填列各项债权、债务的余额。

【例题·单选题】（2022 年）企业对往来款项进行清查时，采用的方法是（　　　）。

A. 实地盘点法　　　　　　　　　　B. 技术推算法

C. 发函询证法　　　　　　　　　　D. 实物盘点法

【答案】C

【解析】选项 C 正确，往来款项主要包括应收、应付款项和预收、预付款项等。往来款项的清查一般采用发函询证的方法进行核对。

二、财产清查结果的会计处理

对于财产清查中发现的问题，应当进行相应的处理，如表 2-36 所示。

表2-36 财产清查的会计处理

情况	处理方法
批准	财产清查产生的损溢，企业应于期末前查明原因，并根据企业的管理权限，经股东大会或董事会，或经理（厂长）会议或类似机构批准后，在期末结账前处理完毕
未批准	如果在期末结账前尚未经批准，在对外提供财务报表时，先按相关规定进行相应账务处理，并在附注中作出说明，其后如果批准处理的金额与已处理金额不一致的，调整财务报表相关项目的期初数

第五单元 会计账务处理程序

考点 会计账务处理程序★

会计账务处理程序，也称会计核算组织程序或者会计核算形式，是指会计凭证、会计账簿、会计报表相结合的方式。

企业常用的账务处理程序，主要有记账凭证账务处理程序、汇总记账凭证账务处理程序和科目汇总表账务处理程序，它们之间的主要区别是登记总分类账的依据和方法不同。

一、记账凭证账务处理程序

记账凭证账务处理程序，是指对发生的经济业务，先根据原始凭证或汇总原始凭证填制记账凭证，再根据记账凭证登记总分类账的一种账务处理程序。

记账凭证账务处理程序如图2-10所示。

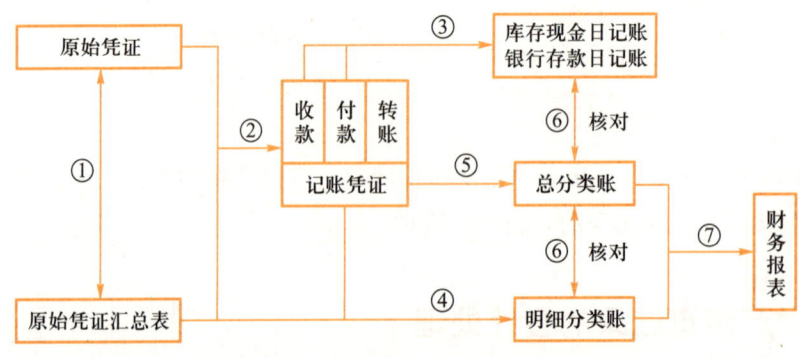

图2-10 记账凭证账务处理程序

记账凭证账务处理程序的特点、优缺点和适用范围，如表 2-37 所示。

表 2-37　记账凭证账务处理程序的特点、优缺点和适用范围

特点	直接根据记账凭证逐笔登记总分类账
优点	（1）简单明了，易于理解 （2）总分类账可以反映经济业务的详细情况
缺点	登记总分类账的工作量较大
适用范围	适用于规模较小、经济业务量较少的单位

二、汇总记账凭证账务处理程序

汇总记账凭证账务处理程序，是指先根据原始凭证或汇总原始凭证填制记账凭证，定期根据记账凭证分类编制汇总收款凭证、汇总付款凭证和汇总转账凭证，再根据汇总记账凭证登记总分类账的一种账务处理程序。

汇总记账凭证，是指对一段时间内同类记账凭证进行定期汇总而编制的记账凭证。

汇总记账凭证账务处理程序如图 2-11 所示。

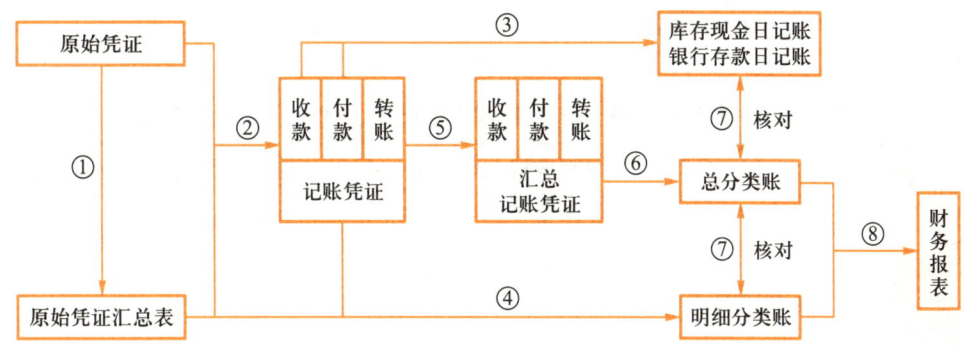

图 2-11　汇总记账凭证账务处理程序

汇总记账凭证账务处理程序的特点、优缺点和适用范围如表 2-38 所示。

表 2-38　汇总记账凭证账务处理程序的特点、优缺点和适用范围

特点	先根据记账凭证编制汇总记账凭证，再根据汇总记账凭证登记总分类账
优点	减轻了登记总分类账的工作量
缺点	当转账凭证较多时，编制汇总转账凭证的工作量较大，并且按每一贷方账户编制汇总转账凭证，不利于会计核算的日常分工
适用范围	适用于规模较大、经济业务较多的单位

三、科目汇总表账务处理程序

科目汇总表账务处理程序，又称记账凭证汇总表账务处理程序，是指根据记账凭证定期编制科目汇总表，再根据科目汇总表登记总分类账的一种账务处理程序。

科目汇总表，又称记账凭证汇总表，是企业定期对全部记账凭证进行汇总后，按照不同的会计科目分别列示各账户借方发生额和贷方发生额的一种汇总凭证。

科目汇总表账务处理程序如图2-12所示。

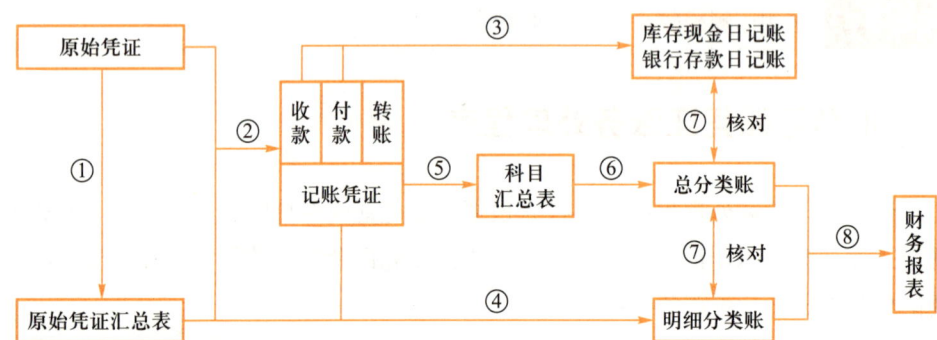

图2-12　科目汇总表账务处理程序

科目汇总表账务处理程序的特点、优缺点和适用范围如表2-39所示。

表2-39　科目汇总表账务处理程序的特点、优缺点和适用范围

特点	先将所有记账凭证汇总编制成科目汇总表，然后根据科目汇总表登记总分类账
优点	减轻了登记总分类账的工作量，并且可以起到试算平衡的作用
缺点	（1）不能反映各个账户之间的对应关系 （2）不利于对账目进行检查
适用范围	适用于经济业务较多的单位

第六单元　会计信息化基础

考点一 会计信息化的概念和会计财务处理 ★

一、会计信息化的概念

会计信息化，是指企业利用计算机、网络通信等现代信息技术手段开展会计核算，以

及利用上述技术手段将会计核算与其他经营管理活动有机结合的过程。

二、信息化环境下会计账务处理

（一）会计软件与会计信息系统

1. 会计软件

会计软件是指企业使用的，专门用于会计核算、财务管理的计算机软件、软件系统或者功能模块。

2. 会计信息系统

会计信息系统是指由会计软件及其运行所依赖的软硬件环境组成的集合体。按照发展程度大致可分为三种情况：

（1）会计核算信息化。

（2）决策支持信息化。

（3）财务共享中心。

（二）信息化环境下会计账务处理的基本要求

1. 企业使用的会计软件应当保障企业按照国家统一会计准则制度开展会计核算，设定了经办、审核、审批等必要的审签程序，能够有效防止电子会计凭证重复入账，并不得有违背国家统一会计准则制度的功能设计。

【新东方提示】

针对上述第 1 点总结的口诀：依照准则不可违。

2. 企业使用的会计软件的界面应当使用中文并且提供对中文处理的支持，可以同时提供外国或者少数民族文字界面对照和处理支持。

【新东方提示】

针对上述第 2 点总结的口诀：应当用中文，可以同时有其他。

3. 企业使用的会计软件应当提供符合国家统一会计准则制度的会计科目分类和编码功能。

4. 企业使用的会计软件应当提供符合国家统一会计准则制度的会计凭证、账簿和报表的显示和打印功能。

5. 企业使用的会计软件应当提供不可逆的记账功能，确保对同类已记账凭证的连续编号，不得提供对已记账凭证的删除和插入功能，不得提供对已记账凭证日期、金额、科目和操作人的修改功能。

【新东方提示】

　　针对上述第3、第4、第5点总结的口诀：凭证账表和科目，依照准则不可逆。

　　6. 企业使用的会计软件应当具有符合国家统一标准的数据接口，满足外部会计监督需要。

　　7. 企业使用的会计软件应当具有会计资料归档功能，提供导出会计档案的接口，在会计档案存储格式、元数据采集、真实性与完整性保障方面，符合国家有关电子文件归档与电子档案管理的要求。

　　8. 企业使用的会计软件应当记录生成用户操作日志，确保日志的安全、完整，提供按操作人员、操作时间和操作内容查询日志的功能，并能以简单易懂的形式输出。

　　9. 企业会计信息系统数据服务器的部署应当符合国家有关规定。数据服务器部署在境外的，应当在境内保存会计资料备份，备份频率不得低于每月一次。境内备份的会计资料应当能够在境外服务器不能正常工作时，独立满足企业开展会计工作的需要以及外部会计监督的需要。

【新东方提示】

　　针对上述第6、第7、第8、第9点总结的口诀：外部好监督，内部能归档，操作记录不能少。

　　10. 企业应当建立电子会计资料备份管理制度，确保会计资料的安全、完整和会计信息系统的持续、稳定运行。

　　11. 企业电子会计档案的归档管理，应当符合《会计档案管理办法》的规定。

　　12. 实行会计集中核算的企业以及企业分支机构，应当为外部会计监督机构及时查询和调阅异地储存的会计资料提供必要条件。

　　13. 企业不得在非涉密信息系统中存储、处理和传输涉及国家秘密、关系国家经济信息安全的电子会计资料；未经有关主管部门批准，不得携带、寄运或者传输至境外。

【新东方提示】

　　针对上述第10、第11、第12、第13点总结的口诀：备份归档要确保，泄密国安不能搞。

（三）信息化环境下会计账务处理流程

1. 账务处理流程的主要角色

与手工环境下的账务处理流程相比，信息化环境下的账务处理流程更高效。典型的账务处理流程中的主要角色包括：（1）业务人员，如采购人员、销售人员等；（2）凭证编制人员，即编制记账凭证的会计人员；（3）凭证审核人员，即对记账凭证进行审核的会计人员；（4）记账和结账人员，即将记账凭证信息转换为账簿信息和进行月末结账的会计人员；（5）查询与分析人员，如财务经理、总经理等。

2. 信息化环境下会计账务处理基本流程

（1）经济业务发生时，业务人员将原始凭证提交会计部门。

（2）凭证编制人员对原始凭证的正确性、合规性、合理性进行审核，然后根据审核无误的原始凭证编制记账凭证。

（3）凭证审核人员从凭证文件中获取记账凭证并进行审核。系统对审核通过的记账凭证做审核标记，将审核未通过的凭证返还给凭证编制人员。

（4）在记账人员的记账指令发出后，系统自动对已审核凭证进行记账，更新科目汇总文件等信息，并对相关凭证做记账标记。会计期末，结账人员发出指令进行结账操作。

（5）会计信息系统根据凭证文件和科目汇总文件自动、实时生成日记账、明细账和总账，提供内部和外部使用者需要的内部分析表和财务报表。

考点二　财务机器人、财务大数据和财务共享中心★★

一、财务机器人和财务大数据的应用

（一）财务机器人的应用

财务机器人是机器人流程自动化在会计领域具体应用的一套财务数字化应用技术。财务机器人主要应用于财务、税务、会计核算等基础财务会计领域，具体包括：

1. 会计核算与会计报表列报

（1）会计记账自动化。

（2）报表列报优化。

2. 资金预算与管理优化

（1）资金预算。

（2）资金支付。

（3）银企对账自动化。

3. 费用报账自动化

4. 采购付款业务自动化

5. 纳税申报

6. 全面预算

7. 优化供应商管理

8. 优化应收款项管理

（二）财务大数据的应用

财务大数据是贯穿企业业务申请、交易、支付、核算、报账等各个环节的财务信息，需要进行收集、存储、分析，实现自动化信息管理，帮助企业进行科学合理的决策。数据采集和数据对比分析是财务大数据应用的主要形式，对财务信息实施大数据管理，可以实现企业财务信息的全面化管理。

二、财务共享中心的功能与作用

（一）财务共享中心的概念

财务共享中心是指大型企业或企业集团公司利用信息技术对其会计工作进行集中统一处理的一种新型财务组织管理模式、是企业集中管理模式在财务管理上的具体应用，其目的在于通过一种有效的运作模式来解决大型企业或企业集团公司财务职能建设中的重复投入和效率低下等弊端。

（二）财务共享中心的功能与作用

1. 财务共享中心的功能定位

财务共享中心的功能定位可划分为三种，分别为集中核算型、集中管控型和价值创造型。

（1）集中核算型财务共享中心、处理业务大多是交易性业务流程、生产流程等，其核心高价值流程还未广泛纳入财务共享中心处理范围。

（2）集中管控型财务共享中心，能够实时生成各分、子公司财务信息，极大提高企业总部财务管控的效率，增强企业风险防范能力。

（3）价值创造型财务共享中心是指随着"大、智、移、云"等信息技术的不断进步，财务共享服务实现由局部共享、半自动化共享、粗制共享的集中核算型财务共享服务到"全面共享、智能共享、精益共享"的价值创造型财务共享服务的跨越式发展。

2. 财务共享中心的作用

财务共享中心的功能在不断转变，对企业发展转型起着越来越关键的作用。财务共享中心有助于降低企业运营成本、提高财务运营效率、通过内部资源的优化整合提高企业绩效、支持企业集团的发展战略、向外界提供商业化服务。

第七单元　成本与管理会计基础

考点一　**成本会计基础★★**

成本会计基础

（一）成本会计的概念

成本会计，是企业为求得产品的总成本和单位成本而核算全部生产成本和费用的会计活动。成本会计核算的对象是产品成本，是对成本计划执行结果的反映。

产品成本核算是对生产经营过程中实际发生的成本、费用进行计算，并进行相应的账务处理。

【新东方提示】

企业生产类型不同、管理要求不同，对产品成本计算的影响也不同，并将影响甚至决定产品成本核算对象的确定。

（二）成本会计的基本原理

产品成本是为生产产品而发生的各种耗费的总和，通常是企业存货的主要构成内容。成本着重于按产品进行归集，一般以成本计算单或成本汇总表以及产品入库单等为计算依据。

1. 产品成本核算的要求

（1）做好各项基础工作

企业应当建立健全各项原始记录，并做好各项材料物资的计量、收发、领退、转移、报废和盘点工作，包括材料物资收发领用、劳动用工和工资发放及其设备交付使用以及水、电、暖等消耗的原始记录，并做好相应的管理工作以及定额的制定和修订工作等。

（2）正确划分各种费用支出的界限

① 正确划分收益性支出和资本性支出的界限；

② 正确划分成本费用、期间费用和营业外支出的界限；

③ 正确划分本期成本费用与以后期间成本费用的界限；

④ 正确划分各种产品成本费用的界限；

⑤ 正确划分本期完工产品与期末在产品成本的界限。

【新东方提示】

上述五方面成本费用的划分应当遵循受益原则，即谁受益谁负担、何时受益何时负担、负担费用应与受益程度成正比。上述成本费用划分的过程，也是产品成本的计算过程。

（3）根据生产特点和管理要求选择适当的成本计算方法

目前，企业常用的产品成本计算方法有品种法、分批法、分步法、分类法、定额法、标准成本法等。

（4）遵守一致性原则

企业产品成本核算采用的会计政策和估计一经确定，**不得随意变更**。在成本核算中，各种会计处理方法要前后一致，使前后各项的成本资料相互可比。

（5）编制产品成本报表

企业一般按月编制产品成本报表，全面反映企业生产成本、成本计划执行情况、产品成本及其变动情况等。企业可以根据自身管理要求，确定成本报表的具体格式和列报方式。

2. 产品成本核算的一般程序

产品成本核算的一般程序，是指对企业在生产经营过程中发生的各项生产费用和期间费用，按照成本核算的要求，逐步进行归集和分配，最后计算出各种产品的生产成本和各项期间费用的过程。一般程序如下：

（1）确定成本核算对象

根据生产特点和成本管理的要求，确定成本核算对象。

（2）确定成本项目

企业计算产品生产成本，一般设置"直接材料""燃料及动力""直接人工""制造费用"等成本项目。

（3）设置有关成本和费用明细账

例如，生产成本明细账、制造费用明细账、产成品和自制半成品明细账等。

（4）收集和审核

收集确定各种产品的生产量、入库量、在产品盘存量以及材料、工时、动力消耗等，并对所有已发生生产费用进行审核。

（5）归集和分配

归集所发生的全部生产费用，并按照确定的成本计算对象予以分配，按成本项目计算各种产品的在产品成本、产品成本和单位成本。

（6）结转产品销售成本

3. 产品成本核算对象

产品成本核算对象，是指确定归集和分配生产费用的具体对象，即生产费用承担的客体。成本核算对象的确定，是设立成本明细分类账户、归集和分配生产费用以及正确计算产品成本的前提。

【新东方提示】

由于产品工艺、生产方式、成本管理等要求不同，产品项目不等同于成本核算对象。企业应当根据生产经营特点和管理要求来确定成本核算对象。

（1）制造企业

制造企业一般按照产品品种、批次订单或生产步骤等确定产品成本核算对象。

（2）农业企业

农业企业一般按照生物资产的品种、成长期、批别（群别、批次）、与农业生产相关的劳务作业等确定成本核算对象。

（3）批发零售企业

批发零售企业一般按照商品的品种、批次、订单、类别等确定成本核算对象。

（4）建筑企业

建筑企业一般按照订立的单项合同确定成本核算对象。单项合同包括建造多项资产的，企业应当按照企业会计准则规定的合同分立原则，确定建造合同的成本核算对象。为建造一项或数项资产而签订一组合同的，按合同合并的原则，确定建造合同的成本核算对象。

（5）房地产企业

房地产企业一般按照开发项目、综合开发期数并兼顾产品类型等确定成本核算对象。

（6）采矿企业

采矿企业一般按照所采掘的产品确定成本核算对象。

（7）交通运输企业

交通运输企业以运输工具从事货物、旅客运输的，一般按照航线、航次、单船（机）、基层站段等确定成本核算对象；从事货物等装卸业务的，可以按照货物、成本责任部门、作业场所等确定成本核算对象；从事仓储、堆存、港务管理业务的，一般按照码头、仓库、堆场、油罐、筒仓、货棚或主要货物的种类、成本责任部门等确定成本核算对象。

（8）信息传输企业

信息传输企业一般按照基础电信业务、电信增值业务和其他信息传输业务等确定成本核算对象。

（9）软件及信息技术服务企业

软件及信息技术服务企业的科研设计与软件开发等人工成本比重较高的，一般按照科

研课题、承接的单项合同项目、开发项目、技术服务客户等确定成本核算对象。合同项目规模较大、开发期较长的，可以分段确定成本核算对象。

（10）文化企业

文化企业一般按照制作产品的种类、批次、印次、刊次等确定成本核算对象。

4. 产品成本项目

企业应当根据生产经营特点和管理要求，按照成本的经济用途和生产要素内容相结合的原则或者成本性态等设置成本项目。对于制造企业而言，一般可设置"直接材料""燃料及动力""直接人工""制造费用"等项目。制造企业产品成品项目如表2-40所示。

表2-40　制造企业产品成本项目

成本项目	解释	会计科目
直接材料	是指构成产品实体的原材料以及有助于产品形成的主要材料和辅助材料，包括原材料、辅助材料、备品配件、外购半成品、包装物、低值易耗品等的费用	生产成本
燃料及动力	是指直接用于产品生产的外购和自制的燃料和动力的费用	
直接人工	是指直接从事产品生产的工人的职工薪酬	
制造费用	是指企业为生产产品和提供劳务而发生的各项间接费用，例如，生产车间发生的水电费、固定资产折旧、无形资产摊销、车间管理人员的职工薪酬、劳动保护费、有关环保费用、季节性和修理期间的停工损失等	制造费用

【新东方提示】

　　由于生产的特点、各种生产费用支出的比重及成本管理和核算的要求不同，企业可根据具体情况，适当增加一些项目。

【例题·多选题】（2021年）下列通过"制造费用"项目核算的有（　　　）。

A. 生产车间发生的物料消耗　　　　B. 生产工人的工资

C. 生产车间管理人员的工资　　　　D. 季节性的停工损失

【答案】A、C、D

【解析】制造费用的内容比较复杂，包括物料消耗（选项A正确），车间管理人员的薪酬（选项C正确），车间管理用房屋和设备的折旧费、租赁费和保险费，车间管理用具摊销，车间管理用的照明费、水费、取暖费、劳动保护费、设计制图费、试验检验费、差旅费、办公费以及季节性及修理期间停工损失（选项D正确）等；选项B不正确，直接进行产品生产的生产工人的职工薪酬，直接计入产品成本的"直接人工"项目，不计入制造费用。

5. 产品成本的归集和分配

企业所发生的生产费用，能确定由某一成本对象负担的，应当按照所对应的产品成本项目类别，直接计入产品成本核算对象的生产成本；由几个成本核算对象共同负担的，应当选择合理的分配标准分配计入生产成本。企业应当根据生产经营特点，以正常生产能力水平为基础，按照资源耗费方式确定合理的分配标准。

6. 产品成本计算方法

产品成本计算方法主要包括：品种法、分批法和分步法，如表2-41所示。

表2-41 产品成本计算方法

产品成本计算方法	成本核算对象	生产类型	常见企业
品种法	产品品种	单步骤、大量生产	发电、供水、采掘
分批法	产品批别	单件、小批生产	造船、重型机器制造、精密仪器制造；也可用于一般企业中的新产品试制或试验的生产、在建工程以及设备修理作业等
分步法	生产步骤	大量大批多步骤生产	冶金、纺织、机械制造

（1）品种法

品种法，是指以产品品种作为成本核算对象，归集和分配生产成本，计算产品成本的一种方法。这种方法适用于单步骤、大量生产的企业，如发电、供水、采掘等企业。

品种法计算成本的主要特点：

① 成本核算对象是产品品种（如水、电、矿）；

② 品种法下一般定期（每月月末）计算产品成本；

③ 月末一般不存在在产品，当期发生的生产费用总和就是该种完工产品的总成本。

【例题·多选题】（2019年）下列企业中适合用品种法核算的有（　　）。

A. 发电企业　　　　　　　　　　　B. 供水企业

C. 造船企业　　　　　　　　　　　D. 采掘企业

【答案】A、B、D

【解析】品种法，是指以产品品种作为成本核算对象，归集和分配生产成本，计算产品成本的一种方法。这种方法适用于单步骤、大量生产的企业，如发电（选项A正确）、供水（选项B正确）、采掘（选项D正确）等企业；选项C适用于分批法。

（2）分批法

分批法，是指以产品的批别作为产品成本核算对象，归集和分配生产成本，计算产品成本的一种方法。

分批法计算成本的主要特点：

① 成本核算对象是产品的批别；

② 产品成本计算是<u>不定期</u>的。成本计算期与产品生产周期基本一致，但与财务报告期不一致；

③ 在计算月末在产品成本时，一般<u>不存在</u>在完工产品和在产品之间分配成本的问题。

【例题·单选题】（2019 年）下列各项中，关于产品成本核算分批法的特点表述正确的是（　　）。

A. 一般不需要在完工产品和在产品之间分配成本

B. 需要按步骤结转产品成本

C. 每月需要计算完工产品的成本

D. 产品成本计算期与产品生产周期完全不一致

【答案】A

【解析】选项 B 错误，分步法下才需按步骤结转产品成本；选项 C 错误，由于成本计算期与产品的生产周期基本一致，在计算月末在产品成本时，一般不存在在完工产品和在产品之间分配成本的问题；选项 D 错误，分批法下，成本计算期与产品的生产周期基本一致。

（3）分步法

分步法，是指按照生产过程中<u>各个加工步骤</u>（分品种）为成本核算对象，归集和分配生产成本，计算各步骤半成品和最后产成品成本的一种方法。

分步法计算成本的主要特点：

① 成本核算对象是各种产品的生产步骤；

② 月末为计算完工产品成本，还需要将归集在生产成本明细账中的生产成本<u>在完工产品和在产品之间进行分配</u>；

③ 除了按品种计算和结转产品成本外，还需要计算和结转产品的各步骤成本。如果企业只生产一种产品，则成本核算对象就是该种产品及其所经过的各个生产步骤。其成本计算期是<u>固定</u>的，与产品的生产周期不一致。

【新东方提示】

　　在实际工作中，根据成本管理对各生产步骤成本资料的不同要求（如是否要求计算半成品成本）和简化核算的要求，各生产步骤成本的计算和结转，一般采用逐步结转分步法和平行结转分步法两种方式。

逐步结转分步法主要用于分步计算半成品成本的情形，也称为半成品成本分步法，是按照产品加工的顺序，逐步计算并结转半成品成本，直到最后加工步骤完成才能计

算产品成本的一种方法。该方法需要将生产成本在各步骤完工产品和在产品之间进行分配。

平行结转分步法主要用于<u>不需分步计算</u>半成品成本的情形，也称为不计算半成品成本分步法，是指在计算各步骤成本时，不计算各步骤所产半成品的成本，也不计算各步骤所耗上一步骤的半成品成本，而只计算本步骤发生的各项其他成本，以及这些成本中应计入产成品的份额，将相同产品的各步骤成本明细账中的这些份额平行结转、汇总，即可计算出该种产品的产成品成本。

【例题·多选题】（2022 年）下列关于产品成本计算方法的叙述，正确的有（   ）。

A. 品种法下一般定期计算产品成本

B. 分批法下成本计算期与产品生产周期基本一致，而与核算报告期不一致

C. 逐步结转分步法下，在产品的成本在最后完成以前，不随实物转出而转出，不能为各生产步骤在产品的实物管理及资金管理提供资料

D. 平行结转分步法下，成本结转工作量较大

【答案】A、B

【解析】选项 C 错误，逐步结转分步法下需要结转半成品成本，并能够为各生产步骤的在产品实物管理及资金管理提供资料；选项 D 错误，平行结转分步法下，能够直接提供按原始成本项目反映的产成品成本资料，不必进行成本还原，因而能够简化和加速成本计算工作。

考点二 产品成本核算★★★

一、产品成本核算的会计科目设置

1."生产成本"科目

该科目核算企业进行工业性生产发生的各项生产成本，包括生产各种产品（产成品、自制半成品等）、自制材料、自制工具、自制设备等。"生产成本"科目的核算内容，如表 2-42 所示。

表 2-42 "生产成本"科目的核算内容

方向	核算内容
借方	反映所发生的各项生产费用
贷方	反映完工转出的产品成本
借方余额	反映尚未加工完成的各项在产品的成本

"生产成本"科目应按产品品种等成本核算对象设置"基本生产成本""辅助生产成本"等明细科目。"生产成本"明细科目的核算内容，如表2-43所示。

表2-43 "生产成本"科目的核算内容

明细账户	核算内容
基本生产成本	应当分别按照基本生产车间和成本核算对象（产品的品种、类别、订单、批别、生产阶段等）设置明细账
辅助生产成本	（1）辅助生产是为基本生产服务而进行的产品生产和劳务供应 （2）该科目按辅助生产车间和提供的产品、劳务分设辅助生产成本明细账，按辅助生产的成本项目分设专栏 （3）期末，对共同负担的生产费用按照一定的分配标准分配至各受益对象

【新东方提示】

　　小企业对外提供劳务发生的成本，可将本科目改为"劳务成本"科目，或单独设置"劳务成本"科目进行核算。

2."制造费用"科目

制造费用是指制造业企业为生产产品（或提供劳务）而发生的，应计入产品成本但没有专设成本项目的各项间接生产费用。

本科目核算企业生产车间（部门）为生产产品和提供劳务而发生的各项间接生产费用，以及虽然直接用于产品生产但管理上不要求或不便于单独核算的生产费用。

企业可按不同的生产车间、部门和费用项目进行明细核算。

期末，将共同负担的制造费用按照一定的标准分配计入各成本核算对象，除季节性生产外，本科目期末应无余额。

【新东方提示】

　　小企业经过1年期以上的制造才能达到预定可销售状态的产品发生的借款费用，也在本科目核算。单独核算废品损失和停工损失的企业，还可以另外增设相应的明细科目。

二、材料、燃料、动力费用的归集和分配

（一）材料、燃料、动力费用的归集和分配

1. 直接领用，直接计入本产品成本，不用分配；

2. 一批材料为多种产品共同耗用，用经济合理的方式追溯，用通用分配公式追溯，分配计入；

成本费用分配率＝待分配的成本／各个分配对象的分配标准合计

某分配对象应分配的费用＝成本费用分配率 × 某分配对象的分配标准

【新东方提示】

可用产品重量或体积、耗用的原材料、生产工时或机器工时、消耗定额等作为分配标准。

3. 不能以经济合理的方式追溯的，计入制造费用统一分配。

（二）材料、燃料、动力费用分配的账务处理

借：生产成本——基本生产成本——×× 产品（直接材料，直接计入）

　　　　　——辅助生产成本

　　　　　　　　　　（直接材料，最终分配计入基本生产成本）

　　制造费用　　　　　　　　　（机物料等，无法直接计入）

　　贷：原材料

三、职工薪酬的归集和分配

（一）职工薪酬的归集和分配

1. 直接归属于本产品成本的，不用分配；

2. 归属于多种产品，能用经济合理的方式追溯的，用通用分配公式追溯；

成本费用分配率＝待分配的成本／各个分配对象的分配标准合计

某分配对象应分配的费用＝成本费用分配率 × 某分配对象的分配标准

【新东方提示】

可用工时、产品产量、产值比例和定额工时比例等作为分配标准。

3. 不能以经济合理的方式追溯的，计入制造费用统一分配。

（二）职工薪酬的账务处理

借：生产成本——基本生产成本——××产品
　　　　　　　——辅助生产成本
　　　制造费用
　　　管理费用
　　　销售费用
　　贷：应付职工薪酬

【例题·单选题】（2016年）某企业本月生产完工甲产品200件，乙产品300件，月初、月末均无在产品，该企业本月共发生直接人工成本6万元，按定额工时比例在甲、乙产品之间分配，甲、乙产品的单位工时定额分别为7小时、2小时，本月甲产品应分配的直接人工成本为（　　）万元。

A. 2.4　　　　　　　B. 1.8　　　　　　　C. 3.6　　　　　　　D. 4.2

【答案】D

【解析】选项D正确，甲产品总耗时/甲以及乙产品总耗时 × 人工成本 =（200×7）/（200×7+300×2）×6＝4.2（万元）。

四、辅助生产费用的归集和分配

辅助生产是指为基本生产服务而进行的产品生产和劳务供应。辅助生产成本是指辅助生产车间发生的成本。

（一）辅助生产费用的归集

辅助生产费用的归集和分配，是通过"辅助生产成本"科目进行的。

辅助生产的制造费用有两种归集方式：

（1）一般情况下先记入"制造费用"科目及所属明细账的借方，然后再从其贷方转入"生产成本——辅助生产成本"科目；

（2）辅助生产车间规模小、制造费用很少的情况下，可以不通过"制造费用"科目核算，直接记入"生产成本——辅助生产成本"科目。

（二）辅助生产费用的分配及账务处理

辅助生产费用的分配方法主要有直接分配法、交互分配法、计划成本分配法、顺序分配法和代数分配法等。以下介绍辅助生产费用分配的直接分配法、交互分配法和计划成本分配法。

1. 直接分配法

直接分配法的内容，如表2-44所示。

表 2-44　直接分配法

特点	不考虑各辅助生产车间之间相互提供劳务或产品的情况，而是将各种辅助生产费用直接分配给辅助生产以外的各受益单位
计算公式	辅助生产的单位成本＝辅助生产费用总额／（辅助生产提供劳务总量－对其他辅助部门提供的劳务量） 各受益车间、产品或各部门应分配的费用＝辅助生产的单位成本 × 该车间、产品或部门的耗用量
优点	分配一次，计算简单
缺点	分配结果不够准确
适用范围	本方法适用于辅助生产内部相互提供产品和劳务不多、不进行费用的交互分配、对辅助生产成本和企业产品成本影响不大的情况

2. 交互分配法

交互分配法的内容，如表 2-45 所示。

表 2-45　交互分配法

特点	进行两次分配： （1）在各辅助生产车间之间进行一次交互分配 （2）将各辅助生产车间交互分配后的实际费用，在辅助生产车间以外的各受益单位之间进行分配
计算公式	（1）对内交互分配率＝辅助生产费用总额／辅助生产提供的总产品或劳务总量 （2）对外分配率＝（交互分配前的成本费用＋交互分配转入的成本费用－交互分配转出的成本费用）／对辅助生产车间以外的其他部门提供的产品或劳务总量
优点	提高了分配的正确性
缺点	加大了分配的工作量

【例题·单选题】（2021 年）下列各项中，关于辅助生产费用直接分配法的表述正确的是（　　）。

A. 适用于辅助生产内部相互提供产品或劳务较多的情况

B. 直接分配法计算复杂，分配结果准确

C. 直接将辅助生产费用在辅助生产车间之间进行分配

D. 直接将辅助生产费用分配给辅助生产车间以外的各受益单位

【答案】D

【解析】直接分配法的特点是不考虑各辅助生产车间之间相互提供劳务或产品的情况，而是将各种辅助生产费用直接分配给辅助生产以外的各受益单位（选项 D 正确、选项 C 错误）。采用此方法，各辅助生产费用只进行对外分配，分配一次，计算简单，但分配结果不够准确（选项 B 错误）。此方法适用于辅助生产内部相互提供产品和劳务不多（选项 A 错误）、不进行费用的交互分配、对辅助生产成本和企业产品成本影响不大的情况。

3. 计划成本分配法

计划成本分配法的内容，如表 2-46 所示。

表 2-46　计划成本分配法

特点	（1）辅助生产为各受益单位提供的劳务或产品，都按劳务或产品的计划单位成本进行分配 （2）辅助生产车间实际发生的费用与按计划单位成本分配转出的费用之间的差额全部计入管理费用
计算公式	实际成本＝辅助生产成本归集的费用＋按计划分配率分配转入的费用 成本差异＝实际成本－按计划分配率分配转出的费用
优点	便于考核和分析各受益单位的成本，有利于分清各单位的经济责任
缺点	成本分配不够准确
适用范围	适用于辅助生产劳务或产品计划单位成本比较准确的企业

五、制造费用的归集和分配

（一）制造费用的归集

制造费用包括物料消耗，车间管理人员的薪酬，车间管理用房屋和设备的折旧费、租赁费和保险费，车间管理用具摊销，车间管理用的照明费、水费、取暖费、劳动保护费、设计制图费、试验检验费、差旅费、办公费以及季节性及修理期间停工损失等。

【例题·多选题】（2019 年）下列通过"制造费用"项目核算的有（　　）。

A. 生产车间发生的机物料消耗　　　　B. 生产工人的工资

C. 生产车间管理人员的工资　　　　　D. 季节性的停工损失

【答案】A、C、D

【解析】制造费用的内容比较复杂，包括物料消耗（选项 A 正确），车间管理人员的薪酬（选项 C 正确），车间管理用房屋和设备的折旧费、租赁费和保险费，车间管理用具摊销，车间管理用的照明费、水费、取暖费、劳动保护费、设计制图费、试验检验费、差旅费、办公费以及季节性及修理期间停工损失（选项 D 正确）等。选项 B 不正确，直接进行产品生产的生产工人的职工薪酬，直接计入产品成本的"直接人工"项目，不计入制造费用。

（二）制造费用的分配

通常采用生产工人工时比例法（或生产工时比例法）、生产工人工资比例法（或生产工资比例法）、机器工时比例法和按年度计划分配率分配法等。计算公式如下：

$$制造费用分配率＝制造费用总额／各产品分配标准之和$$

$$某种产品应分配的制造费用＝该种产品分配标准 \times 制造费用分配率$$

【新东方提示】

生产工人工资比例分配法适用于各种产品生产机械化程度相差不多的企业，如果生产工人工资是按生产工时比例分配，该方法实际上等同于生产工人工时比例法。

（三）制造费用的账务处理

借：生产成本

　　贷：制造费用

【例题·单选题】（2020年）某制造业企业采用机器工时比例分配制造费用，2019年11月基本生产车间生产M、N两种产品。共发生制造费用1 000万元，M产品机器工时为1 000小时，N产品机器工时为1 500小时，不考虑其他因素，M产品应分配的制造费用金额为（　　）万元。

A. 500　　　　　　　B. 10 000　　　　　　　C. 600　　　　　　　D. 400

【答案】D

【解析】选项D正确，M产品应分配的制造费用金额＝1 000/（1 000＋1 500）×1 000＝400（万元）。

六、废品损失和停工损失的核算

（一）废品损失的核算

废品损失是指在生产过程中发生的和入库后发现的超定额的不可修复废品的生产成本，以及可修复废品的修复费用，扣除回收的废品残料价值和应收赔款以后的损失。

【新东方提示】

不属于废品损失的有：

（1）经质量检验部门鉴定不需要返修、可以降价出售的不合格品；

（2）产品入库后由于保管不善等原因而损坏变质的产品；

（3）实行"三包"企业在产品出售后发现的废品。

为单独核算废品损失，应增设"废品损失"科目，废品损失也可不单独核算，相应费用等体现在"生产成本——基本生产成本""原材料"等科目中。辅助生产一般不单独核算废品损失。

1. 不可修复废品损失

$$不可修复废品损失 = 不可修成本 - 残值 - 赔款$$

不可修复废品损失的账务处理，如表2-47所示。

表2-47 不可修复废品损失的账务处理

经济业务	账务处理
转出不可修复废品损失	借：废品损失 　　贷：生产成本—基本生产成本
残料入库和应收的赔偿	借：原材料、其他应收款等 　　贷：废品损失
结转废品净损失	借：生产成本—基本生产成本 　　贷：废品损失（按余额结转）

 【新东方提示】

如果废品是在完工以后发现的，单位废品负担的各项生产费用应与单位合格产品完全相同，可按合格品产量和废品的数量比例分配各项生产费用，计算废品的实际成本。

【例题·判断题】（2018年）如果废品是在完工以后发现的，单位废品产品负担的各项生产费用不等于单位合格产品生产费用，所以需要重新计算单位废品产品的实际成本。（　　）

【答案】×

【解析】如果废品是在完工以后发现的，单位废品负担的各项生产费用应与单位合格产品完全相同，可按合格品产量和废品的数量比例分配各项生产费用，计算废品的实际成本。

2. 可修复废品损失

$$可修复废品损失 = 修理费用 - 残值 - 赔款$$

可修复废品损失的账务处理，如表2-48所示。

表 2-48 可修复废品损失的账务处理

经济业务	账务处理
修复发生的各种费用	借：废品损失 贷：原材料、应付职工薪酬或制造费用等
残料入库和应收的赔偿	借：原材料、其他应收款等 贷：废品损失
结转废品净损失	借：生产成本—基本生产成本 贷：废品损失（按余额结转）

【例题·多选题】（2018 年）下列各项中，应计入废品损失的有（　　　）。

A. 可修复废品的修复费用，扣除回收废品残料价值和应收赔款以后的损失

B. 产品入库后发现的超定额的不可修复废品的生产成本，扣除回收废品残料价值和应收赔款以后的损失

C. 产品入库后因保管不善而损坏变质的产品成本，扣除回收废品残料价值和应收赔款以后的损失

D. 生产过程中发生的超定额的不可修复废品的生产成本，扣除回收废品残料价值和应收赔款以后的损失

【答案】A、B、D

【解析】废品损失是指在生产过程中（选项 D 正确）发生的和入库后（选项 B 正确）发现的超定额的不可修复废品的生产成本，以及可修复废品的修复费用（选项 A 正确），扣除回收的废品残料价值和应收赔款以后的损失。不属于废品损失的有：（1）经质量检验部门鉴定不需要返修、可以降价出售的不合格品；（2）产品入库后由于保管不善等原因而损坏变质的产品（选项 C 错误）；（3）实行"三包"企业在产品出售后发现的废品。

（二）停工损失的核算

停工损失的核算，如表 2-49 所示。

表 2-49 停工损失的核算

概念	停工损失是指生产车间或车间内某个班组在停工期间发生的各项费用
内容	包括停工期间发生的原材料费用、人工费用和制造费用等；不包括应由过失单位或保险公司负担的赔款、不满 1 个工作日的停工

续表

| | （1）正常停工：季节性停工、正常生产周期内的修理期间的停工、计划内减产停工等
（2）非正常停工：原材料或工具等短缺停工、设备故障停工、电力中断停工、自然灾害停工等

【新东方提示】
　　① 正常停工费用应计入产品成本；非正常停工费用应计入企业当期损益
　　② 季节性生产企业在停工期间发生的制造费用，应当在开工期间进行合理分摊，连同开工期间发生的制造费用，一并计入产品的生产成本 |
|停工的分类及账务处理| |

1. 单独核算停工损失的企业

应增设"停工损失"科目，在成本项目中增设"停工损失"项目。

（1）发生停工损失时：

借：停工损失

　　贷：银行存款等

（2）责任人或保险公司赔偿：

借：其他应收款

　　贷：停工损失

（3）结转净损失

借：营业外支出（非正常停工）

　　生产成本——基本生产成本（正常停工）

　　贷：停工损失

2. 不单独核算停工损失的企业

不设置"停工损失"科目，直接反映在"制造费用"或"营业外支出"等科目中。辅助生产一般不单独核算停工损失。

【例题·单选题】某公司因持续暴雨导致停工5天，停工期间发生的原材料损耗7 000元，应分摊的人工费用3 000元，应分摊的水电费500元，该停工损失应由保险公司赔偿2 000元，假定不考虑其他因素，下列关于停工损失会计处理正确的是（　　）。

A. 净停工损失8 500，计入营业外支出

B. 净停工损失8 500，计入基本生产成本

C. 净停工损失10 500，计入营业外支出

D. 净停工损失 10 500，计入基本生产成本

【答案】A

【解析】选项 A 正确，净停工损失 = 7 000 + 3 000 + 500 - 2 000 = 8 500（元），因持续暴雨导致停工损失，属于自然灾害导致的非正常停工，计入营业外支出科目中。

【例题·多选题】下列各项中，关于要素费用的归集和分配表述正确的有（　　）。

A. 不满一个工作日的停工，一般不计算停工损失

B. 实行"三包"企业在产品出售后发现的废品应包括在废品损失内

C. 辅助生产成本采用计划成本分配法，实际发生的费用与按计划成本分配转出的费用之间的差额全部计入当期损益

D. 制造费用分配的生产工人工时比例法适用于各种产品生产机械化程度相差不多的企业

【答案】A、C、D

【解析】选项 A 正确，不满一个工作日的停工，一般不计算停工损失；选项 B 错误，实行"三包"企业在产品出售后发现的废品不包括在废品损失中；选项 C 正确，辅助生产成本采用计划成本分配法，实际发生的费用与按计划成本分配转出的费用之间的差额全部计入管理费用；选项 D 正确，生产工人工资比例分配法适用于各种产品生产机械化程度相差不多的企业，如果生产工人工资是按生产工时比例分配，该方法实际上等同于生产工人工时比例法。

考点三 生产费用在完工产品和在产品之间的归集和分配★★★

一、生产费用在完工产品和在产品之间的分配

生产费用在完工产品和在产品之间的分配原理及方法，如表 2-50 所示。

表 2-50 生产费用在完工产品和在产品之间的分配原理及方法

分配原理	月初在产品成本 + 本月发生成本 = 本月完工产品成本 + 月末在产品成本
分配方法	不计算在产品成本法、在产品按固定成本计算法、在产品按所耗直接材料成本计价法、约当产量比例法、在产品按定额成本计价法、在产品按完工产品成本计价法、定额比例法等

 【新东方提示】

本章主要介绍约当产量比例法、在产品按定额成本计价法和定额比例法。

【例题·多选题】（2020年）下列各项中，属于生产费用在完工产品与在产品之间进行分配的方法有（　　）。

　A. 在产品按定额成本计价法　　　　　B. 交互分配法

　C. 定额比例法　　　　　　　　　　　D. 约当产量比例法

【答案】A、C、D

【解析】选项B错误，属于辅助生产费用的分配方法。

（一）约当产量比例法

【关键点】将月末在产品数量按其完工程度折算成完工产品的产量。

1. 计算公式

$$月末在产品约当产量 = 月末在产品数量 \times 完工程度$$

$$单位成本（分配率）=（月初在产品成本 + 本月发生成本）\div（完工产品产量 + 月末在产品约当产量）$$

$$完工产品成本 = 完工产品产量 \times 单位成本（分配率）$$

$$月末在产品成本 = 月末在产品约当产量 \times 单位成本（分配率）$$

【新东方提示】

　　计算月末在产品成本，一定要用月末在产品"约当"产量计算。

2. 完工程度的计算

（1）分配人工成本和制造费用完工程度（累计工时法），如表2-51所示。

表2-51　人工成本和制造费用完工程度的计算方法

情形	计算方法
如果指明在产品所处工序的完工程度时	某道工序完工程度 =（前面各道工序工时定额之和 + 本道工序工时定额 × 本道工序平均完工程度）÷ 产品工时定额 ×100%

【例题·单选题】甲产品经过两道工序加工完成，采用约当产量比例法将直接人工成本在完工产品和月末在产品之间进行分配。甲产品月初在产品和本月发生的直接人工成本总计23 200元。本月完工产品200件；月末第一工序在产品20件，完成全部工序的40%；第二工序在产品40件，完成全部工序的60%。月末在产品的直接人工成本为（　　）元。

　A. 2 400　　　　　B. 3 200　　　　　C. 6 000　　　　　D. 20 000

【答案】B

【解析】选项 B 正确，在产品的约当产量 = 20×40% + 40×60% = 32（件）；单位成本 = 23 200/（200 + 32）= 100（元/件）；月末在产品的直接人工成本 = 32×100 = 3 200（元）。

（2）分配原材料完工程度，如表 2-52 所示。

表 2-52 原材料完工程度的计算方法

情形	计算方法
若原材料在生产开始时一次投入	在产品无论完工程度如何，都应和完工产品负担同样的材料成本，即原材料完工程度为 100%，材料费用应按完工产品和在产品实际数量比例进行分配
若原材料陆续投入	某工序在产品完工程度 =（前面各工序累积材料消耗定额 + 本工序材料消耗定额 × 本道工序平均完工程度）÷ 产品材料消耗定额 ×100%

3. 约当产量法的适用条件

产品数量较多，各月在产品数量变化也较大，且生产成本中直接材料成本和直接人工等加工成本的比重相差不大的产品。

（二）在产品按定额成本计价法

在产品按定额成本计价法，如表 2-53 所示。

表 2-53 在产品按定额成本计价法

分配原理	月末在产品成本按定额成本计算，该种产品的全部成本（如果有月初在产品，包括月初在产品成本在内）减去按定额成本计算的月末在产品成本，余额作为完工产品成本
	月末在产品成本 = 月末在产品数量 × 在产品单位定额成本 完工产品成本 =（月初在产品成本 + 本月发生生产成本）- 月末在产品成本 【新东方提示】 实际脱离定额的差异全部计入完工产品成本
适用条件	各项消耗定额或成本定额比较准确、稳定，而且各月末在产品数量变化不是很大的产品

（三）定额比例法

定额比例法，如表 2-54 所示。

表 2-54　定额比例法

计算方法	（1）直接材料成本分配率＝（月初在产品实际材料成本＋本月投入的实际材料成本）÷（完工产品定额材料成本＋月末在产品定额材料成本） 完工产品应负担的直接材料成本＝完工产品定额材料成本 × 直接材料成本分配率 月末在产品应负担的直接材料成本＝月末在产品定额材料成本 × 直接材料成本分配率 （2）直接人工成本分配率＝（月初在产品实际人工成本＋本月投入的实际人工成本）÷（完工产品定额工时＋月末在产品定额工时） 完工产品应负担的直接人工成本＝完工产品定额工时 × 直接人工成本分配率 月末在产品应负担的直接人工成本＝月末在产品定额工时 × 直接人工成本分配率 （3）制造费用分配率＝（月初在产品制造费用＋本月实际发生制造费用）÷（完工产品定额工时＋月末在产品定额工时） 完工产品应负担的制造费用＝完工产品定额工时 × 制造费用分配率 月末在产品应负担的制造费用＝月末在产品定额工时 × 制造费用分配率 其中：直接材料成本，按直接材料的定额消耗量或定额成本比例分配；直接人工等加工成本，可以按各该定额成本的比例分配，也可以按定额工时比例分配
适用条件	这种方法适用于各项消耗定额或成本定额比较准确、稳定，但各月末在产品数量变动较大的产品

二、联产品和副产品的成本分配

（一）联产品成本的分配

1. 联产品成本的基本概念，如表 2-55 所示。

表 2-55　联产品成本的基本概念

联产品的含义	联产品，是指使用同种原料，经过同一生产过程同时生产出来的两种或两种以上的主要产品 【新东方提示】 　　在生产开始时，各产品尚未分离，同一加工过程中对联产品的联合加工。当生产过程进行到一定生产步骤，产品才会分离

续表

分离点和联合成本的含义	"分离点"，是指在联产品生产中，投入相同原料，经过同一生产过程，分离为各种联产品的时点。分离后的联产品，有的可以直接销售，有的还需进一步加工才可供销售 **【新东方提示】** 在分离点以前发生的成本，称为联合成本
联产品成本计算的一般程序	（1）将联产品作为成本核算对象，设置成本明细账 （2）归集联产品成本，计算联合成本。联产品发生的成本为联合成本。联产品的在产品一般比较稳定，可不计算期初、期末在产品成本，本期发生的生产成本全部为联产品的完工产品成本 （3）计算各种产品的成本 （4）计算联产品分离后的加工成本 联产品分离后继续加工的，按各种产品分别设置明细账，归集其分离后所发生的加工成本

2. 联产品成本的计算，如表 2-56 所示。

表 2-56　联产品成本的计算

方法	内容	适用范围
相对销售价格分配法	联合成本分配率＝待分配联合成本÷（A 产品分离点的总售价＋B 产品分离点的总售价） A 产品应分配联合成本＝联合成本分配率×A 产品分离点的总售价 B 产品应分配联合成本＝联合成本分配率×B 产品分离点的总售价	要求每种产品在分离点时的销售价格可以可靠地计量
实物量分配法	联合成本分配率［单位数量（或重量）成本］＝待分配联合成本÷（A 产品实物数量＋B 产品实物数量） A 产品应分配联合成本＝联合成本分配率×A 产品实物数量 B 产品应分配联合成本＝联合成本分配率×B 产品实物数量	生产的产品的价格很不稳定或无法直接确定

（二）副产品成本的分配

副产品，是指在同一生产过程中，使用同种原料，在生产主产品的同时附带生产出来的非主要产品。

【新东方提示】

主副产品的区分并不是绝对的，甚至可以相互转化。例如，焦炭与煤气就取决于企业的生产目标，以生产煤气为主的企业，煤气为主产品，焦炭为副产品；而以生产焦炭为主的企业，则焦炭为主产品，煤气为副产品。

1. 原则

通常先确定副产品的生产成本，然后再确定主产品的生产成本。

$$主产品生产成本＝总成本－副产品成本$$

2. 确定副产品成本的方法

不计算副产品成本扣除法；副产品成本按固定价格或计划价格计算法；副产品只负担继续加工成本法；联合成本在主副产品之间分配法；副产品作价扣除法。

副产品作价扣除法需要从产品售价中扣除继续加工成本、销售费用、销售税金及相应的利润，即：

$$副产品扣除单价＝单位售价－（继续加工单位成本＋单位销售费用＋$$
$$单位销售税金＋合理的单位利润）$$

三、完工产品成本的结转

企业完工产品经产成品仓库验收入库后，会计处理如下：

借：库存商品
　　贷：生产成本——基本生产成本

考点四 管理会计基础 ★

一、管理会计指引

（一）管理会计的概念

管理会计是会计的重要分支，主要服务于单位内部管理需要，是通过利用相关信息，有机融合财务与业务活动，在单位规划、决策、控制和评价等方面发挥重要作用的管理活动。管理会计的目标是通过运用管理会计工具方法，参与单位规划、决策、控制、评价活动并为之提供有用信息，推动单位实现战略规划。

（二）管理会计指引体系

管理会计指引体系是在管理会计理论研究成果的基础上，形成的可操作性的系列标

准。管理会计指引体系包括基本指引、应用指引和案例库。

1. 管理会计基本指引

管理会计基本指引在管理会计指引体系中起统领作用，是制定应用指引和建设案例库的基础。

2. 管理会计应用指引

在管理会计指引体系中，应用指引居于主体地位，是对单位管理会计工作的具体指导。

3. 管理会计案例库

案例库是对国内外管理会计经验的总结提炼，是对如何运用管理会计应用指引的实例示范。

二、管理会计要素

（一）管理会计要素概述

单位应用管理会计，应包括应用环境、管理会计活动、工具方法、信息与报告四项管理会计要素，如表 2-57 所示。

【新东方提示】

这四项要素构成了管理会计应用的有机体系，单位应在分析管理会计应用环境的基础上，合理运用管理会计工具方法，全面开展管理会计活动，并提供有用信息，生成管理会计报告，支持单位决策，推动单位实现战略规划。

表 2-57 管理会计要素

管理会计要素	具体内容
应用环境	是单位应用管理会计的基础。包括外部环境和内部环境，外部环境主要包括国内外经济、市场、法律、行业等因素
管理会计活动	是单位管理会计工作的具体开展，是单位利用管理会计信息，运用管理会计工具方法，在规划、决策、控制、评价等方面服务于单位管理需要的相关活动
工具方法	是实现管理会计目标的具体手段，是单位应用管理会计时所采用的战略地图、滚动预算、作业成本法、本量利分析、平衡计分卡等模型、技术、流程的统称

续表

管理会计要素	具体内容
信息与报告	包括管理会计应用过程中的财务信息和非财务信息，是管理会计报告的**基本元素** 💡【新东方提示】 　　管理会计报告按期间可以分为定期报告和不定期报告，按内容可以分为综合性报告和专项报告等类别

【例题·多选题】（2020年）单位应用管理会计的要素包括（　　）。

A. 应用环境　　　　　　　　　　　B. 信息与报告

C. 管理会计工具方法　　　　　　　D. 管理会计活动

【答案】A、B、C、D

【解析】单位应用管理会计，应包括应用环境（选项A正确）、管理会计活动（选项D正确）、工具方法（选项C正确）、信息与报告（选项B正确）四项管理会计要素。

【例题·单选题】（2019年）下列各项中，不属于管理会计要素的是（　　）。

A. 管理会计活动　　　　　　　　　B. 信息与报告

C. 工具方法　　　　　　　　　　　D. 评价指引

【答案】D

【解析】单位应用管理会计，应包括应用环境、管理会计活动（选项A）、工具方法（选项C）、信息与报告（选项B）四项管理会计要素，不包括选项D。

（二）管理会计工具方法

1. 战略地图

战略地图，是指为描述企业各维度战略目标之间因果关系而绘制的可视化战略因果关系图。战略地图通常以财务、客户、内部业务流程、学习与成长四个维度为主要内容，通过分析各维度的相互关系，绘制成战略因果关系图。

2. 滚动预算

滚动预算，是指企业根据上一期预算执行情况和新的预测结果，按既定的预算编制周期和滚动频率，对原有的预算方案进行调整和补充，逐期滚动，持续推进的预算编制方法。

【新东方提示】

滚动预算一般由中期滚动预算和短期滚动预算组成。中期滚动预算的预算编制周期通常为 3 年或 5 年，以年度作为预算滚动频率。短期滚动预算通常以 1 年为预算编制周期，以月度、季度作为预算滚动频率。

3. 作业成本法

作业成本法，是指以"作业消耗资源、产出消耗作业"为原则，按照资源动因将资源费用追溯或分配至各项作业，计算出作业成本，然后再根据作业动因，将作业成本追溯或分配至各成本对象，最终完成成本计算的过程。

资源费用，是指企业在一定期间内开展经济活动所发生的各项资源耗费。

【新东方提示】

资源费用包括：各种房屋及建筑物、设备、材料、商品等各种有形资源的耗费；信息、知识产权、土地使用权等各种无形资源的耗费；人力资源耗费以及其他各种税费支出等。

作业，是指企业基于特定目的重复执行的任务或活动，是连接资源和成本对象的桥梁。一项作业既可以是一项非常具体的任务或活动，也可以泛指一类任务或活动。

【新东方提示】

按消耗对象不同，作业可分为主要作业和次要作业。主要作业是指被产品、服务或顾客等最终成本对象消耗的作业。次要作业是指被原材料、主要作业等介于中间地位的成本对象消耗的作业。

成本对象，是指企业追溯或分配资源费用、计算成本的对象物。成本对象可以是工艺、流程、零部件、产品、服务、分销渠道、客户、作业、作业链等需要计量和分配成本的项目。

成本动因，是指诱导成本发生的原因，是成本对象与其直接关联的作业和最终关联的资源之间的中介。按其在资源流动中所处的位置和作用，成本动因可分为资源动因和作业动因。

【新东方提示】

作业成本法主要适用于作业类型较多且作业链较长，同一生产线生产多种产品，企业规模较大且管理层对产品成本准确性要求较高，产品、顾客和生产过程多样化程度较高以及间接或辅助资源费用所占比重较大等情况的企业。

4. 本量利分析

本量利分析，是指以成本性态分析和变动成本法为基础，运用数学模型和图示，对成本、利润、业务量与单价等因素之间的依存关系进行分析，发现变动的规律性，为企业进行预测、决策、计划和控制等活动提供支持的一种方法。

【新东方提示】

"本"是指成本，包括固定成本和变动成本；"量"是指业务量，一般指销售量；"利"一般指营业利润。

本量利分析的基本公式如下：

$$营业利润=（单价-单位变动成本）\times 业务量-固定成本$$

本量利分析主要用于企业生产决策、成本决策和定价决策，也可以广泛地用于投融资决策等。企业在营运计划的制订、调整以及营运监控分析等程序中通常会应用到本量利分析。

5. 平衡计分卡

平衡计分卡，是指基于企业战略，从财务、客户、内部业务流程、学习与成长四个维度，将战略规划目标逐层分解转化为具体的、相互平衡的业绩指标体系，并据此进行绩效管理的方法。平衡计分卡通常与战略地图等其他工具结合使用。

【新东方提示】

平衡计分卡适用于战略规划目标明确、管理制度比较完善、管理水平相对较高的企业。平衡计分卡的应用对象可为企业、所属单位（部门）和员工。

第八单元 政府会计基础

考点一 政府会计基础★

一、政府会计概述

（一）政府会计的概念

政府会计是会计体系的重要分支，它是运用会计专门方法对政府及其组成主体（包括政府所属的行政事业单位等）的财务状况、运行情况（含运行成本，下同）、现金流量、预算执行等情况进行全面核算、监督和报告。

我国的政府会计标准体系主要由政府会计基本准则、政府会计具体准则及应用指南和政府会计制度等组成。

1. 政府会计基本准则

政府会计基本准则用于规范政府会计目标、政府会计主体、政府会计信息质量要求、政府会计核算基础，以及政府会计要素定义、确认和计量原则、列报要求等原则事项。

2. 政府会计具体准则及应用指南

政府会计具体准则依据基本准则制定，用于规范政府会计主体发生的经济业务或事项的会计处理原则，详细规定经济业务或事项引起的会计要素变动的确认、计量、记录和报告。

【新东方提示】

应用指南是对具体准则的实际应用作出的操作性规定。

3. 政府会计制度

（1）政府会计制度依据基本准则制定，主要规定政府会计科目及账务处理、报表体系及编制说明等。

（2）根据政府会计基本准则，政府会计主体主要包括各级政府、各部门、各单位。

各级政府指各级政府财政部门，具体负责财政总会计的核算。

各部门、各单位是指与本级政府财政部门直接或者间接发生预算拨款关系的国家机关、军队、政党组织、社会团体、事业单位和其他单位。

【新东方提示】

军队已纳入企业财务管理体系的单位和执行《民间非营利组织会计制度》的社会团体，其会计核算不适用政府会计准则制度。

（二）政府会计的特点

与企业会计相比，政府会计的特点如表2-58所示。

表2-58 政府会计的特点

政府会计的特点	主要内容
双功能	政府会计应当实现预算会计和财务会计的双重功能 （1）预算会计对政府会计主体预算执行过程中发生的全部预算收入和全部预算支出进行会计核算，主要反映和监督预算收支执行情况 （2）财务会计对政府会计主体发生的各项经济业务或者事项进行会计核算，主要反映和监督政府会计主体财务状况、运行情况和现金流量等

续表

政府会计的特点	主要内容
双基础	（1）预算会计实行收付实现制，国务院另有规定的，从其规定 （2）财务会计实行权责发生制
双要素	（1）政府会计要素包括预算会计要素和财务会计要素 （2）预算会计要素包括预算收入、预算支出与预算结余 （3）财务会计要素包括资产、负债、净资产、收入和费用
双报告	政府会计主体应当编制决算报告和财务报告 （1）政府决算报告是综合反映政府会计主体年度预算收支执行结果的文件 （2）政府财务报告是反映政府会计主体某一特定日期的财务状况和某一会计期间的运行情况和现金流量等信息的文件 （3）政府决算报告的编制主要以收付实现制为基础，以预算会计核算生成的数据为准 （4）政府财务报告的编制主要以权责发生制为基础，以财务会计核算生成的数据为准

【例题·单选题】（2018年）《政府会计准则——基本准则》确立了"双功能""双基础""双要素""双报告"的政府会计核算体系，其中"双报告"指的是（　　）。

A. 预算报告和财务报告
B. 决算报告和财务报告
C. 绩效报告和预算报告
D. 预算报告和决算报告

【答案】B

【解析】选项B正确，"双报告"指的是政府会计主体应当编制决算报告和财务报告。

【例题·多选题】（2018年）下列关于政府会计核算体系的表述中，正确的有（　　）。

A. 政府会计主体应当编制决算报告和财务报告
B. 政府会计由预算会计和财务会计构成
C. 政府预算会计实行收付实现制，国务院另有规定的，从其规定
D. 政府财务会计实行权责发生制

【答案】A、B、C、D

二、政府会计实务概要

（一）政府会计要素及其确认和计量

1. 政府预算会计要素

（1）预算收入

预算收入是指政府会计主体在预算年度内依法取得的并纳入预算管理的现金流入。预

算收入一般在实际收到时予以确认，以实际收到的金额计量。

（2）预算支出

预算支出是指政府会计主体在预算年度内依法发生并纳入预算管理的现金流出。预算支出一般在实际支付时予以确认，以实际支付的金额计量。

（3）预算结余

预算结余是指政府会计主体预算年度内预算收入扣除预算支出后的资金余额，以及历年滚存的资金余额。

预算结余包括结余资金和结转资金。结余资金是指年度预算执行终了，预算收入实际完成数扣除预算支出和结转资金后剩余的资金。结转资金是指预算安排项目的支出年终尚未执行完毕或者因故未执行，且下年需要按原用途继续使用的资金。

2. 政府财务会计要素

（1）资产

资产的具体内容如表 2-59 所示。

表 2-59　资产的内容

资产的定义	指由政府会计主体过去的经济业务或者事项形成的，由政府会计主体控制的、预期能够产生服务潜力或者带来经济利益流入的经济资源 服务潜力：指政府会计主体利用资产提供公共产品和服务以履行政府职能的潜在能力
资产的类别	资产按照流动性，分为流动资产和非流动资产 流动资产：指预计在 1 年内（含 1 年）耗用或者可以变现的资产，包括货币资金、短期投资、应收及预付款项、存货等 非流动资产：指流动资产以外的资产，包括固定资产、在建工程、无形资产、长期投资、公共基础设施、政府储备资产、文物文化资产、保障性住房和自然资源资产等
资产的确认条件	符合政府资产定义的经济资源，在同时满足以下条件时，确认为资产 一是与该经济资源相关的服务潜力很可能实现或者经济利益很可能流入政府会计主体 二是该经济资源的成本或者价值能够可靠地计量
资产的计量属性	主要有历史成本、重置成本、现值、公允价值和名义金额（即人民币 1 元） 【新东方提示】 　　政府会计主体对资产进行计量，一般应当采用历史成本。采用重置成本、现值、公允价值计量的，应当保证所确定的资产金额能够持续、可靠地计量

（2）负债

负债的具体内容如表2-60所示。

表2-60 负债的内容

负债的定义	指政府会计主体过去的经济业务或者事项形成的、预期会导致经济资源流出政府会计主体的现时义务 **现时义务**：指政府会计主体在现行条件下已承担的义务
负债的分类	负债按照流动性，分为流动负债和非流动负债 流动负债：指预计在1年内（含1年）偿还的负债，包括短期借款、应付短期政府债券、应付及预收款项、应缴款项等 非流动负债：指流动负债以外的负债，包括长期借款、长期应付款、应付长期政府债券等
负债的确认条件	符合政府负债定义的义务，在同时满足以下条件时，确认为负债 一是履行该义务很可能导致含有服务潜力或者经济利益的经济资源流出政府会计主体 二是该义务的金额能够可靠地计量
负债的计量属性	主要有**历史成本、现值和公允价值** 【新东方提示】 　　政府会计主体对负债进行计量，一般应当采用历史成本。采用现值、公允价值计量的，应当保证所确定的负债金额能够持续、可靠地计量

【例题·多选题】（2021年）下列属于政府会计计量属性的有（　　）。

A. 现值　　　　　　　　　　　B. 可变现净值

C. 重置成本　　　　　　　　　D. 历史成本

【答案】A、C、D

【解析】政府资产的计量属性主要包括历史成本（选项D正确）、重置成本（选项C正确）、现值（选项A正确）、公允价值和名义金额，政府负债的计量属性主要包括历史成本、现值和公允价值。

（3）净资产

净资产是指政府会计主体资产扣除负债后的净额，其金额取决于资产和负债的计量。

（4）收入

收入是指报告期内导致政府会计主体净资产增加的、含有服务潜力或者经济利益的经济资源的流入。

收入的确认应当同时满足以下条件：与收入相关的含有服务潜力或者经济利益的经济资源很可能流入政府会计主体；含有服务潜力或者经济利益的经济资源流入会导致政府会计主体资产增加或者负债减少；流入金额能够可靠地计量。

（5）费用

费用是指报告期内导致政府会计主体净资产减少的、含有服务潜力或者经济利益的经济资源的流出。

费用的确认应当同时满足以下条件：与费用相关的含有服务潜力或者经济利益的经济资源很可能流出政府会计主体；含有服务潜力或者经济利益的经济资源流出会导致政府会计主体资产减少或者负债增加；流出金额能够可靠地计量。

【例题·多选题】（2018年）下列各项中，属于政府财务会计要素的有（　　　）。

A. 预算结余　　　　B. 资产　　　　　　C. 负债　　　　　　D. 收入

【答案】B、C、D

【解析】政府财务会计要素包括资产（选项B正确）、负债（选项C正确）、净资产、收入（选项D正确）和费用。选项A属于政府预算会计要素。

（二）政府会计核算模式

政府会计由预算会计和财务会计构成。政府会计核算模式实现了预算会计与财务会计适度分离并相互衔接，全面、清晰地反映政府财务信息和预算执行信息。

考点二　政府单位会计核算★★

一、政府单位会计核算概述

政府单位会计核算概述，如表2-61所示。

表2-61　政府单位会计核算概述

事项	预算会计	财务会计
定义	单位预算会计通过预算收入、预算支出和预算结余三个要素，全面反映单位预算收支执行情况	单位财务会计通过资产、负债、净资产、收入、费用（无利润）五个要素，全面反映单位财务状况、运行情况和现金流量情况
恒等式	预算收入－预算支出＝预算结余	反映单位财务状况的等式为"资产－负债＝净资产"，反映运行情况的等式为"收入－费用＝本期盈余"，本期盈余经分配后最终转入净资产

续表

事项	预算会计	财务会计
科目	（1）单位应当设置"资金结存"科目，并设置"零余额账户用款额度""货币资金""财政应返还额度"三个明细科目 （2）"资金结存"科目借方余额与预算结转结余科目贷方余额相等	（1）收入类科目包括"财政拨款收入""事业收入""上级补助收入""附属单位上缴收入""经营收入""非同级财政拨款收入""投资收益""捐赠收入""利息收入""租金收入""其他收入" （2）费用科目包括"业务活动费用""单位管理费用""经营费用""上缴上级费用""对附属单位补助费用""所得税费用""其他费用" 【新东方提示】 ①"业务活动费用"科目核算单位为实现其职能目标、依法履职或开展专业业务活动及其辅助活动所发生的各项费用 ②"单位管理费用"科目核算事业单位本级行政及后勤管理部门开展管理活动发生的各项费用，包括单位行政及后勤管理部门发生的人员经费、公用经费、资产折旧（摊销）等费用，以及由单位统一负担的离退休人员经费、工会经费、诉讼费、中介费等
会计核算的不同	现金收支业务应进行预算会计核算	单位对于纳入年度部门预算管理的现金收支业务，在采用财务会计核算的同时应当进行预算会计核算；对于其他业务，仅需进行财务会计核算

【新东方提示】

　　"现金收支业务"中的"现金"，包括库存现金、银行存款、其他货币资金、零余额账户用款额度、财政应返还额度，以及通过财政直接支付方式支付的款项。对于单位受托代理的现金、不属于本年度部门预算的现金，以及应上缴财政的、应转拨的、应退回的现金所涉及的收支业务，仅需要进行财务会计处理，不需要进行预算会计处理。

【例题·单选题】（2021年）下列各项中，事业单位应通过"业务活动费用"科目核算的是（　　）。

A. 单位本级行政部门人员的工资　　B. 由单位统一负担的离退休人员经费

C. 后勤管理部门固定资产的折旧费　　D. 专业业务部门的公用经费

【答案】D

【解析】选项D正确，"业务活动费用"科目核算单位为实现其职能目标、依法履职或开展专业业务活动及其辅助活动所发生的各项费用，专业业务部门的公用经费应通过"业务活动费用"科目核算。选项A、B、C错误，单位本级行政部门人员的工资、由单位统一负担的离退休人员经费、后勤管理部门固定资产的折旧费，均通过"单位管理费用"科目核算。

二、国库集中支付业务

国库集中收付，是指以国库单一账户体系为基础，将所有财政性资金都纳入国库单一账户体系管理，收入直接缴入国库和财政专户，支出通过国库单一账户体系支付到商品和劳务供应者或用款单位的一项国库管理制度。

实行国库集中支付的单位，财政资金的支付方式包括财政直接支付和财政授权支付。

（一）财政直接支付业务

财政直接支付业务，如表2-62所示。

表2-62　财政直接支付业务

事项	预算会计	财务会计
单位在收到"财政直接支付入账通知书"时，按照通知书中直接支付的金额	借：行政支出（行政单位）、事业支出（事业单位）等科目 贷：财政拨款预算收入	借：库存物品、固定资产、应付职工薪酬、业务活动费用、单位管理费用等 贷：财政拨款收入
年末，根据本年度财政直接支付预算指标数与其实际支出数的差额	借：资金结存——财政应返还额度 贷：财政拨款预算收入	借：财政应返还额度——财政直接支付 贷：财政拨款收入
下年度恢复财政直接支付额度后，单位以财政直接支付方式发生实际支出时	借：行政支出、事业支出等 贷：资金结存——财政应返还额度	借：库存物品、固定资产、应付职工薪酬、业务活动费用、单位管理费用等 贷：财政应返还额度——财政直接支付

（二）财政授权支付业务

财政授权支付业务，如表 2-63 所示。

表 2-63 财政授权支付业务

事项	预算会计	财务会计
单位收到代理银行盖章的"授权支付到账通知书"时	借：资金结存——零余额账户用款额度 贷：财政拨款预算收入	借：零余额账户用款额度 贷：财政拨款收入
按规定支用额度时，按照实际支用的额度	借：行政支出、事业支出等 贷：资金结存——零余额账户用款额度	借：库存物品、固定资产、应付职工薪酬、业务活动费用、单位管理费用等 贷：零余额账户用款额度
年末，依据代理银行提供的对账单作注销额度的相关账务处理	借：资金结存——财政应返还额度 贷：资金结存——零余额账户用款额度	借：财政应返还额度——财政授权支付 贷：零余额账户用款额度
下年年初恢复额度时	借：资金结存——零余额账户用款额度 贷：资金结存——财政应返还额度	借：零余额账户用款额度 贷：财政应返还额度——财政授权支付
年末，单位本年度财政授权支付预算指标数大于零余额账户用款额度下达数的，根据未下达的用款额度	借：资金结存——财政应返还额度 贷：财政拨款预算收入	借：财政应返还额度——财政授权支付 贷：财政拨款收入
下年度收到财政部门批复的上年末未下达零余额账户用款额度时	借：资金结存——零余额账户用款额度 贷：资金结存——财政应返还额度	借：零余额账户用款额度 贷：财政应返还额度——财政授权支付

【例题·单选题】（2019 年）下列各项中，政府会计主体采用财务会计核算的同时应当进行预算会计核算的是（　　）。

　　A. 支付应缴财政款　　　　　　　　B. 财政授权支付方式购买办公用品

　　C. 计提固定资产折旧　　　　　　　D. 收到委托代理的现金

【答案】B

【解析】单位对于纳入年度部门预算管理的现金收支业务，在采用财务会计核算的同时应当进行预算会计核算；对于其他业务，仅需进行财务会计核算（选项 C 错误）。对于单位受托代理的现金（选项 D 错误）、不属于本年度部门预算的现金，以及应上缴财政的

（选项 A 错误）、应转拨的、应退回的现金所涉及的收支业务，仅需要进行财务会计处理，不需要进行预算会计处理。选项 B 正确，在财政授权支付方式下，单位购买办公用品，按规定支用额度时，按照实际支用的额度，在财务会计中借记"库存物品"等科目，贷记"零余额账户用款额度"科目；同时，在预算会计中借记"行政支出""事业支出"等科目，贷记"资金结存——零余额账户用款额度"科目。

三、非财政拨款收支业务

单位的收支业务除国库集中收付业务外，还包括事业活动、经营活动等形成的非财政拨款收支。这里主要以事业（预算）收入、捐赠（预算）收入和支出为例进行说明。

（一）事业（预算）收入

事业收入是指事业单位开展专业业务活动及其辅助活动实现的收入，不包括从同级政府财政部门取得的各类财政拨款。

1. 对采用财政专户返还方式管理的事业（预算）收入，如表 2-64 所示。

表 2-64　采用财政专户返还方式管理的事业（预算）收入

事项	预算会计	财务会计
实现应上缴财政专户的事业收入时，按照实际收到或应收的金额	无	借：银行存款、应收账款等 贷：应缴财政款
向财政专户上缴款项时，按照实际上缴的款项金额	无	借：应缴财政款 贷：银行存款等
收到从财政专户返还的事业收入时，按照实际收到的返还金额	借：资金结存——货币资金 贷：事业预算收入	借：银行存款等 贷：事业收入

2. 采用预收款方式确认的事业（预算）收入，如表 2-65 所示。

表 2-65　采用预收款方式确认的事业（预算）收入

事项	预算会计	财务会计
实际收到预收款项时，按照收到的金额	借：资金结存——货币资金 贷：事业预算收入	借：银行存款等 贷：预收账款
以合同完成进度确认事业收入时，按照基于合同完成进度计算的金额	无	借：预收账款 贷：事业收入

3. 对采用应收款方式确认的事业收入，如表 2-66 所示。

表 2-66　采用应收款方式确认的事业收入

事项	预算会计	财务会计
根据合同完成进度计算本期应收的款项	无	借：应收账款 　贷：事业收入
实际收到款项时	借：资金结存——货币资金 　贷：事业预算收入	借：银行存款等 　贷：应收账款
对于其他方式下确认的事业收入，按照实际收到的金额	借：资金结存——货币资金 　贷：事业预算收入	借：银行存款、库存现金 　贷：事业收入
事业活动中涉及增值税业务的	事业预算收入按照实际收到的金额入账	事业收入按照实际收到的金额扣除增值税销项税之后的金额入账

4. 事业单位对于因开展专业业务活动及其辅助活动取得的非同级财政拨款收入（包括两大类，一类是从同级财政以外的同级政府部门取得的横向转拨财政款，另一类是从上级或下级政府取得的各类财政款），应当通过"事业收入"和"事业预算收入"科目下的"非同级财政拨款"明细科目核算；对于其他非同级财政拨款收入，应当通过"非同级财政拨款收入"和"非同级财政拨款预算收入"科目核算。

（二）捐赠（预算）收入和支出

捐赠（预算）收入和支出，如表 2-67 所示。

表 2-67　捐赠（预算）收入和支出

事项	预算会计	财务会计
单位接受捐赠的货币资金，按照实际收到的金额	借：资金结存——货币资金 　贷：其他预算收入——捐赠预算收入	借：银行存款、库存现金等 　贷：捐赠收入
单位接受捐赠的存货、固定资产等非现金资产，按照确定的成本	借：其他支出 　贷：资金结存——货币资金（发生的相关税费、运输费等支出金额）	借：库存物品、固定资产等 　贷：银行存款等（按照发生的相关税费、运输费等） 　　捐赠收入（差额）
单位对外捐赠现金资产的，按照实际捐赠的金额	借：其他支出 　贷：资金结存——货币资金	借：其他费用 　贷：银行存款、库存现金等
单位对外捐赠库存物品、固定资产等非现金资产的	如未支付相关费用，预算会计则不做账务处理	应当将资产的账面价值转入"资产处置费用"科目

四、预算结转结余及分配业务

单位在预算会计中应当严格区分财政拨款结转结余和非财政拨款结转结余。财政拨款结转结余不参与事业单位的结余分配，单独设置"财政拨款结转"和"财政拨款结余"科目核算。非财政拨款结转结余通过设置"非财政拨款结转""非财政拨款结余""专用结余""经营结余""非财政拨款结余分配"等科目核算。

（一）财政拨款结转结余的核算

1. 财政拨款结转的核算，如表 2-68 所示。

表 2-68　财政拨款结转的核算

事项	预算会计	财务会计
期末，将财政拨款收入和对应的财政拨款支出结转	借：财政拨款预算收入 　　贷：财政拨款结转 借：财政拨款结转 　　贷：行政支出、事业支出等（财政拨款支出部分）	
按照规定从其他单位调入财政拨款结转资金的	借：资金结存 　　贷：财政拨款结转——归集调入	借：零余额账户用款额度、财政应返还额度等 　　贷：累计盈余
按规定上缴（或注销）财政拨款结转资金、向其他单位调出财政拨款结转资金	借：财政拨款结转——归集上缴、归集调出 　　贷：资金结存	借：累计盈余 　　贷：零余额账户用款额度、财政应返还额度等
因发生会计差错等事项调整以前年度财政拨款结转资金的	借：资金结存 　　贷：财政拨款结转——年初余额调整 或相反处理。	借：以前年度盈余调整 　　贷：零余额账户用款额度、银行存款等 或相反处理。
年末	冲销有关明细科目余额"财政拨款结转——本年收支结转、年初余额调整、归集调入、归集调出、归集上缴、单位内部调剂"科目余额转入"财政拨款结转——累计结转"科目	
年末，将符合财政拨款结余性质的项目余额转入财政拨款结余	借：财政拨款结转——累计结转 　　贷：财政拨款结余——结转转入	

2.财政拨款结余的核算，如表 2-69 所示。

表 2-69　财政拨款结余的核算

事项	预算会计	财务会计
年末，将符合财政拨款结余性质的项目余额转入财政拨款结余	借：财政拨款结转——累计结转 　贷：财政拨款结余——结转 　　转入	
对财政拨款结余资金改变用途	借：财政拨款结余——单位内部调剂 　贷：财政拨款结转——单位 　　内部调剂	
按照规定上缴财政拨款结余资金或注销财政拨款结余资金额度	借：财政拨款结余——归集上缴 　贷：资金结存	借：累计盈余 　贷：零余额账户用款额度、 　　财政应返还额度等
因发生会计差错等事项调整以前年度财政拨款结余资金的	借：资金结存 　贷：财政拨款结余——年初 　　余额调整 或相反处理	借：以前年度盈余调整 　贷：零余额账户用款额度、 　　银行存款等 或相反处理
年末，冲销有关明细科目余额	将"财政拨款结余——年初余额调整、归集上缴、单位内部调剂、结转转入"科目余额转入"财政拨款结余——累计结余"科目	

（二）非财政拨款结转结余的核算

1. 非财政拨款结转的核算

非财政拨款结转资金是指事业单位除财政拨款收支、经营收支以外的各非同级财政拨款专项资金收入与其相关支出相抵后剩余滚存的、须按规定用途使用的结转资金，如表 2-70 所示。

表 2-70　非财政拨款结转的核算

事项	预算会计	财务会计
年末	（1）结转非财政拨款专项资金收入 借：财政拨款预算收入、经营预算收入以 　　外的各类预算收入中的专项资金收入 　贷：非财政拨款结转 （2）结转非财政拨款专项资金支出 借：非财政拨款结转 　贷：行政支出、事业支出、其他支出等	

事项	预算会计	财务会计
从科研项目预算收入中提取项目管理费或间接费时	借：非财政拨款结转——项目间接费用或管理费 贷：非财政拨款结余——项目间接费用或管理费	借：业务活动费用、单位管理费用等 贷：预提费用——项目间接费用或管理费
因会计差错更正等事项调整非财政拨款结转资金	借：资金结存——货币资金 贷：非财政拨款结转——年初余额调整 或相反处理	借：以前年度盈余调整 贷：银行存款等 或相反处理
缴回非财政拨款结转资金	借：非财政拨款结转——缴回资金 贷：资金结存——货币资金	借：累计盈余 贷：银行存款等
年末，冲销有关明细科目余额	将"非财政拨款结转——年初余额调整、项目间接费用或管理费、缴回资金、本年收支结转"科目余额转入"非财政拨款结转——累计结转"科目	
完成上述结转后，将留归本单位使用的非财政拨款专项剩余资金转入非财政拨款结余	借：非财政拨款结转——累计结转 贷：非财政拨款结余——结转转入	

2. 非财政拨款结余的核算

非财政拨款结余指单位历年滚存的非限定用途的非同级财政拨款结余资金，主要为非财政拨款结余扣除结余分配后滚存的金额，如表 2-71 所示。

表 2-71 非财政拨款结余的核算

事项	预算会计	财务会计
年末，将留归本单位使用的非财政拨款专项（项目已完成）剩余资金转入"非财政拨款结余——结转转入"科目	借：非财政拨款结转——累计结转 贷：非财政拨款结余——结转转入	
有企业所得税缴纳义务的事业单位实际缴纳企业所得税	借：非财政拨款结余——累计结余 贷：资金结存——货币资金	借：其他应交税费——单位应交所得税 贷：银行存款等

续表

事项	预算会计	财务会计
因会计差错更正等调整非财政拨款结余资金	借：资金结存——货币资金 　贷：非财政拨款结余——年初余额调整	借：以前年度盈余调整 　贷：银行存款等
年末，冲销有关明细科目余额	将"非财政拨款结余——年初余额调整、项目间接费用或管理费、结转转入"科目余额结转入"非财政拨款结余——累计结余"科目	
年末，事业单位将"非财政拨款结余分配"科目余额转入非财政拨款结余	借：非财政拨款结余——累计结余 　贷：非财政拨款结余分配 或相反	
年末，行政单位将"其他结余"科目余额转入非财政拨款结余	借：非财政拨款结余——累计结余 　贷：其他结余 或相反	

3. 专用结余的核算

专用结余是指事业单位按照规定从非财政拨款结余中提取的具有专门用途的资金。

"专用结余"科目，核算专用结余资金的变动和滚存情况。

"专用结余"科目年末贷方余额，反映事业单位从非同级财政拨款结余中提取的专用基金的累计滚存数额。

根据有关规定从本年度非财政拨款结余或经营结余中提取基金的，按照提取金额

借：非财政拨款结余分配

　　贷：专用结余

根据规定使用从非财政拨款结余或经营结余中提取的专用基金时，按照使用金额

借：专用结余

　　贷：资金结存——货币资金

4. 经营结余的核算

"经营结余"科目，核算事业单位本年度经营活动收支相抵后余额弥补以前年度经营亏损的余额。期末，事业单位应当结转本期经营收支。

根据经营预算收入本期发生额：

借：经营预算收入

　　贷：经营结余

根据经营支出本期发生额：

借：经营结余

　　贷：经营支出

年末，如"经营结余"科目为贷方余额，将余额结转入"非财政拨款结余分配"科目；如为借方余额，为经营亏损，不予结转。

5. 其他结余的核算

"其他结余"科目，核算单位本年度除财政拨款收支、非同级财政专项资金收支和经营收支以外各项收支相抵后的余额。

年末，行政单位将本科目余额转入"非财政拨款结余——累计结余"科目；事业单位将本科目余额转入"非财政拨款结余分配"科目。

6. 非财政拨款结余分配的核算

"非财政拨款结余分配"科目，核算事业单位本年度非财政拨款结余分配的情况和结果。

年末，事业单位应将"其他结余"科目余额和"经营结余"科目贷方余额转入"非财政拨款结余分配"科目。

根据有关规定提取专用基金的，按照提取的金额：

借：非财政拨款结余分配

　　贷：专用结余

同时在财务会计中按照相同金额：

借：本年盈余分配

　　贷：专用基金

然后，将"非财政拨款结余分配"科目余额转入非财政拨款结余。

五、净资产业务

单位财务会计净资产的来源主要包括累计实现的盈余和无偿调拨的净资产。在日常核算中，单位应当在财务会计中设置"本期盈余""本年盈余分配""专用基金""无偿调拨净资产""权益法调整""以前年度盈余调整""累计盈余"等科目。

（一）本期盈余及本年盈余分配

1. 本期盈余（财务会计）

"本期盈余"科目核算单位本期各项收入、费用相抵后的余额。期末，单位应当将各类收入科目和各类费用科目本期发生额转入"本期盈余"科目。年末，单位应当将"本期盈余"科目余额转入"本年盈余分配"科目。

2. 本年盈余分配（财务会计）

"本年盈余分配"科目核算单位本年度盈余分配的情况和结果。

（1）年末，单位应当将"本期盈余"科目余额转入本科目：

借：本期盈余（贷方余额）

　　贷：本年盈余分配

或相反处理。

（2）根据有关规定从本年度非财政拨款结余或经营结余中提取专用基金的，按照预算会计下计算的提取金额：

借：本年盈余分配

　　贷：专用基金

（3）将"本年盈余分配"科目余额转入"累计盈余"科目：

借：本年盈余分配

　　贷：累计盈余

或相反处理。

（二）专用基金

"专用基金"科目核算事业单位按照规定提取或设置的具有专门用途的净资产，主要包括职工福利基金、科技成果转换基金等。事业单位从本年度非财政拨款结余或经营结余中提取专用基金的

1. 在财务会计中：

借：本年盈余分配

　　贷：专用基金

2. 在预算会计中：

借：非财政拨款结余分配

　　贷：专用结余

（三）无偿调拨净资产

按照行政事业单位资产管理相关规定，政府单位之间可以无偿调拨资产。

通常情况下，无偿调拨非现金资产不涉及资金业务，因此不需要进行预算会计核算（除非以现金支付相关费用等）。

单位应当设置"无偿调拨净资产"科目，核算无偿调入或调出非现金资产所引起的净资产变动金额。

年末，单位应将"无偿调拨净资产"科目余额转入"累计盈余"科目。

（四）以前年度盈余调整

"以前年度盈余调整"科目核算单位本年度发生的调整以前年度盈余的事项，包括本年度发生的重要前期差错更正涉及调整以前年度盈余的事项。单位对相关事项调整后，应

当及时将"以前年度盈余调整"科目余额转入"累计盈余"科目（财务会计）：

借：累计盈余

　　贷：以前年度盈余调整

或相反处理。

（五）累计盈余

"累计盈余"科目核算单位历年实现的盈余扣除盈余分配后滚存的金额，以及因无偿调入调出资产产生的净资产变动额。

1. 年末，将"本年盈余分配"科目的余额转入"累计盈余"科目（财务会计）：

借：本年盈余分配

　　贷：累计盈余

或相反处理。

2. 将"无偿调拨净资产"科目的余额转入"累计盈余"科目（财务会计）：

借：无偿调拨净资产

　　贷：累计盈余

或相反处理。

按照规定上缴、缴回、单位间调剂结转结余资金产生的净资产变动额，以及对以前年度盈余的调整金额，也通过"累计盈余"科目核算。

【例题·多选题】（2020年）下列各项中，导致事业单位净资产总额发生增减变动的有（　　）。

A. 按规定上缴财政拨款结转资金

B. 按规定缴回非财政拨款结转资金

C. 按规定从非财政拨款结余中提取专用基金

D. 从外单位无偿调入实验设备

【答案】A、B、D

【解析】选项A正确，按规定上缴财政拨款结转资金，引起净资产总额减少，会计分录：

借：累计盈余

　　贷：零余额账户用款额度等

选项B正确，按规定缴回非财政拨款结转资金，引起净资产总额减少，会计分录：

借：累计盈余

　　贷：银行存款等

选项D正确，从外单位无偿调入实验设备，引起净资产总额增加，会计分录：

借：固定资产

　　贷：银行存款等

　　　　无偿调拨净资产

选项 C 错误，按规定从非财政拨款结余中提取专用基金，引起净资产总额不变，会计分录：

借：本年盈余分配

贷：专用基金

六、资产业务

（一）资产的取得

资产成本的确定，如表 2-72 所示。

表 2-72　资产成本的确定

资产的取得形式	资产的成本
外购的资产	购买价款＋相关税费（增值税可以抵扣的除外）＋使得资产达到目前场所和状态或交付使用前所发生的归属于该项资产的其他费用
自行加工或自行建造的资产	该项资产至验收入库或交付使用前所发生的全部必要支出
接受捐赠的存货、固定资产、无形资产	按照以下顺序确定： （1）有关凭据注明的金额加上相关税费 （2）评估价值加上相关税费 （3）同类或类似资产的市场价格加上相关税费 （4）名义金额（人民币1元） 【新东方提示】 　　对于投资和公共基础设施、政府储备物资、保障性住房、文物文化资产等经管资产，其初始成本只能按照前三个层次进行计量，不能采用名义金额计量
无偿调入的资产	其成本按照调出方账面价值加上相关税费等确定，根据确定的成本减去相关税费后的金额计入无偿调拨净资产
置换取得的资产	其成本按照换出资产的评估价值，加上支付的补价或减去收到的补价，加上为换入资产发生的其他相关支出确定

（二）资产的处置

按照规定，资产处置的形式包括无偿调拨、出售、出让、转让、置换、对外捐赠、报废、毁损以及货币性资产损失核销等。单位应当按规定报经批准后对资产进行处置。

通常情况下，单位应当将被处置资产账面价值转销计入资产处置费用，并按照"收支两条线"将处置净收益上缴财政。如按规定将资产处置净收益纳入单位预算管理的，应将净收益计入当期收入。

对于资产盘盈、盘亏、报废或毁损的，应当在报经批准前将相关资产账面价值转入"待处理财产损溢"科目，待报经批准后再进行资产处置。

【例题·多选题】（2019年）下列各项中，事业单位通过"待处理财产损溢"科目核算的有（　　）。

A. 固定资产毁损　　　　　　　　B. 固定资产对外捐赠

C. 固定资产出售　　　　　　　　D. 固定资产盘盈

【答案】A、D

【解析】选项A、D正确，对于资产盘盈、盘亏、报废或毁损的，应当在报经批准前将相关资产账面价值转入"待处理财产损溢"科目，待报经批准后再进行资产处置。

（三）固定资产

固定资产，如表2-73所示。

表2-73　固定资产

分类	（1）房屋及构筑物；专用设备；通用设备；文物和陈列品；图书、档案；家具、用具、装具及动植物 （2）单位价值虽未达到规定标准，但是使用年限超过1年（不含1年）的大批同类物资，如图书、家具、用具、装具等，应当确认为固定资产
科目	"在建工程""固定资产""固定资产累计折旧"
折旧	单位应当按月对固定资产计提折旧，下列固定资产除外： 文物和陈列品、动植物、图书、档案、单独计价入账的土地、以名义金额计量的固定资产
使用年限	（1）因改建、扩建等原因而延长固定资产使用年限的，应当重新确定固定资产的折旧年限 （2）单位盘盈、无偿调入、接受捐赠以及置换的固定资产，应当考虑该项资产的新旧程度，按照其尚可使用的年限计提折旧
折旧起始时间	（1）固定资产应当按月计提折旧，当月增加的固定资产，当月开始计提折旧；当月减少的固定资产，当月不再计提折旧 （2）固定资产提足折旧后，无论能否继续使用，均不再计提折旧；提前报废的固定资产，也不再补提折旧

【例题·多选题】（2020年）下列各项中，事业单位当月应计提折旧的有（　　）。

A. 已提足折旧仍继续使用的固定资产

B. 当月无偿调入未提足折旧的专用设备

C. 以名义金额计量的固定资产

D. 当月达到预定可使用状态的办公大楼

【答案】B、D

【解析】单位应当按月对固定资产计提折旧，下列固定资产除外：（1）文物和陈列品；（2）动植物；（3）图书、档案；（4）单独计价入账的土地；（5）以名义金额计量的固定资产。固定资产应当按月计提折旧，当月增加的固定资产，当月开始计提折旧；当月减少的固定资产，当月不再计提折旧。固定资产提足折旧后，无论能否继续使用，均不再计提折旧；提前报废的固定资产，也不再补提折旧。

七、负债业务

单位负债的财务会计核算与企业会计基本相同。本节主要介绍应缴财政款和应付职工薪酬的核算。

（一）应缴财政款

应缴财政款是指单位取得或应收的按照规定应当上缴财政的款项，包括应缴国库的款项和应缴财政专户的款项。应缴财政款的账务处理，如表 2-74 所示。

表 2-74 应缴财政款的账务处理

科目	（1）为核算应缴财政的各类款项，单位应当设置"应缴财政款"科目 （2）单位按照国家税法等有关规定应当缴纳的各种税费，通过"应交增值税""其他应交税费"科目核算，不通过"应缴财政款"科目核算
账务处理	（1）单位取得或应收按照规定应缴财政的款项时： 借：银行存款、应收账款等 　　贷：应缴财政款 （2）单位上缴应缴财政的款项时，按照实际上缴的金额： 借：应缴财政款 　　贷：银行存款 💡【新东方提示】 　　由于应缴财政的款项不属于纳入部门预算管理的现金收支，因此不进行预算会计处理

【例题·多选题】（2021年）下列各项中，事业单位应通过"应缴财政款"科目核算的有（   ）。

A. 应交的增值税
B. 应缴国库的款项
C. 应缴财政专户的款项
D. 应交的所得税

【答案】B、C

【解析】选项B、C正确，应缴财政款是指单位取得或应收的按照规定应当上缴财政的款项，包括应缴国库的款项和应缴财政专户的款项。选项A、D错误，单位按照国家税法等有关规定应当缴纳的各种税费，通过"应交增值税""其他应交税费"科目核算，不通过"应缴财政款"科目核算。

【例题·单选题】（2020年）下列各项中，属于事业单位资产类科目的是（   ）。

A. 财政应返还额度
B. 无偿调拨净资产
C. 应缴财政款
D. 专用基金

【答案】A

【解析】选项B、D不属于，无偿调拨净资产、专用基金属于事业单位净资产类会计科目；选项C不属于，应缴财政款属于事业单位负债类会计科目。

（二）应付职工薪酬

应付职工薪酬是指按照有关规定应付给职工（含长期聘用人员）及为职工支付的各种薪酬，包括基本工资、国家统一规定的津贴补贴、规范津贴补贴（绩效工资）、改革性补贴、社会保险费（如职工基本养老保险费、职业年金、基本医疗保险费等）、住房公积金等。

【例题·单选题】（2020年）下列各项中事业单位采用财政授权支付方式上缴代扣的个人所得税时，财务会计核算应贷记的会计科目是（   ）。

A. 零余额账户用款额度
B. 银行存款
C. 财政应返还额度
D. 财政拨款收入

【答案】A

【解析】选项A正确，在财政授权支付方式下，上缴代扣的个人所得税时，财务会计中应借记"其他应交税费——应交个人所得税"科目，贷记"零余额账户用款额度"科目。

第三章　流动资产

✦ 内容框架

单元	考点	星级
货币资金	库存现金	★★
	银行存款	★
	其他货币资金	★★
交易性金融资产	金融资产概述	★
	交易性金融资产	★★★
	短期投资的核算	★
应收及预付款项	应收票据	★★
	应收账款	★★★
	预付账款	★★
	应收股利和应收利息	★
	其他应收款	★★★
	应收款项减值	★★★
存货	存货概述	★
	存货的初始计量	★★
	发出存货的计价方法	★★
	原材料	★★★
	周转材料和库存商品	★★★
	委托加工物资	★★
	消耗性生物资产	★
	存货清查	★★★
	存货减值	★★★

考情分析

　　本章最近3年的考查分值约为15分，涉及单选题、多选题、判断题和不定项选择题，属于非常重要章节。本章主要介绍流动资产部分，包括货币资金、交易性金融资产、应收及预付款项和存货等内容，各项流动资产的账务处理是考核的重点，难度较大。

教材变化

　　本章无实质性变化。

第一单元 货 币 资 金

考点一 库存现金★★

库存现金

　　库存现金是指存放于企业财会部门、由出纳人员经管的货币。库存现金是企业流动性最强的资产。

（一）现金管理制度
1. 现金的使用范围

现金的使用范围如表3-1所示。

表3-1 现金的使用范围

企业可用现金支付的款项	（1）职工工资、津贴 （2）个人劳务报酬 （3）根据国家规定颁发给个人的科学技术、文化艺术、体育比赛等的奖金 （4）各种劳保、福利费用以及国家规定的对个人的其他支出 （5）向个人收购农副产品和其他物资的价款 （6）出差人员必须随身携带的差旅费 （7）结算起点（1 000元）以下的零星支出 （8）中国人民银行确定需要支付现金的其他支出

【新东方提示】

除企业以现金支付款项中的第（5）和第（6）项外，单位支付给个人的款项，超过使用现金限额的部分，应当以支票或银行本票等方式支付；确需全额支付现金的，经开户行审核后予以现金支付。

2. 现金限额

现金限额是指为了保证单位日常零星开支的需要，允许单位留存现金的**最高数额**。

这一限额由开户银行根据单位的实际需要核定，一般按照单位 3~5 天日常零星开支所需确定。边远地区和交通不便地区的单位的库存现金限额，可按多于 5 天、但不得超过 15 天的日常零星开支的需要确定。经核定的库存现金限额，开户单位必须严格遵守，超出部分应于当日终了前存入银行。

3. 现金收支的规定

开户单位现金收支应当依照下列规定办理：

（1）开户单位现金收入应当于**当日**送存开户银行，当日送存确有困难的，由开户银行确定送存时间。

（2）开户单位支付现金，可以从本单位库存现金中支付或从开户银行提取，**不得**从本单位的现金收入中直接支付（即**坐支**）。因特殊情况需要坐支现金的，应当事先报经开户银行审查批准，由开户银行核定坐支范围和限额。坐支单位应当定期向开户银行报送坐支金额和使用情况。

（3）开户单位从开户银行提取现金时，应当写明用途，由本单位财会部门负责人签字盖章，经开户银行审核后，予以支付。

（4）因采购地点不确定、交通不便、生产或市场急需、抢险救灾以及其他特殊情况必须使用现金的，开户单位应向开户银行提出申请，由本单位财会部门负责人签字盖章，经开户银行审核后，予以支付现金。

【例题·单选题】（2019 年）按照现金管理相关规定，下列各项中，企业不能使用库存现金进行结算的经济业务是（　　）。

A. 按规定颁发给科技人员的创新奖金　　B. 发放给职工的劳保福利

C. 向外单位支付的机器设备款　　D. 向个人收购农副产品的价款

【答案】C

【解析】选项 C 正确，向外单位支付的机器设备款不属于可以使用现金的情况。企业可用现金支付的款项见前文表 3-1 所示。

（二）库存现金的账务处理

企业应当设置库存现金总账和库存现金日记账，分别进行库存现金的总分类核算和明细分类核算。

企业应当设置"库存现金"科目，借方登记库存现金的增加，贷方登记库存现金的减少，期末借方余额，反映企业实际持有的库存现金的金额。

（三）库存现金的清查

1. 现金短缺

现金短缺的账务处理，如图 3-1 所示。

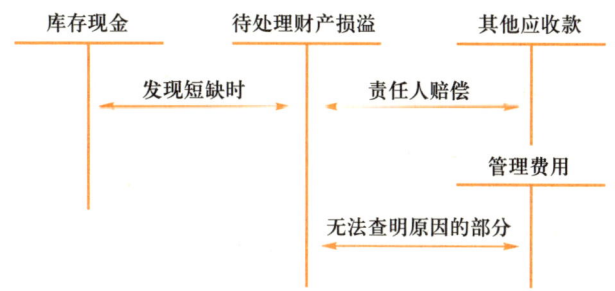

图 3-1　现金短缺的账务处理

（1）发现短缺时 / 批准前：

借：待处理财产损溢

　　贷：库存现金

（2）按管理权限经批准后：

借：其他应收款【应由责任人赔偿或保险公司赔偿的部分】

　　管理费用【无法查明原因的部分】

　　贷：待处理财产损溢

2. 现金溢余

现金溢余的账务处理，如图 3-2 所示。

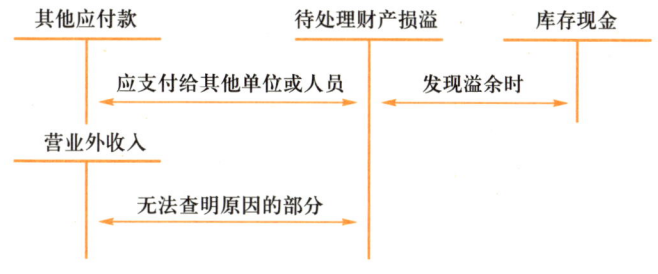

图 3-2　现金溢余的账务处理

（1）发现溢余时 / 批准前：

借：库存现金

　　贷：待处理财产损溢

（2）按管理权限经批准后：

借：待处理财产损溢

　　贷：其他应付款【属于应支付给有关人员或单位的】

　　　　营业外收入【无法查明原因的部分】

【新东方提示】

（1）待处理财产损溢只是"过渡"账户，是对于现金清查中需要等待进一步处理的现金短缺或者溢余进行登记的账户。

（2）待处理财产损溢账户的核算内在逻辑分两步：

第一步，批准前将资产（库存现金）调整为账实相符，即将资产（库存现金）账面数按实际数进行调整；【将账面数调整到实际数】

第二步，批准后按规定结转处理。【查明原因，分别处理】

（3）库存现金短缺与溢余的总结，如表3-2所示。

表3-2　库存现金短缺与溢余的总结

短缺/溢余	具体原因	计入科目	关键理解
现金短缺	应由责任方赔偿的部分	其他应收款	【要求赔偿/债权垃圾桶】
	属于无法查明原因的	管理费用	【管理不善】
现金溢余	属于应支付给有关人员或单位的	其他应付款	【应当归还】
	属于无法查明原因的	营业外收入	【天上掉馅饼】

【例题·单选题】（2022年）企业现金清查中，对于应由相关责任人赔偿的现金短缺，经批准后应计入（　　）。

A. 管理费用　　　　　　　　　B. 营业外支出

C. 财务费用　　　　　　　　　D. 其他应收款

【答案】D

【解析】选项D正确，现金清查中如为现金短缺，应先借记"待处理财产损溢"科目，贷记"库存现金"科目；按管理权限经批准后，属于应由责任人赔偿或保险公司赔偿的部分，借记"其他应收款"科目，贷记"待处理财产损溢"科目。

【例题·多选题】（2021年）下列各项中，关于企业现金溢余的会计处理表述，正确的有（　　）。

A. 无法查明原因的现金溢余计入营业外收入

B. 应支付给有关单位的现金溢余计入其他应付款

C. 无法查明原因的现金溢余冲减管理费用

D. 应支付给有关单位的现金溢余计入应付账款

【答案】A、B

【解析】选项 A 正确，选项 C 错误，无法查明原因的现金溢余计入营业外收入；选项 B 正确，选项 D 错误，应支付给有关单位的现金溢余计入其他应付款。

考点二　银行存款 ★

银行存款

（一）银行存款的账务处理

为了反映和监督企业银行存款的收入、支出和结存情况，企业应当设置"银行存款"科目，借方登记企业银行存款的增加，贷方登记企业银行存款的减少，期末借方余额反映期末企业实际持有的银行存款的金额。

（二）银行存款的核对

银行存款日记账的账面余额应定期与开户银行转来的"银行对账单"的余额核对，至少每月核对一次。单位银行存款账面余额与银行对账单余额之间如有差额，应编制"银行存款余额调节表"予以调节。如没有记账错误，调节后的双方余额应相等。

考点三　其他货币资金 ★★★

其他货币资金

其他货币资金的内容

其他货币资金是指企业除库存现金、银行存款以外的其他各种货币资金，主要包括银行汇票存款、银行本票存款、信用卡存款、信用证保证金存款、存出投资款和外埠存款等。

1. 银行汇票存款

银行汇票存款是指企业为取得银行汇票按照规定存入银行的款项。

银行汇票是指由出票银行签发的，由其在见票时按照实际结算金额无条件支付给收款人或者持票人的票据。

2. 银行本票存款

银行本票存款是指企业为了取得银行本票按规定存入银行的款项。

银行本票是指银行签发的，承诺自己在见票时无条件支付确定的金额给收款人或持票人的票据。

3. 信用卡存款

信用卡存款是指企业为取得信用卡而存入银行信用卡专户的款项。信用卡是银行卡的一种。

4. 信用证保证金存款

信用证有国际信用证、国内信用证之分，以下内容专指国内信用证。信用证保证金存款是指采用信用证结算方式的企业为开具信用证而存入银行信用证保证金专户的款项。

5. 存出投资款

存出投资款是指企业为购买股票、债券、基金等根据有关规定存入在证券公司指定银行开立的投资款专户的款项。

6. 外埠存款

外埠存款是指企业为了到外地进行临时或零星采购，而汇往采购地银行开立采购专户的款项。

【新东方提示】

　　"其他货币资金"的账务处理与"银行存款"类似。其他货币资金的账务处理，如图3-3所示。

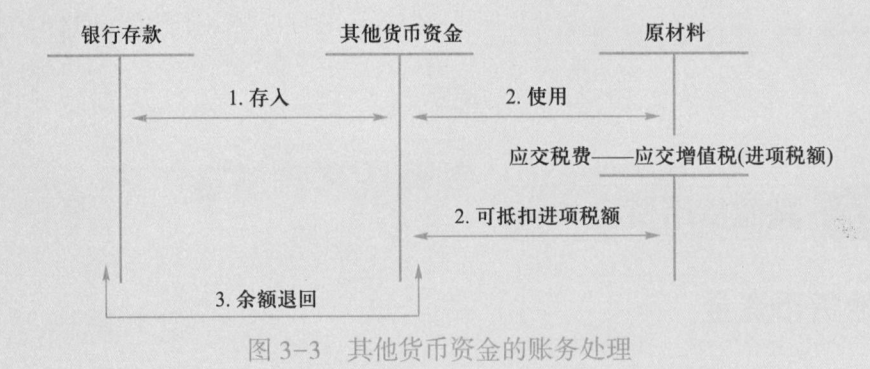

图3-3 其他货币资金的账务处理

【例题·多选题】（2022年）企业收到退回的银行汇票多余款项时，应编制的会计分录为（　　　）。

A. 借记"银行存款"科目　　　　　　　B. 贷记"其他货币资金"科目

C. 借记"其他货币资金"科目　　　　　D. 贷记"银行存款"科目

【答案】A、B

【解析】选项A、B正确，企业收到退回的银行汇票多余款项时：

借：银行存款

　　贷：其他货币资金

【例题·单选题】（2020年）下列各项中，企业应通过"其他货币资金"科目核算的

经济业务是（　　　）。

    A. 销售商品收到银行承兑汇票

    B. 委托银行代为支付电话费

    C. 开出转账支票支付购买办公设备款

    D. 为购买股票将资金存入证券公司指定投资款专户

【答案】D

【解析】其他货币资金是指企业除库存现金、银行存款以外的其他各种货币资金，主要包括银行汇票存款、银行本票存款、信用卡存款、信用证保证金存款、存出投资款（选项 D 正确）和外埠存款等。

【例题·多选题】（2019 年）下列各项中，企业应通过"其他货币资金"科目核算的有（　　　）。

    A. 用银行本票采购办公用品的款项　　　　B. 汇往异地银行开立采购专户的款项

    C. 存入证券公司指定账户的款项　　　　　D. 存入银行信用证保证金专户的款项

【答案】A、B、C、D

【解析】选项 A 正确，通过"其他货币资金——银行本票"科目核算；选项 B 正确，通过"其他货币资金——外埠存款"科目核算；选项 C 正确，通过"其他货币资金——存出投资款"科目核算；选项 D 正确，通过"其他货币资金——信用证保证金"科目核算。

【例题·判断题】（2019 年）企业收到退回的银行汇票多余款项，应记入"其他货币资金"科目的借方。（　　　）

【答案】×

【解析】银行汇票通过"其他货币资金"科目核算，企业收到退回的银行汇票多余款项，说明其他货币资金减少，银行存款增加，应记入"其他货币资金"科目的贷方，会计分录如下：

借：银行存款

    贷：其他货币资金——银行汇票

第二单元　交易性金融资产

考点一　金融资产概述★

一、金融资产的概念

金融资产，是指企业持有的现金、其他方的权益工具以及符合下列条件之一的资产：

1. 从其他方收取现金或其他金融资产的合同权利。例如，企业的银行存款、应收账款、应收票据和贷款等均属于金融资产。但是，预付账款产生的未来经济利益是商品或服务，不是收取现金或其他金融资产的权利，不是金融资产。

2. 在潜在有利条件下，与其他方交换金融资产或金融负债的合同权利。例如，企业持有的看涨期权或看跌期权等。

3. 将来须用或可用企业自身权益工具进行结算的非衍生工具合同，且企业根据该合同将收到可变数量的自身权益工具。例如，企业的普通债券合同或普通股等。

4. 将来须用或可用企业自身权益工具进行结算的衍生工具合同，但以固定数量的自身权益工具交换固定金额的现金或其他金融资产的衍生工具合同除外。

在企业全部资产中，库存现金、银行存款、应收账款、应收票据、贷款、其他应收款、应收利息、债权投资、股权投资、基金投资及衍生金融资产等统称为金融资产。

二、金融资产的分类

企业应当根据管理金融资产的业务模式和金融资产的合同现金流量特征，对金融资产进行合理的分类。

1. 以摊余成本计量的金融资产

同时符合下列条件的金融资产，应当分类为以摊余成本计量的金融资产：

（1）企业管理该金融资产的业务模式是以收取合同现金流量为目标；

（2）该金融资产的合同条款规定，在特定日期产生的现金流量，仅为对本金和以未偿付本金金额为基础的利息的支付。

【新东方提示】

如债权投资的合同现金流量包括投资期间各期应收的利息和到期日收回的本金等；其他属于以摊余成本计量的金融资产性质的金融资产还有"贷款""应收账款"等。

2. 以公允价值计量且其变动计入其他综合收益的金融资产

企业应当将同时符合下列条件的金融资产分类为以公允价值计量且其变动计入其他综合收益的金融资产：

（1）管理该金融资产的业务模式，既以收取合同现金流量为目标又以出售该金融资产为目标；

（2）该金融资产的合同条款规定，在特定日期产生的现金流量，仅为对本金和以未偿付本金金额为基础的利息的支付。

3. 以公允价值计量且其变动计入当期损益的金融资产

企业应当将除上述分类为以摊余成本计量的金融资产和以公允价值计量且其变动计入其他综合收益的金融资产之外的金融资产，分类为以公允价值计量且其变动计入当期损益的金融资产。

【新东方提示】

针对金融资产分类的总结，如表3-3所示。

表 3-3　金融资产的分类

金融资产类型	常用会计科目
以摊余成本计量的金融资产	债权投资等
以公允价值计量且其变动计入其他综合收益的金融资产	其他债权投资（债权类）
	其他权益工具投资（股权类）【直接指定】
以公允价值计量且其变动计入当期损益的金融资产	交易性金融资产

考点二　交易性金融资产 ★★★

一、交易性金融资产的概述

（一）交易性金融资产的概念

交易性金融资产，是指以公允价值计量且其变动计入当期损益的金融资产。它是企业为了近期出售而持有的金融资产，如企业以赚取差价为目的从二级市场购入的股票、债券、基金等；或者是在初始确认时属于集中管理的可辨认金融工具组合的一部分，且有客观证据表明近期实际存在短期获利模式的金融资产等，如企业管理的以公允价值进行业绩考核的某项投资组合。

（二）分类依据

需要说明的是，从金融资产的合同现金流量特征看，尽管交易性金融资产仍将收取合同现金流量，但只是偶尔为之，并非为了实现业务模式目标（收取合同现金流量）而不可或缺。

【 新东方提示 】

交易性金融资产预期能在短期内变现以满足日常经营的需要，因此，在资产负债表中作为流动资产列示。

二、交易性金融资产的账务处理

（一）交易性金融资产核算应设置的会计科目

为了反映和监督交易性金融资产的取得、收取现金股利或利息、出售等情况，企业应当设置"交易性金融资产""公允价值变动损益""投资收益"等科目进行核算。

"交易性金融资产"科目核算以公允价值计量且其变动计入当期损益的金融资产。"交易性金融资产"科目的借方登记交易性金融资产的取得成本、资产负债表日其公允价值高于账面余额的差额，以及出售交易性金融资产时结转公允价值低于账面余额的变动金额；贷方登记资产负债表日其公允价值低于账面余额的差额，以及企业出售交易性金融资产时结转的成本和公允价值高于账面余额的变动金额。企业应当按照交易性金融资产的类别和品种，分别设置"成本""公允价值变动"等明细科目进行核算。

"公允价值变动损益"科目核算企业交易性金融资产等的公允价值变动而形成的应计入当期损益的利得或损失。"公允价值变动损益"科目的借方登记资产负债表日企业持有的交易性金融资产等的公允价值低于账面余额的差额；贷方登记资产负债表日企业持有的交易性金融资产等的公允价值高于账面余额的差额。

"投资收益"科目核算企业持有交易性金融资产等的期间内取得的投资收益以及出售交易性金融资产等实现的投资收益或投资损失。"投资收益"科目的借方登记企业取得交易性金融资产时支付的交易费用、出售交易性金融资产等发生的投资损失，贷方登记企业持有交易性金融资产等的期间内取得的投资收益，以及出售交易性金融资产等实现的投资收益。"投资收益"科目应当按照投资项目设置明细科目进行核算。

（二）交易性金融资产的账务处理

1. 取得交易性金融资产

企业取得交易性金融资产时，应当按照取得时的公允价值作为其初始入账金额。企业取得交易性金融资产所支付价款中包含的已宣告但尚未发放的现金股利或已到付息期但尚未领取的债券利息，应当单独确认为应收项目。

企业（增值税一般纳税人）取得交易性金融资产所发生的相关交易费用应当在发生时计入当期损益，冲减投资收益，发生交易费用取得增值税专用发票的，进项税额可以从当月销项税额中扣除。

借：交易性金融资产——成本【初始入账金额／公允价值】

应收股利／应收利息【支付价款中包含的已宣告但尚未发放的现金股利／已到付息期但尚未领取的利息】

投资收益【交易费用】

应交税费——应交增值税（进项税额）

贷：其他货币资金——存出投资款／银行存款【花的钱】

【新东方提示】

　　交易费用，是指可直接归属于购买、发行或处置金融工具的增量费用。增量费用是指企业没有发生购买、发行或处置相关金融工具的情形就不会发生的费用，包括支付给代理机构、咨询公司、券商、证券交易所、政府有关部门等的手续费、佣金、相关税费以及其他必要支出，不包括债券溢价、折价、融资费用、内部管理成本和持有成本等与交易不直接相关的费用。

【例题·多选题】（2022年）甲公司（增值税一般纳税人）从证券交易所购入乙上市公司股票并划分为交易性金融资产，支付价款1 200万元（其中包含已宣告但尚未发放的现金股利72万元）；另支付交易费用3万元，取得的增值税专用发票上注明的增值税税额为0.18万元。不考虑其他因素，甲公司取得交易性金融资产的会计处理正确的有（　　）。

A. 借：交易性金融资产——成本　　　　　　　　　　　12 030 000

　　　应交税费——应交增值税（进项税额）　　　　　　 1 800

　　　贷：其他货币资金　　　　　　　　　　　　　　　12 031 800

B. 借：投资收益　　　　　　　　　　　　　　　　　　　30 000

　　　应交税费——应交增值税（进项税额）　　　　　　 1 800

　　　贷：其他货币资金　　　　　　　　　　　　　　　　31 800

C. 借：交易性金融资产——成本　　　　　　　　　　　11 310 000

　　　应交税费——应交增值税（进项税额）　　　　　　 1 800

　　　贷：其他货币资金　　　　　　　　　　　　　　　11 311 800

D. 借：交易性金融资产——成本　　　　　　　　　　　11 280 000

　　　应收股利　　　　　　　　　　　　　　　　　　　720 000

　　　贷：其他货币资金　　　　　　　　　　　　　　　12 000 000

【答案】B、D

【解析】选项B、D正确。会计分录为：

借：交易性金融资产——成本　　　　　　　　　　　　11 280 000

　　应收股利　　　　　　　　　　　　　　　　　　　 720 000

　　贷：其他货币资金　　　　　　　　　　　　　　　12 000 000

借：投资收益　　　　　　　　　　　　　　　　　　30 000

　　应交税费——应交增值税（进项税额）　　　　　1 800

　　贷：其他货币资金　　　　　　　　　　　　　　31 800

2. 持有交易性金融资产

（1）取得时包含的应收股利或应收利息实际发放时

企业收到在取得交易性金融资产时，支付价款中包括的被投资单位已宣告但尚未发放的现金股利或已到付息期但尚未领取的债券利息时。

借：其他货币资金等

　　贷：应收股利 / 应收利息等

（2）宣告分红或利息到期及实际发放时

宣告分红或利息到期时：

借：应收股利（应收利息）

　　贷：投资收益

实际发放时：

借：其他货币资金等

　　贷：应收股利（应收利息）

（3）资产负债表日，交易性金融资产采用公允价值进行后续计量，公允价值与账面余额之间的差额计入当期损益。【浮动盈亏在"公允价值变动损益"科目反映】

公允价值高于账面余额时：

借：交易性金融资产——公允价值变动

　　贷：公允价值变动损益

公允价值低于账面余额时：

借：公允价值变动损益

　　贷：交易性金融资产——公允价值变动

【新东方提示】

　　（1）本次公允价值与上一次的公允价值比较，两次公允价值变动产生的浮动盈亏记入"公允价值变动损益"科目，从科目名称中就能体现损益的来源。

　　（2）公允价值变动损益＝本次公允价值－账面余额（上次公允价值）

【例题·单选题】（2022 年）资产负债表日，交易性金融资产的公允价值高于其账面余额的差额，借记"交易性金融资产"科目，贷记（　　）科目。

A. 公允价值变动损益　　　　　　　　B. 投资收益

C. 交易性金融资产　　　　　　　　　D. 长期股权投资减值准备

【答案】A

【解析】选项 A 正确，资产负债表日，交易性金融资产的公允价值高于其账面余额时应编制如下会计分录：

借：交易性金融资产——公允价值变动

　　贷：公允价值变动损益

【例题·单选题】（2019 年）2018 年 12 月 1 日，某企业"交易性金融资产——A 上市公司股票"借方余额为 1 000 000 元；12 月 31 日，A 上市公司股票的公允价值为 1 050 000 元。不考虑其他因素，下列各项中，该企业关于持有 A 上市公司股票相关会计科目处理正确的是（　　）。

A. 贷记"投资收益"科目 50 000 元

B. 贷记"资本公积"科目 50 000 元

C. 贷记"公允价值变动损益"科目 50 000 元

D. 贷记"营业外收入"科目 50 000 元

【答案】C

【解析】选项 C 正确，分析如下：

企业应当在资产负债表日按照交易性金融资产公允价值高于其账面余额的差额，借记"交易性金融资产——公允价值变动"科目，贷记"公允价值变动损益"科目；公允价值低于其账面余额的差额作相反的会计分录。

12 月 1 日，该交易性金融资产账面余额 1 000 000 万元，12 月 31 日所持 A 上市公司股票公允价值为 1 050 000 万元，公允价值上升 50 000 元，故 12 月 31 日应做如下会计分录：

借：交易性金融资产——公允价值变动　　　　　　　　　　50 000

　　贷：公允价值变动损益　　　　　　　　　　　　　　　　　50 000

3. 出售交易性金融资产

出售交易性金融资产时，应将出售时交易性金融资产的公允价值与其账面余额之间的差额确认为投资损益进行会计处理。

借：其他货币资金——存出投资款／银行存款【实际收到的金额】

　　贷：交易性金融资产——成本【反向注销交易性金融资产账户余额】

　　　　　　　　　　——公允价值变动【或借方，反向注销交易性金融资产账户余额】

　　　　投资收益【损失在借方，收益在贷方】

【新东方提示】

考试中经常考核关于出售交易性金融资产对投资收益及当期损益的影响（假定不考虑增值税因素）。

考核形式 1：计算整个投资期间对当期损益的影响【从取得到持有，再到处置】。

影响当期损益的数值＝取得时交易费用（负数）＋持有期间的投资收益＋持有期间的公允价值变动损益＋出售时价款与账面余额之间差额确认的投资收益

考核形式2：计算处置时点对当期损益的影响【仅处置时点】。

影响当期损益的数值＝出售时收到的价款－出售时交易性金融资产账面余额

【例题·多选题】（2021年）下列各项中，企业交易性金融资产业务应通过"投资收益"科目核算的有（   ）。

A. 持有期间被投资单位宣告分派的现金股利

B. 资产负债表日发生的公允价值变动

C. 取得时支付的交易费用

D. 出售时公允价值与其账面余额的差额

【答案】A、C、D

【解析】选项B错误，借记或贷记"交易性金融资产——公允价值变动"科目，贷记或借记"公允价值变动损益"科目，借贷双方均不通过"投资收益"科目核算。

4. 转让金融商品应交增值税

金融商品转让按照卖出价扣除买入价（不需要扣除已宣告未发放现金股利和已到付息期未领取的利息）后的余额作为销售额计算增值税，即转让金融商品按盈亏相抵后的余额为销售额。若相抵后出现负差，可结转下一纳税期与下期转让金融商品销售额互抵，但年末时仍出现负差的，不得转入下一会计年度。

（1）产生转让收益时

转让金融资产当月月末，如产生转让收益，则按应纳税额：

借：投资收益等

　　贷：应交税费——转让金融商品应交增值税【（卖价－买价）/1.06×6%】

（2）产生转让损失时

如产生转让损失，则按可结转下月抵扣税额：

借：应交税费——转让金融商品应交增值税【（卖价－买价）/1.06×6%】

　　贷：投资收益等

年末，如果"应交税费——转让金融商品应交增值税"科目有借方余额，说明本年度的金融商品转让损失无法弥补，且本年度的金融资产转让损失不可转入下年度继续抵减转让金融资产的收益，应将"应交税费——转让金融商品应交增值税"科目的借方余额转出。应编制的会计分录为：

借：投资收益等

　　贷：应交税费——转让金融商品应交增值税

【例题·单选题】（2020年）下列各项中，关于交易性金融资产相关会计处理表述正确的是（   ）。

A. 资产负债表日，其公允价值与账面余额之间的差额计入投资收益

B. 按取得时的公允价值作为初始入账金额

C. 出售时公允价值与账面余额的差额计入公允价值变动损益

D. 取得时发生的相关交易费用计入初始入账金额

【答案】B

【解析】选项 A 错误，资产负债表日，交易性金融资产应当按照公允价值计量，公允价值与账面余额之间的差额计入公允价值变动损益；选项 B 正确，企业取得交易性金融资产时，应当按照该金融资产取得时的公允价值作为其初始入账金额；选项 C 错误，企业出售交易性金融资产时，应当将该金融资产出售时的公允价值与其账面余额之间的差额作为投资损益进行会计处理；选项 D 错误，企业取得交易性金融资产所发生的相关交易费用应当在发生时计入当期损益，冲减投资收益。

【例题·不定项选择题】（2020 年改编）甲公司为增值税一般纳税人，2019 年发生交易性金融资产相关经济业务如下：

（1）4 月 15 日，从上海证券交易所购入乙公司股票 100 万股，支付价款 2 500 万元，其中包含已宣告但尚未发放的现金股利 50 万元，另支付相关交易费用 0.5 万元，取得增值税专用发票上注明的增值税税额为 0.03 万元，甲公司将该股票投资确认为交易性金融资产，4 月 25 日，收到乙公司发放的现金股利并存入投资款专户。

（2）6 月 30 日，持有上述乙公司股票的公允价值为 2 550 万元。

（3）7 月 31 日，将持有的乙公司股票全部转让，取得价款 2 700 万元，存入投资款专户，确认转让该金融商品应交增值税为 11.32 万元。

要求：根据上述资料，不考虑其他因素，分析回答下列小题。（答案中的金额单位用万元表示）

1. 根据资料（1），甲公司购入乙公司股票记入"交易性金融资产——成本"科目的金额是（　　）万元。

A. 2 450.5　　　　B. 2 500　　　　　　C. 2 500.5　　　　D. 2 450

【答案】D

【解析】选项 D 正确，分析如下：

购入乙公司股票支付价款 2 500 万元，其中包含的已宣告但尚未发放的现金股利 50 万元，应单独确认为应收股利，剩余 2 450 万元计入该项交易性金融资产的初始投资成本；另支付的相关交易费用 0.5 万元，应计入当期损益，冲减投资收益，对应的增值税税额 0.03 万元应确认为增值税进项税额。所以，甲公司购入乙公司股票记入"交易性金融资产——成本"科目的金额为 2 450 万元。

相关会计分录如下：

借：交易性金融资产——成本　　　　　　　　　　　　　　　　　2 450

　　应收股利　　　　　　　　　　　　　　　　　　　　　　　　　50

投资收益	0.5
应交税费——应交增值税（进项税额）	0.03
贷：其他货币资金——存出投资款	2 500.53

2. 根据资料（1），下列各项中，甲公司收到现金股利相关会计处理正确的是（　　）。

A. 借：其他货币资金——存出投资款　　　　　　　　　　50

　　贷：投资收益　　　　　　　　　　　　　　　　　　　　　50

B. 借：其他货币资金——存出投资款　　　　　　　　　　50

　　贷：应收股利　　　　　　　　　　　　　　　　　　　　　50

C. 借：其他货币资金——存出投资款　　　　　　　　　　50

　　贷：交易性金融资产——成本　　　　　　　　　　　　　　50

D. 借：银行存款　　　　　　　　　　　　　　　　　　　50

　　贷：交易性金融资产——成本　　　　　　　　　　　　　　50

【答案】B

【解析】选项 B 正确，收到乙公司发放的现金股利并存入投资款专户，借方应通过"其他货币资金——存出投资款"科目核算，同时，结合第 1 小题，应贷记"应收股利"科目。相关会计分录如下：

借：其他货币资金——存出投资款　　　　　　　　　　　　50

　　贷：应收股利　　　　　　　　　　　　　　　　　　　　　50

3. 根据资料（1）和（2），下列各项中，甲公司 6 月 30 日相关会计处理表述正确的是（　　）。

A. 贷记"投资收益"科目 50 万元

B. 借记"交易性金融资产——成本"科目 50 万元

C. 借记"交易性金融资产——公允价值变动"科目 100 万元

D. 贷记"公允价值变动损益"科目 100 万元

【答案】C、D

【解析】选项 C、D 正确，分析如下：

企业应当在资产负债表日按照交易性金融资产公允价值高于其账面余额的差额，借记"交易性金融资产——公允价值变动"科目，贷记"公允价值变动损益"科目；公允价值低于其账面余额的差额作相反的会计分录。

6 月 30 日，所持乙公司股票的公允价值为 2 550 万元，高于初始投资成本 2 450 万元，差额 100 万元，相关会计分录为：

借：交易性金融资产——公允价值变动　　　　　　　　　　100

　　贷：公允价值变动损益　　　　　　　　　　　　　　　　100

4. 根据资料（1）至（3），下列各项中，甲公司出售乙公司股票相关会计处理结果表述正确的是（　　）。

A. 其他货币资金增加 2 700 万元

B. 投资净收益增加 250 万元

C. 交易性金融资产（成本）减少 2 500 万元

D. 转让金融商品应交增值税税额增加 11.32 万元

【答案】A、D

【解析】选项 A 正确，转让乙公司股票取得价款 2 700 万元，存入投资款专户，应借记"其他货币资金——存出投资款"科目 2 700 万元。选项 B 错误，投资收益包含两部分：一是出售时的售价 2 700 万元与结转的账面价值（成本 2 450 万元 + 公允价值变动 100 万元）的差额 150 万元，在贷方；二是出售时应交的增值税 11.32 万元，在借方；两者合计得投资净收益增加 138.68 万元。选项 C 错误，出售时，应将"交易性金融资产"名下的明细科目全部冲减，结合第 1 小题，此时应贷记"交易性金融资产——成本"科目 2 450 万元。选项 D 正确，确认转让该金融商品应交增值税 11.32 万元，应借记"投资收益"科目 11.32 万元，贷记"应交税费——转让金融商品应交增值税"科目 11.32 万元。

会计分录如下：

借：其他货币资金——存出投资款 2 700

　　贷：交易性金融资产——成本 2 450

　　　　　　　　　　——公允价值变动 100

　　　　投资收益 150

借：投资收益 11.32

　　贷：应交税费——转让金融商品应交增值税 11.32

考点三 短期投资的核算★

按照《小企业会计准则》的相关规定，小企业购入的能随时变现并且持有时间不准备超过 1 年（含 1 年）的投资应设置"短期投资"科目核算。

【新东方提示】

　　该科目应按照股票、债券、基金等短期投资种类进行明细核算。该科目为流动资产类科目，小企业取得短期投资记入该科目的借方；出售短期投资记入该科目的贷方；该科目期末借方余额，反映小企业持有的短期投资成本。

（一）取得短期投资的账务处理

小企业购入各种股票、债券、基金等作为短期投资的，应当按照实际支付的购买价款和相关税费，借记"短期投资"科目，贷记"银行存款"科目。

1. 小企业购入股票作为短期投资的，如果实际支付的购买价款中包含已宣告但尚未发放的现金股利，应当按照实际支付的购买价款和相关税费扣除已宣告但尚未发放的现金股利后的金额，借记"短期投资"科目，按照应收的现金股利，借记"应收股利"科目，按照实际支付的购买价款和相关税费，贷记"银行存款"科目。

2. 小企业购入债券作为短期投资的，如果实际支付的购买价款中包含已到付息期但尚未领取的债券利息，应当按照实际支付的购买价款和相关税费扣除已到付息期但尚未领取的债券利息后的金额，借记"短期投资"科目，按照应收的债券利息，借记"应收利息"科目，按照实际支付的购买价款和相关税费，贷记"银行存款"科目。

（二）短期投资持有期间的账务处理

在短期投资持有期间，被投资单位宣告分派现金股利时，借记"应收股利"科目，贷记"投资收益"科目。

在债务人应付利息日，按照分期付息、一次还本债券投资的票面利率计算的利息收入，借记"应收利息"科目，贷记"投资收益"科目。

（三）出售短期投资的账务处理

出售短期投资，应当按照实际收到的出售价款，借记"银行存款"或"库存现金"科目，按照该项短期投资的账面余额，贷记"短期投资"科目，按照尚未收到的现金股利或债券利息，贷记"应收股利"或"应收利息"科目，按照其差额，贷记或借记"投资收益"科目。

第三单元　应收及预付款项

应收及预付款项是指企业在日常生产经营过程中发生的各项债权，包括应收款项和预付款项。其中，应收款项包括应收票据、应收账款、应收股利、应收利息和其他应收款等；预付款项是指企业按照合同规定预付的款项，如预付账款等。

考点一　应收票据★★

一、应收票据概述

应收票据是指企业因销售商品、提供服务等而收到的商业汇票。

商业汇票是一种由出票人签发的，委托付款人在指定日期无条件支付确定金额给收款人或者持票人的票据。

商业汇票根据承兑人不同，分为商业承兑汇票和银行承兑汇票。

商业汇票的付款期限，最长不得超过6个月。

【新东方提示】

各类票据的总结如表3-4所示。

表3-4　各类票据的总结

票据类型	支付特点	核算科目
银行汇票	见票即付	其他货币资金——银行汇票、银行存款
银行本票		其他货币资金——银行本票、银行存款
支票		银行存款
商业汇票（商业承兑汇票和银行承兑汇票）	延期付款	应收票据、应付票据

二、应收票据的账务处理

为了反映和监督应收票据的取得、票款收回等情况，企业应当设置"应收票据"科目，借方登记取得的应收票据的面值，贷方登记到期收回票款或到期前向银行贴现的应收票据的票面金额，期末余额在借方，反映企业持有的商业汇票的票面金额。

（一）取得应收票据和收回到期票款

应收票据取得的原因不同，其账务处理也有所区别。

1. 因企业销售商品、提供服务等而收到开出、承兑的商业汇票

借：应收票据

　　贷：主营业务收入

　　　　应交税费——应交增值税（销项税额）

商业汇票到期收回款项时：

借：银行存款

　　贷：应收票据

2. 因债务人抵偿前欠货款而取得的应收票据

借：应收票据

　　贷：应收账款

【例题·单选题】（2019年）下列各项中，应借记"应收票据"科目的是（ ）。

A. 提供服务收到商业承兑汇票　　B. 销售材料收到银行汇票

C. 提供服务收到银行本票　　D. 销售商品收到转账支票

【答案】A

【解析】选项A正确，应收票据是指企业因销售商品、提供服务等而收到的商业汇票，包括商业承兑汇票和银行承兑汇票；选项B、C，销售材料收到银行汇票、提供服务收到银行本票，均通过"银行存款"科目核算；选项D，销售商品收到转账支票应通过"银行存款"科目核算。

（二）转让应收票据

借：在途物资/原材料/材料采购/库存商品【取得物资成本】

　　　应交税费——应交增值税（进项税额）

　　　贷：应收票据【商业汇票票面金额】

　　　　　银行存款【可借可贷】

【新东方提示】

实务中，企业可以将自己持有的商业汇票背书转让。背书是指在票据背面或者粘单上记载有关事项并签章的票据行为。背书转让的，背书人应当承担票据责任。

（三）票据贴现

对于票据贴现，企业通常应按实际收到的金额，借记"银行存款"科目，按应收票据的票面金额，贷记"应收票据"科目，按其差额，借记或贷记"财务费用"科目。

应收票据贴现的账务处理：

借：银行存款

　　财务费用【票据贴现的利息】

　　贷：应收票据

【新东方提示】

票据贴现是票据尚未到期，持票人急需用钱，转让予银行，提前套现。假设100万元的票据，提前贴现也就能拿回来95万元，少拿回来的5万元，算作融资费用，计入财务费用。

【例题·单选题】（2022年）通过"应收票据"科目核算的是（   ）。

A. 提供服务收到的银行汇票
B. 销售商品收到的转账支票
C. 销售商品收到的银行本票
D. 销售商品收到的商业承兑汇票

【答案】D

【解析】选项D正确，应收票据是指企业因销售商品、提供服务等而收到的商业汇票。根据承兑人不同，商业汇票分为商业承兑汇票和银行承兑汇票。提供服务收到的银行汇票（选项A错误）、销售商品收到的转账支票（选项B错误）、销售商品收到的银行本票（选项C错误）均应计入"银行存款"科目借方。

考点二 应收账款★★★

一、应收账款概述

应收账款是指企业因销售商品、提供服务等经营活动，应向购货单位或接受服务单位收取的款项，主要包括企业销售商品或提供服务等应向有关债务人收取的价款、增值税及代购货单位垫付的包装费、运杂费等。

二、应收账款的账务处理

企业应设置"应收账款"科目，不单独设置"预收账款"科目的企业，预收的账款也在"应收账款"科目核算。"应收账款"科目的借方登记应收账款的增加，贷方登记应收账款的收回及确认的坏账损失，期末余额一般在借方，反映企业尚未收回的应收账款。如果期末余额在贷方，则一般反映企业预收的账款。

（一）赊销商品，确认应收账款

借：应收账款
    贷：主营业务收入
        应交税费——应交增值税（销项税额）

（二）收到款项，冲销应收账款

借：银行存款
    贷：应收账款

【新东方提示】

　　应收账款的账务处理，如图 3-4 所示。

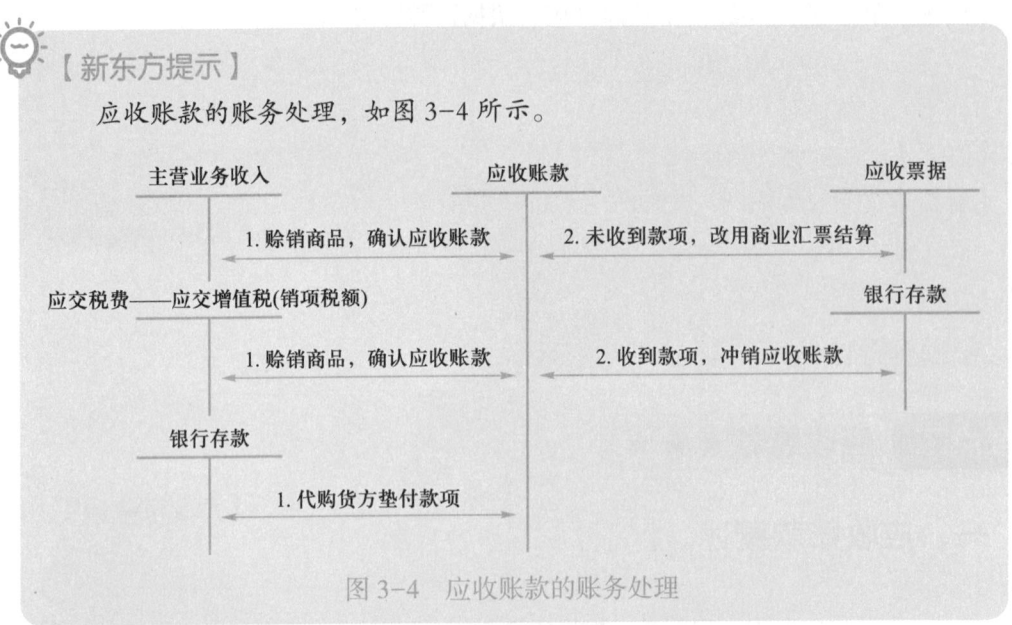

图 3-4　应收账款的账务处理

【例题·单选题】（2022 年）应通过"应收账款"科目核算的是（　　）。

A. 销售商品代购货单位垫付的运杂费　　B. 短期租入包装物支付的押金

C. 应收保险公司赔款　　D. 代职工垫付应由其个人负担的医疗费

【答案】A

【解析】应收账款的入账价值包括企业销售商品或提供服务等应向有关债务人收取的价款、增值税，以及代购货单位垫付的包装费、运杂费等（选项 A 正确）。其他应收款是指企业除应收票据、应收账款、预付账款、应收股利和应收利息以外的其他各种应收及暂付款项。其主要内容包括：应收的各种赔款、罚款，如因企业财产等遭受意外损失而应向有关保险公司收取的赔款等（选项 C 错误）；应收的出租包装物租金；应向职工收取的各种垫付款项，如为职工垫付的水电费、应由职工负担的医药费（选项 D 错误）、房租费等；存出保证金，如租入包装物支付的押金（选项 B 错误）；其他各种应收、暂付款项。

【例题·单选题】（2020 年）甲公司为增值税一般纳税人，向乙公司销售商品一批，商品价款 20 万元、增值税税额 2.6 万元；以银行存款支付代垫运费 1 万元、增值税税额 0.09 万元，上述业务均已开具增值税专用发票，全部款项尚未收到。不考虑其他因素，甲公司应收账款的入账金额为（　　）万元。

A. 21　　B. 22.6　　C. 23.69　　D. 20

【答案】C

【解析】选项 C 正确，应收账款是指企业因销售商品、提供服务等经营活动，应向购货单位或接受服务单位收取的款项，主要包括企业销售商品或提供服务等应向有关债务人收取的价款、增值税及代购货单位垫付的包装费、运杂费及对应的增值税等。故甲公司应收账款的入账金额＝20＋2.6＋1＋0.09＝23.69（万元）。

【例题·单选题】（2018年）某企业采用托收承付结算方式销售商品，增值税专用发票上注明的价款为500万元，增值税税额为65万元，代购货方垫付包装费2万元、运输费3万元（含增值税），已办妥托收手续。不考虑其他因素，该企业应确认的应收账款的金额为（　　）万元。

A. 565 　　　　　 B. 505 　　　　　 C. 570 　　　　　 D. 572

【答案】C

【解析】选项C正确，该企业应确认的应收账款的金额＝500＋65＋2＋3＝570（万元）。

考点三 预付账款★★

预付账款

预付账款是指企业按照合同规定预付的款项。如预付的材料、商品采购款，在建工程价款等。

为了反映和监督预付账款的增减变动及其结存情况，企业应当设置"预付账款"科目。"预付账款"科目的借方登记预付的款项及补付的款项，贷方登记收到所购物资时根据有关发票账单记入"原材料"等科目的金额及收回多付款项的金额，期末余额在借方，反映企业实际预付的款项；如果期末余额在贷方，则反映企业应付或应补付的款项。

具体账务处理如下：

（一）企业向供应单位预付款项

借：预付账款

　　贷：银行存款

（二）企业收到所购物资

借：原材料、库存商品等

　　应交税费——应交增值税（进项税额）

　　　贷：预付账款

（三）补付或收回多付款项

借：预付账款

　　贷：银行存款

或反之。

【新东方提示】

预付款项情况不多的企业，可以不设置"预付账款"科目，而直接通过"应付账款"科目核算。

【例题·判断题】（2018年）企业日常核算中不设置"预付账款"账户，期末编制资产负债表时不需要填列"预付款项"项目。（   ）

【答案】×

【解析】预付款项情况不多的企业，可以不设置"预付账款"科目，而将预付的款项通过"应付账款"科目核算，但在期末编制资产负债表时仍要将"应付账款"所属明细科目借方的余额填列在"预付款项"项目中。

考点四 应收股利和应收利息★

一、应收股利

应收股利是指企业应收取的现金股利或应收取其他单位分配的利润。

为了反映和监督应收股利的增减变动及其结存情况，企业应设置"应收股利"科目。"应收股利"科目的借方登记应收现金股利或利润的增加，贷方登记收到的现金股利或利润，期末余额一般在借方，反映企业尚未收到的现金股利或利润。"应收股利"科目应当按照被投资单位设置明细科目进行核算。

企业在持有以公允价值计量且其变动计入当期损益的金融资产（交易性金融资产）期间，被投资单位宣告发放现金股利，按应享有的份额作如下的账务处理：

借：应收股利

　　贷：投资收益

实际收到股利时：

借：其他货币资金——存出投资款/银行存款

　　贷：应收股利

二、应收利息

应收利息是指企业根据合同或协议规定应向债务人收取的利息。

为了反映和监督应收利息的增减变动及其结存情况，企业应设置"应收利息"科目。"应收利息"科目的借方登记应收利息的增加，贷方登记收到的利息，期末余额一般在借方，反映企业尚未收到的利息。"应收利息"科目应当按照借款人或被投资单位设置明细科目进行核算。

账务处理如下所示：

借：应收利息

　　贷：投资收益等

考点五 其他应收款 ★★★

其他应收款是指企业除应收票据、应收账款、预付账款、应收股利和应收利息以外的其他各种应收及暂付款项。

为了反映和监督其他应收款的增减变动及其结存情况，企业应当设置"其他应收款"科目进行核算。"其他应收款"科目的借方登记其他应收款的增加，贷方登记其他应收款的收回，期末余额一般在借方，反映企业尚未收回的其他应收款项。"其他应收款"科目应当按照对方单位（或个人）设置明细科目进行核算。

企业发生各种其他应收款项时，应借记"其他应收款"科目，贷记"库存现金""银行存款""固定资产清理"等科目。收回其他各种应收款项时，借记"库存现金""银行存款""应付职工薪酬"等科目，贷记"其他应收款"科目。

其他应收款的核算内容如表3-5所示。

表3-5 其他应收款的核算内容

核算内容	关键要点	会计分录
（1）应收的各种赔款、罚款，如因企业财产等遭受意外损失而应向有关保险公司收取的赔款等	责任人赔偿	借：其他应收款 　　贷：待处理财产损溢
（2）应收的出租包装物租金	出租包装物租金未收形成的债权	借：其他应收款 　　贷：其他业务收入
（3）应向职工收取的各种垫付款项，如为职工垫付的水电费、应由职工负担的医药费、房租费等	为职工垫付款项（注意区分销售商品垫付的款项）	垫款时： 借：其他应收款 　　贷：银行存款 扣款时： 借：应付职工薪酬 　　贷：其他应收款
（4）存出保证金，如租入包装物支付的押金	支付的押金	借：其他应收款 　　贷：银行存款

续表

核算内容	关键要点	会计分录
（5）预借给企业各内部单位的备用金及备用金报销	预借差旅费	预借时： 借：其他应收款 　　贷：银行存款 报销时： 借：管理费用等 　　贷：其他应收款

【例题·单选题】（2022年）下列各项中，企业应通过"其他应收款"核算的是（　　）。

A. 租入包装物支付的押金　　　　B. 销售商品收到的银行承兑汇票

C. 应收销售商品的货款　　　　　D. 销售商品为客户垫付的运费

【答案】A

【解析】选项B错误，销售商品收到的银行承兑汇票计入应收票据；选项C错误，应收销售商品的货款计入应收账款；选项D错误，销售商品为客户垫付的运费计入应收账款。

考点六 应收款项减值★★★

应收款项减值损失的确认

企业的各项应收款项，可能会因债务人拒付、破产、死亡等信用缺失原因而使部分或全部无法收回。这类无法收回的应收款项通常称为坏账。企业因坏账而遭受的损失为坏账损失。

应收款项减值有两种核算方法，即直接转销法和备抵法，我国企业会计准则规定，应收款项减值的核算应采用备抵法。

【新东方提示】

小企业会计准则规定，应收款项减值采用直接转销法。

（一）直接转销法

日常核算中应收款项可能发生的坏账损失不进行会计处理，只有在实际发生坏账时，才作为坏账损失计入当期损益，同时直接冲销应收款项。

1. 坏账损失的确认

小企业应收及预付款项符合下列条件之一的，减除可收回的金额后确认的无法收回的应收及预付款项，作为坏账损失：

（1）债务人依法宣告破产、关闭、解散、被撤销，或者被依法注销、吊销营业执照，其清算财产不足清偿的；

（2）债务人死亡，或者依法被宣告失踪、死亡，其财产或者遗产不足清偿的；

（3）债务人逾期 3 年以上未清偿，且有确凿证据证明已无力清偿债务的；

（4）与债务人达成债务重组协议或法院批准破产重整计划后，无法追偿的；

（5）因自然灾害、战争等不可抗力导致无法收回的；

（6）国务院财政、税务主管部门规定的其他条件。

2. 坏账损失的账务处理

按照小企业会计准则规定确认应收账款实际发生的坏账损失，应当按照可收回的金额，借记"银行存款"等科目，按照其账面余额，贷记"应收账款"等科目，按照其差额，借记"营业外支出——坏账损失"科目。

3. 直接转销法优缺点

直接转销法优点：账务处理简单。

直接转销法缺点：不符合权责发生制原则，也与资产定义存在一定的冲突。

【新东方提示】

　　在这种方法下，只有坏账实际发生时，才将其确认为当期损益，导致资产不实、各期损益不实；另外，在资产负债表上，应收账款是按账面余额而不是按账面价值反映，在一定程度上高估了期末的应收款项。

（二）备抵法

备抵法是采用一定的方法按期确定预期信用损失计入当期损益，作为坏账准备，待坏账损失实际发生时，冲销已计提的坏账准备和相应的应收款项。采用这种方法，需要对预期信用损失进行复杂的评估和判断，履行预期信用损失的确定程序。

1. 预期信用损失的概念

预期信用损失，是指以发生违约的风险为权重的金融工具信用损失的加权平均值。信用损失，是指企业按照实际利率折现的、根据合同应收的所有合同现金流量与预期收取的所有现金流量之间的差额。

2. 预期信用损失的确定方法

企业对于《企业会计准则第 14 号——收入》规范的交易形成且不含重大融资成分的应收款项，始终按照相当于整个存续期内预期信用损失的金额计量其损失准备。

3. 坏账准备的科目设置

企业应当设置"坏账准备"科目，核算应收款项的坏账准备计提、转销等事项。"坏账准备"科目的贷方登记当期计提的坏账准备、收回已转销的应收账款而恢复的坏账准备，借方登记实际发生的坏账损失金额和冲减的坏账准备金额，期末贷方余额，反映企业已计提但尚未转销的坏账准备。

【新东方提示】

应收账款账面价值＝应收账款账户余额－坏账准备账户余额。

坏账准备可按以下公式计算：

当期应计提的坏账准备＝当期按应收款项计算的坏账准备金额－

"坏账准备"科目的贷方余额（＋借方余额）

结果为正数，即为补提的坏账准备。

结果为负数，转回多提的坏账准备。

【新东方提示】

应收款项采用备抵法核算信用减值损失，优点是符合权责发生制和会计谨慎性要求，在资产负债表中列示应收款项的净额，使财务报表使用者能了解企业应收款项预期可收回的金额和谨慎的财务状况；在利润表中作为营业利润项目列示，有利于落实企业管理者的经管责任。

缺点是预期信用损失的估计需要考虑的因素众多，且有部分估计因素带有一定的主观性，对会计职业判断的要求较高，可能导致预期信用损失的确定不够准确、客观；此外，预期信用减值损失影响各期营业利润金额的计算与确定，客观存在企业管理者平滑利润进行盈余管理甚至利润操纵与舞弊的可能性，增加会计职业风险。

4. 坏账准备的账务处理

坏账准备的账务处理如表3-6所示。

表3-6　坏账准备的账务处理

具体业务流程	会计分录
（1）计提或补提坏账准备时	借：信用减值损失——计提的坏账准备 　　贷：坏账准备
（2）冲减多计提的坏账准备时 【与（1）的分录相反】	借：坏账准备 　　贷：信用减值损失——计提的坏账准备

续表

具体业务流程	会计分录
（3）实际发生坏账损失、转销坏账时	借：坏账准备 　贷：应收账款等
（4）已确认并转销的应收款项以后又收回时	借：应收账款等【恢复债权】 　贷：坏账准备 借：银行存款【收回债权】 　贷：应收账款等

【新东方提示】

（1）坏账准备的账务处理：须重点掌握计提坏账准备以及实际发生坏账的账务处理。另外，冲销坏账准备就是将计提坏账准备的账务处理反向，因为都是估计可能的坏账，没那么准，可能要调整。对已注销的坏账收回，是将实际发生坏账反向处理，把原来实际发生的坏账时所做的会计处理反向即可。

（2）考核形式：坏账准备的账务处理的部分或全部考核。

5. 应收账款的账面价值

（1）资产的账面价值 = 资产账户余额 − 资产备抵账户余额

（2）具体而言：应收账款账面价值 = 应收账款账户余额 − 坏账准备账户余额

（3）影响应收账款账面价值的具体业务如表 3-7 所示。

表 3-7　影响应收账款账面价值的具体业务

具体业务	账务处理	对应收账款账面价值的影响
（1）计提或补提坏账准备时	借：信用减值损失 　贷：坏账准备	账面价值降低
（2）冲减多计提的坏账准备时	借：坏账准备 　贷：信用减值损失	账面价值增加
（3）实际发生坏账损失、转销坏账时	借：坏账准备 　贷：应收账款	账面价值不变
（4）已确认并转销的应收款项又收回时	借：应收账款【恢复债权】 　贷：坏账准备 借：银行存款【收回债权】 　贷：应收账款	账面价值降低

【例题·单选题】（2022年）2021年12月，某企业"坏账准备"科目贷方余额为50万元，本月发生坏账损失30万元。12月31日，确定本期预期信用损失为80万元。2021年12月31日应计提的坏账准备金额为（　　）万元

A. 30 　　　　　B. 60 　　　　　C. 80 　　　　　D. 0

【答案】B

【解析】选项B正确，应计提的坏账准备金额＝应有坏账准备金额－已有坏账准备金额＝80－（50－30）＝60（万元）。

【新东方提示】

（1）坏账准备本质就是对于可能会坏的债权（可能收不回的债权）做的"心理准备"。

（2）围绕坏账准备账户的四项账务处理展开考核，核心备考思路即为掌握会计分录，重点掌握"（1）计提或补提坏账准备时"的分录和"（3）实际发生坏账损失、转销坏账时"分录即可。

（3）计算"计提坏账准备的金额"的问题通常需要画出"坏账准备"T型账。

（4）账面价值计算公式，本质而言就是资产在账面上值多少钱，考核影响账面价值的因素。

【例题·不定项选择题】（2019年改编）甲公司为增值税一般纳税人，存货按实际成本进行日常核算。2019年12月初"应收账款"科目借方余额800 000元（各明细科目无贷方余额），"应收票据"科目借方余额292 200元，"坏账准备——应收账款"科目贷方余额80 000元。

2019年12月甲公司发生如下经济业务：

（1）10日，采用委托收款方式向乙公司销售一批商品，发出的商品满足收入确认条件，开具的增值税专用发票上注明价款为500 000元，增值税税额为65 000元；用银行存款为乙公司垫付运费40 000元，增值税税额为3 600元，上述全部款项至月末尚未收到。

（2）18日，购入一批原材料，取得的增值税专用发票上注明的价款为260 000元，增值税税额为33 800元，材料已验收入库。甲公司背书转让面值292 200元、不带息的银行承兑汇票结算购料款，不足部分以银行存款补付。

（3）25日，因丙公司破产，应收丙公司账款400 000元不能收回，经批准确认为坏账并予以核销。

（4）31日，经评估计算，甲公司"坏账准备——应收账款"科目应保持的贷方余额为102 400元。

要求：根据上述资料，不考虑其他因素，分析回答下列小题（答案中的金额单位用元

表示）。

1. 根据资料（1），下列各项中，甲公司销售商品确认的应收账款为（ ）元。

A. 608 600　　　　B. 605 000　　　　C. 540 000　　　　D. 565 000

【答案】A

【解析】选项 A 正确，甲公司向乙公司销售商品确认的应收账款为 500 000＋65 000＋40 000＋3 600＝608 600（元）。相关会计分录如下：

借：应收账款——乙公司　　　　　　　　　　　608 600

　　贷：主营业务收入　　　　　　　　　　　　　　500 000

　　　　应交税费——应交增值税（销项税额）　　 65 000

　　　　银行存款　　　　　　　　　　　　　　　　 43 600

2. 根据资料（2），下列各项中，甲公司采购材料相关会计科目处理正确的是（ ）。

A. 贷记"银行存款"科目 1 600 元　　　B. 贷记"应收票据"科目 292 200 元

C. 贷记"应收票据"科目 293 800 元　　D. 借记"原材料"科目 260 000 元

【答案】A、B、D

【解析】选项 A、B、D 正确，甲公司采购原材料的相关会计分录如下：

借：原材料　　　　　　　　　　　　　　　　　260 000

　　应交税费——应交增值税（进项税额）　　　 33 800

　　贷：应收票据　　　　　　　　　　　　　　　292 200

　　　　银行存款　　　　　　　　　　　　　　　　1 600

3. 根据资料（3），下列各项中，甲公司核销坏账的会计处理正确的是（ ）。

A. 借：信用减值损失——计提的坏账准备　　　　400 000

　　　贷：应收账款——丙公司　　　　　　　　　　400 000

B. 借：坏账准备——应收账款　　　　　　　　　400 000

　　　贷：信用减值损失——计提的坏账准备　　　　400 000

C. 借：信用减值损失——计提的坏账准备　　　　400 000

　　　贷：坏账准备——应收账款　　　　　　　　　400 000

D. 借：坏账准备——应收账款　　　　　　　　　400 000

　　　贷：应收账款——丙公司　　　　　　　　　　400 000

【答案】D

【解析】选项 D 正确，企业确实无法收回的应收款项按管理权限报经批准后作为坏账转销时，应当冲减已计提的坏账准备。企业实际发生坏账损失时，借记"坏账准备"科目，贷记"应收账款"等科目。

4. 根据期初资料、资料（1）至（4），下列各项中，关于甲公司 12 月末坏账准备会计处理表述正确的是（ ）。

A. 计提坏账准备前，"坏账准备——应收账款"科目为贷方余额 80 000 元

B. 本年末应计提坏账准备的金额为 422 400 元

C. 计提坏账准备前，"坏账准备——应收账款"科目为借方余额 320 000 元

D. 本年末应计提坏账准备的金额为 102 400 元

【答案】B、C

【解析】选项 A 错误、选项 C 正确，计提坏账准备前，"坏账准备——应收账款"科目余额＝期初"坏账准备——应收账款"科目贷方余额＋本期"坏账准备——应收账款"科目增加额－本期"坏账准备——应收账款"科目减少额＝80 000（期初资料）+0－400 000（资料 3）=－320 000（元），故"坏账准备——应收账款"科目为借方余额 320 000 元；选项 B 正确、选项 D 错误，本年末应计提坏账准备的金额＝期末应有贷方余额－计提前贷方已有金额＝102 400－（－320 000）=422 400（元）。

第四单元　存　　货

考点一　存货概述★

存货的概念

存货，是指企业在日常活动中持有以备出售的产品或商品、处在生产过程中的在产品、在生产过程或提供劳务过程中储备的材料和物料等。企业持有存货的最终目的是为了销售，包括可供直接销售的商品和需要经过进一步加工后销售的原材料、在产品等，以及在生产经营管理过程中使用的包装物和低值易耗品等。

存货的内容

存货的内容主要包括原材料、在产品、半成品、产成品、商品及周转材料、委托代销商品等，如表 3-8 所示。

表 3-8　存货的内容

内容	含义
原材料	是指企业在生产过程中经加工改变其形态或性质并构成产品主要实体的各种原料及主要材料、辅助材料、外购半成品（外购件）、修理用备件（备品备件）、包装材料、燃料等
在产品	是指企业正在制造尚未完工的生产物，包括正在各个生产工序加工的产品和已加工完毕但尚未检验或已检验但尚未办理入库手续的产品

续表

内容	含义
半成品	是指经过一定生产过程并已检验合格交付半成品仓库保管，但尚未制造完工，仍需进一步加工的中间产品
产成品	是指企业已经完成全部生产过程并已验收入库，可以按照合同规定的条件送交订货单位，或者可以作为商品对外销售的产品。企业接受来料加工制造的代制品和为外单位加工修理的代修品，制造和修理完成验收入库后，应视同企业的产成品
商品	是指商品流通企业外购或委托加工完成验收入库用于销售的各种商品
包装物	是指为了包装本企业的商品而储备的各种包装容器，如桶、箱、瓶、坛、袋等。其主要作用是盛装、装潢产品或商品
低值易耗品	是指不能作为固定资产核算的各种用具物品，如各种工具、管理用具、玻璃器皿、劳动保护用品以及在经营过程中周转使用的容器等。其特点是单位价值较低，或相对于固定资产使用期限较短，在使用过程中保持其原有实物形态基本不变

考点二 存货的初始计量★★★

存货应当按照成本进行初始计量。存货成本包括采购成本、加工成本和其他成本以及自制存货成本等。

一、存货的采购成本

企业的外购存货主要包括原材料和商品。存货的采购成本，包括购买价款、相关税费、运输费、装卸费、保险费以及其他可归属于存货采购成本的费用，如表3-9所示。

表3-9　存货的采购成本

采购成本构成项目	关键理解	易错提示
存货的购买价款是指企业购入的材料或商品的发票账单上列明的价款，但不包括按照规定可以抵扣的增值税进项税额	价	可以抵扣的增值税进项税额，记账通过"应交税费——应交增值税（进项税额）"进行登记，那自然就不用计入资产账户
存货的相关税费是指企业购买存货发生的进口关税、消费税、资源税和不能抵扣的增值税进项税额以及相应的教育费附加等应计入存货采购成本的税费	税	不能抵扣的增值税进项税额，因无法抵扣，记账没法进"应交税费——应交增值税（进项税额）"进行抵扣，又要在账上反映，那只能放到资产成本

续表

采购成本构成项目	关键理解	易错提示
其他可归属于存货采购成本的费用是指采购成本中除上述各项以外的可归属于存货采购的费用，如在存货采购过程中发生的仓储费、包装费、运输途中的合理损耗、入库前的挑选整理费用等	费	兜底项目：把握原则是入库前的费用，可归属于存货采购成本的费用

【新东方提示】

（1）运输途中的合理损耗，是指商品在运输过程中，因商品性质、自然条件及技术设备等因素，所发生的自然的或不可避免的损耗。例如，汽车在运输煤炭、化肥等的过程中自然散落以及易挥发产品在运输过程中的自然挥发。

（2）合理损耗在考试中主要体现的是合理损耗不影响一批存货的总采购成本，但是会提高存货的单位采购成本。

（3）不同纳税人支付的增值税的账务处理

一般纳税人支付的增值税：可抵扣，计入应交税费——应交增值税（进项税额）；

小规模纳税人支付的增值税：不可抵扣，计入存货的采购成本。

（4）商品流通企业在采购商品过程中发生的运输费、装卸费、保险费以及其他可归属于存货采购成本的费用等进货费用，应当计入所购商品成本，也可以先进行归集，期末根据所购商品的存销情况进行分摊。对于已售商品的进货费用，计入主营业务成本；对于未售商品的进货费用，计入期末存货成本。企业采购商品的进货费用金额较小的，可以在发生时直接计入当期损益。

按照小企业会计准则规定，小企业（批发业、零售业）在购买商品过程中发生的费用（包括运输费、装卸费、包装费、保险费、运输途中的合理损耗和入库前的挑选整理费等），记入"销售费用"科目核算。

（5）其他特殊项目的账务处理，如表3-10所示。

表3-10 其他特殊项目的账务处理

特殊项目	账务处理
进口关税、消费税、资源税、不能抵扣的增值税进项税额、教育费附加等	计入存货成本
非正常消耗的直接材料、直接人工和制造费用，应在发生时计入当期损益，不应计入存货成本。	自然灾害等原因造成的原材料的净损失计入营业外支出

续表

特殊项目	账务处理
存货入库后发生的存储费用 （不包括在生产过程中为达到下一个阶段所必需的存储费用）	计入管理费用

（6）不能归属于使存货达到目前场所和状态的其他支出，应在发生时计入当期损益，不得计入存货成本。

【例题·多选题】（2022年）下列各项中，企业应计入存货成本的有（　　）。

A. 原材料采购途中发生的合理损耗

B. 周转材料发生的非生产过程仓储费用

C. 购买原材料支付的进口关税

D. 产品加工过程中发生的直接人工成本

【答案】A、C、D

【解析】选项A正确，原材料采购途中发生的合理损耗计入存货成本；选项B错误，周转材料发生的非生产过程仓储费用计入管理费用；选项C正确，购买原材料支付的进口关税计入存货成本；选项D正确，产品加工过程中发生的直接人工成本计入产品成本，最终计入存货成本。

【例题·单选题】（2020年）某企业为增值税一般纳税人，2019年9月购入一批原材料，增值税专用发票上注明的价款为50万元。增值税税额为6.5万元。款项已经支付。另以银行存款支付装卸费0.3万元（不考虑增值税）。入库时发生挑选整理费0.2万元。运输途中发生合理损耗0.1万元。不考虑其他因素。该批原材料的入账成本为（　　）万元。

A. 50.5　　　　　　B. 59　　　　　　C. 50.6　　　　　　D. 50.4

【答案】A

【解析】选项A正确。存货的采购成本包括购买价款、运输费、装卸费、保险费以及其他可归属于存货采购成本的费用。所以本题中原材料的入账成本＝50＋0.3＋0.2＝50.5（万元）。

二、存货的加工成本

存货的加工成本是指在存货的加工过程中发生的追加费用，包括直接人工以及按照一定方法分配的制造费用。直接人工是指企业在生产产品过程中发生的直接从事产品生产人

员的职工薪酬。制造费用是指企业为生产产品而发生的各项间接费用。

 【新东方提示】

　　存货加工成本，一般是在发生的采购材料的基础上进一步加工所产生的成本。

三、存货的其他成本

　　存货的其他成本是指除采购成本、加工成本以外的，使存货达到目前场所和状态所发生的其他支出，例如，设计产品发生的设计费用，其账务处理如表 3-11 所示。

表 3-11　设计产品发生的设计费用的账务处理

设计产品发生的设计费用一般 / 特殊情况	账务处理
一般情况：设计产品发生的设计费用	计入当期损益
特殊情况：为特定客户设计产品所发生的、可直接确定的设计费用	计入存货成本

四、企业自制存货的成本

　　企业自制的存货，包括自制原材料、自制包装物、自制低值易耗品、自制半成品及库存商品等，其成本包括直接材料、直接人工、制造费用等各项实际支出。

考点三　发出存货的计价方法★★

　　实务中，企业发出的存货可以按实际成本核算，也可以按计划成本核算。如采用计划成本核算，会计期末应调整为实际成本。发出存货的计价方法如表 3-12 所示。

表 3-12　发出存货的计价方法

发出存货的核算方式	具体方法
按计划成本核算	日常收发使用计划成本，期末应调整为实际成本
按实际成本核算	个别计价法 先进先出法 月末一次加权平均法 移动加权平均法

【新东方提示】

　　按照小企业会计准则规定，小企业应当采用先进先出法、加权平均法或者个别计价法确定发出存货的实际成本。计价方法一经选用，不得随意变更。

一、个别计价法

　　个别计价法是假设存货具体项目的实物流转与成本流转相一致，按照各种存货逐一辨认各批发出存货和期末存货所属的购进批别或生产批别，分别按其购入或生产时所确定的单位成本计算各批发出存货和期末存货的成本。即把每一种存货的实际成本作为计算发出存货成本和期末存货成本的基础。

　　个别计价法的成本计算准确，符合实际情况，但在存货收发频繁的情况下，其发出成本分辨的工作量较大。因此，这种方法通常适用于一般不能替代使用的存货、为特定项目专门购入或制造的存货以及提供的劳务，如珠宝、名画等贵重物品。

【新东方提示】

　　个别计价法就是"精准"，突出特点是逐一辨认。

二、先进先出法

　　先进先出法是指以先购入的存货应先发出（销售或耗用）这样一种存货实物流动假设为前提，对发出存货进行计价的一种方法。采用这种方法，先购入的存货成本在后购入存货成本之前转出，据此确定发出存货和期末存货的成本。【先购入，先发出】

【新东方提示】

　　先进先出法的具体方法是：收入存货时，逐笔登记收入存货的数量、单价和金额；发出存货时，按照先进先出的原则逐笔登记存货的发出成本和结存金额。

　　先进先出法可以随时结转存货发出成本，但较烦琐。如果存货收发业务较多、且存货单价不稳定时，其工作量较大。

　　在物价持续上升时，期末存货成本接近于市价，而发出成本偏低，会高估企业当期利润和库存存货价值；反之，会低估企业存货价值和当期利润。

　　【例题·单选题】（2022年）某企业采用先进先出法计算发出原材料的成本。2020年6月1日，甲材料结存100千克，每千克实际成本为200元；6月7日购入甲材料150千

克，每千克实际成本为220元；6月15日购入甲材料150千克，每千克实际成本为180元；6月20日发出甲材料400千克。6月份甲材料发出成本为（ ）元。

A. 72 000　　　　B. 80 000　　　　C. 88 000　　　　D. 82 000

【答案】B

【解析】选项B正确，由于采用先进先出法计算发出原材料的成本，先购进的材料先发出，所以该企业6月份甲材料的发出成本 = 100 × 200 + 150 × 220 + 150 × 180 = 80 000（元）。

【新东方提示】

　　考试中做题按照时间先后顺序来考虑，先购入先发出，画出时间轴，对应好批次数量与价格，可以快速算出结果。

三、月末一次加权平均法

月末一次加权平均法是指以本月全部进货数量加上月初存货数量作为权数，去除本月全部进货成本加上月初存货成本，计算出存货的加权平均单位成本，以此为基础计算本月发出存货的成本和期末结存存货的成本的一种方法。计算公式如下：

$$存货单位成本 = [月初结存存货成本 + \sum（本月各批进货的实际单位成本 ×$$
$$本月各批进货的数量）] ÷（月初结存存货的数量 +$$
$$本月各批进货数量之和）$$

$$本月发出存货的成本 = 本月发出存货的数量 × 存货单位成本$$

$$本月月末结存存货成本 = 月末结存存货的数量 × 存货单位成本$$

或：

$$本月月末结存存货成本 = 月初结存存货成本 + 本月购入存货成本 -$$
$$本月发出存货成本$$

月末一次加权平均法只在月末一次计算加权平均单价，可以简化成本计算工作。但由于月末一次计算加权平均单价和发出存货成本，不便于存货成本的日常管理与控制。

【新东方提示】

　　月末一次加权平均法的计算逻辑是：先算均价，再用均价 × 数量，数量方面自然包括发出数量和结存数量，对应就可以算出发出成本和结存成本；计算均价的频率是每月计算一次。

【例题·单选题】（2022年）甲企业存货发出计价采用月末一次加权平均法。2021年

9月1日原材料期初结存数量为2 000件，单价为2万元，9月5日，发出原材料1 500件；9月17日，购进原材料2 000件，单价2.2万元；9月27日，发出原材料1 000件。该企业9月30日结存原材料的实际成本为（　　）万元。

A. 3 150　　　　　B. 3 250　　　　　C. 3 300　　　　　D. 3 000

【答案】A

【解析】选项A正确，采用月末一次加权平均法，单位成本＝（2 000×2＋2 000×2.2）÷（2 000＋2 000）＝2.1（万元／件），期末留存数量＝2 000－1 500＋2 000－1 000＝1 500（件），结存原材料的实际成本＝2.1×1 500＝3 150（万元）。

四、移动加权平均法

移动加权平均法是指以每次进货的成本加上原有结存存货的成本的合计额，除以每次进货数量加上原有结存存货的数量的合计数，据以计算加权平均单位成本，作为在下次进货前计算各次发出存货成本依据的一种方法。

计算公式如下：

存货单位成本＝（原有结存存货成本＋本次进货的成本）÷

（原有结存存货数量＋本次进货数量）

本次发出存货的成本＝本次发出存货的数量 × 本次发货前存货的单位成本

本月月末结存存货成本＝月末结存存货的数量 × 本月月末存货单位成本

或：

本月月末结存存货成本＝月初结存存货成本＋本月购入存货成本－本月发出存货成本

采用移动加权平均法能够使企业管理层及时了解存货的结存情况，计算的平均单位成本以及发出和结存的存货成本比较客观。但由于每次收货都要计算一次平均单位成本，计算工作量较大，对收发货较频繁的企业不太适用。

【新东方提示】

移动加权平均法与月末一次加权平均法两种方法，它们的计算逻辑是相似的：先算均价，再用均价 × 数量，数量方面自然包括发出数量和结存数量，对应就可以算出发出成本和结存成本；只不过移动加权平均法计算均价的频率是每取得一批次存货计算一次。

考点四　原材料★★★

原材料是指企业生产过程中经过加工改变其形态或性质并构成产品主要实体的原料、

主要材料、外购半成品，和虽不构成产品实体但有助于产品形成的辅助材料。原材料包括各种原料及主要材料、辅助材料、外购半成品（外购件）、修理用备件（备品备件）、包装材料、燃料等。

原材料的日常收发及结存，可以采用实际成本核算，也可以采用计划成本核算。

【新东方提示】

原材料是资产的重要组成部分，其核算问题基本遵从资产核算的基本逻辑，也是从取得到发出，从"生"至"死"，原材料在账上走完了"它的一生"。此处主要探讨原材料的取得与使用的问题，也就是原材料的收与发，或者说原材料的增减问题。

一、采用实际成本核算

采用实际成本核算，对于材料的收入、发出及结存，无论总分类核算还是明细分类核算，均按照实际成本计价，不存在成本差异的计算与结转等问题，具有方法简单、核算程序简便易行等优点；但是采用实际成本核算，日常不能直接反映材料成本的节约或超支情况，不便于对材料等及时实施监督管理，不便于反映和考核材料物资采购、储存及其耗用等业务对经营成果的影响。因此，这种方法通常适用于材料收发业务较少、监督管理要求不高的企业。

（一）会计科目的设置

企业采用实际成本核算主要应设置的会计科目有"原材料""在途物资""应付账款"等科目。

"原材料"科目核算企业库存各种材料的收入、发出与结存情况，借方登记入库材料的实际成本，贷方登记发出材料的实际成本，期末余额在借方，反映企业库存材料的实际成本。"原材料"科目应按照材料的保管地点（仓库）、材料的类别、品种和规格等设置明细账进行明细核算。

"在途物资"科目核算企业采用实际成本（进价）进行材料、商品等物资的日常核算、价款已付尚未验收入库的各种物资（即在途物资）的采购成本，借方登记企业购入的在途物资的实际成本，贷方登记验收入库的在途物资的实际成本，期末余额在借方，反映企业在途物资的采购成本。"在途物资"科目应按照供应单位和物资品种设置明细账进行明细核算。

"应付账款"科目核算企业因购买材料、商品或接受劳务等经营活动应支付的款项，贷方登记企业因购入材料、商品或接受劳务等尚未支付的款项，借方登记支付的应付账款，期末余额一般在贷方，反映企业尚未支付的应付账款。"应付账款"科目应按照债权人设置明细科目进行明细核算。

（二）原材料按实际成本核算的账务处理

由于支付方式不同，原材料入库的时间与付款的时间可能存在不一致的情况，在账务处理上就有所不同。

1. 发票账单与材料同时到达

材料已验收入库，货款已付或已开出、承兑商业汇票。其账务处理如图3-5所示。

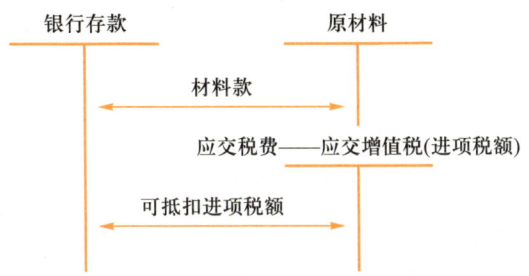

图 3-5　发票账单与材料同时到达的账务处理

借：原材料【已入库】
　　　应交税费——应交增值税（进项税额）
　　　　贷：银行存款／应付票据等

2. 发票账单已到、材料未到

货款已经支付或已开出、承兑商业汇票，材料尚未到达或未入库，其账务处理如图3-6所示。

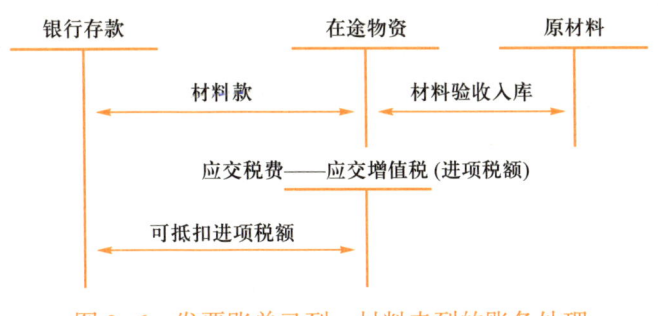

图 3-6　发票账单已到、材料未到的账务处理

材料尚未到达或尚未验收入库：
借：在途物资
　　　应交税费——应交增值税（进项税额）

　　　　贷：银行存款等

材料入库时：

借：原材料

　　贷：在途物资

　3. 材料已到、发票账单未到

在这种情况下，发票账单未到难以确定实际成本，期末应按照暂估价值先入账，在下月月初，用红字冲销原暂估入账金额，待收到发票账单后再按照实际金额记账。

即对于材料已到达并已验收入库，但发票账单等结算凭证未到，货款尚未支付的采购业务：

（1）应于月末按材料的暂估价值

借：原材料

　　贷：应付账款——暂估应付账款

（2）下月月初，用红字冲销原暂估入账金额

借：原材料（红字）

　　贷：应付账款——暂估应付账款（红字）

（3）发票账单到达时根据发票账单付款或开出、承兑商业汇票

借：原材料

　　应交税费——应交增值税（进项税额）

　　贷：银行存款/应付票据等

【新东方提示】

　　在未收到发票账单、缺少原始凭证的情况下，需要按照估计价值入账。其本质就是在资产层面：尽可能保证账实相符；在负债层面：保证负债的完整性，不能遗漏负债。

　4. 采用预付货款的方式采购材料，货款已经预付，材料尚未验收入库

采用预付货款的方式采购材料，其账务处理如图 3-7 所示。

账务处理如下所示。

（1）预付货款：

借：预付账款

　　贷：银行存款

（2）收到材料，注销预付：

借：原材料

　　应交税费——应交增值税（进项税额）

　　贷：预付账款【按照发票载明金额注销】

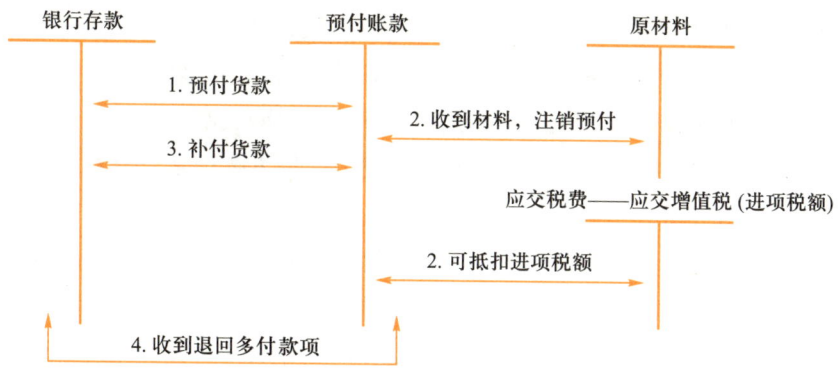

图 3-7 采用预付货款的方式采购材料的账务处理

（3）补付货款：

借：预付账款

　　贷：银行存款

（4）收到退回多付款项：

借：银行存款

　　贷：预付账款

【新东方提示】

预付账款账务处理思路：

第一步：预付；第二步：收到货物，注销预付；第三步：多退少补。

二、采用计划成本核算

采用计划成本核算材料时，材料的<u>收入</u>、<u>发出</u>及<u>结存</u>，无论是总分类核算还是明细分类核算，均按照<u>计划成本</u>计价。月末，计算本月发出材料应负担的成本差异并进行分摊，根据领用材料的用途计入相关资产的成本或者当期损益，从而将发出材料的计划成本调整为实际成本。

计划成本的设置目的是为了更好地控制成本，材料的核算需要预先做出计划，凡事预则立，不预则废。将材料的实际成本拆分为计划成本与材料成本差异，日常的收、发、存是按计划成本来进行处理的，期末再将计划成本调整成实际成本。

（一）会计科目的设置

企业应设置的会计科目有"原材料""材料采购""材料成本差异"等。

"材料采购"科目借方登记采购材料的实际成本，贷方登记入库材料的计划成本。借

方金额大于贷方金额表示超支，从"材料采购"科目贷方转入"材料成本差异"科目的借方；贷方金额大于借方金额表示节约，从"材料采购"科目借方转入"材料成本差异"科目的贷方；期末为借方余额，反映企业在途材料的实际采购成本。

"原材料"科目的借方登记入库材料的计划成本；贷方登记发出材料的计划成本；期末余额在借方，反映企业库存材料的计划成本。

"材料成本差异"科目反映企业已入库各种材料的实际成本与计划成本的差异，借方登记超支差异及发出材料应负担的节约差异，贷方登记节约差异及发出材料应负担的超支差异。期末如为借方余额，反映企业库存材料的实际成本大于计划成本的差异（即超支差异）；如为贷方余额，反映企业库存材料实际成本小于计划成本的差异（即节约差异）。

（二）原材料按计划成本核算的账务处理

原材料采用计划成本核算的账务处理如图3-8所示。

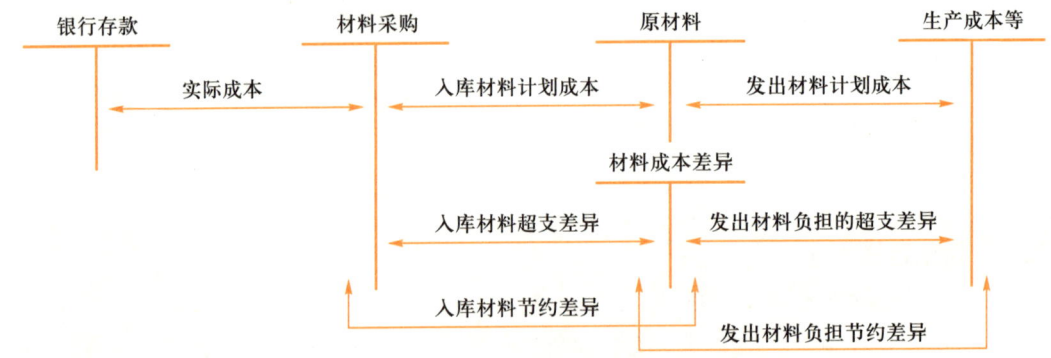

图3-8　原材料采用计划成本核算的账务处理

核算步骤：

1. 采购时，按实际成本记入"材料采购"账户借方。

借：材料采购【实际成本】

应交税费——应交增值税（进项税额）

贷：银行存款／应付账款等

 【新东方提示】

在原材料按照计划成本核算方式下，购入的材料无论是否验收入库，都要先通过"材料采购"科目进行核算，以反映企业所购材料的实际成本，从而与"原材料"科目相比较，计算确定材料成本差异。

2. 验收入库时，按计划成本记入"原材料"的借方，差额记入"材料成本差异"科目借方或贷方。

借：原材料【计划成本】

  贷：材料采购【实际成本】

    材料成本差异【借方或贷方，差异倒挤】

【新东方提示】

  本步骤分录体现的基本逻辑是反向注销材料采购的借方发生的实际成本。超支差记入"材料成本差异"的借方，节约差记入"材料成本差异"的贷方。

3. 平时发出材料时，一律用计划成本。

借：生产成本 / 制造费用 / 销售费用 / 管理费用 / 其他业务成本 / 委托加工物资等

  贷：原材料【计划成本】

4. 发出材料应负担的成本差异应当按期（月）分摊，不得在季末或年末一次计算。年度终了，企业应当对材料成本差异率进行核实调整。

材料成本差异率的计算公式如下：

（1）本月材料成本差异率 =（月初结存材料的成本差异 + 本月验收入库材料的成本差异）÷（月初结存材料的计划成本 + 本月验收入库材料的计划成本）× 100%【有正有负】

（2）本月发出材料应负担的成本差异 = 本月发出材料的计划成本 × 本月材料成本差异率

（3）发出材料的实际成本

    = 发出材料的的计划成本 + 发出材料应负担的成本差异

    = 发出材料的计划成本 ×（1 + 材料成本差异率）

（4）结存材料的实际成本

    = 结存材料的计划成本 + 结存材料应负担的成本差异

    = 结存材料的计划成本 ×（1 + 材料成本差异率）

如果是超支差异：

借：生产成本 / 制造费用 / 销售费用 / 管理费用 / 其他业务成本 / 委托加工物资等

  贷：材料成本差异

如果是节约差异：

借：材料成本差异

  贷：生产成本 / 制造费用 / 销售费用 / 管理费用 / 其他业务成本 / 委托加工物资等

【新东方提示】

  本步骤分录体现的基本逻辑是反向注销材料成本差异账户的发生额。

  本期材料成本差异率反映的本质是每一计划价值对应的差异额。材料成本差异中超支差为正数，节约差为负数。材料成本差异率有正负之分，为正数是超支差异，为负数是节约差异。

【例题·单选题】（2022年）甲公司对M原材料采用计划成本法进行核算。2020年12月初，结存的M材料的账面余额为30万元，该材料负担的节约差为2万元；本期购入M材料的实际成本为110万元，计划成本为120万元，当月发出M材料的计划成本为100万元。不考虑其他因素，甲公司2020年12月发出材料的实际成本为（　　）万元。

A. 100　　　　　B. 92　　　　　C. 108　　　　　D. 46

【答案】B

【解析】选项B正确，材料成本差异率=[−2+（110−120）]/（30+120）×100%＝−8%，所以发出材料的实际成本为=100×（1−8%）=92（万元）。

【例题·判断题】（2021年）企业原材料采用计划成本核算，购入原材料无论是否入库，其实际成本都应通过"材料采购"科目核算。（　　）

【答案】√

【例题·单选题】（2020年）某企业采用计划成本法进行材料核算，2019年8月1日，购入材料一批，取得增值税专用发票注明的价款为300 000元，增值税税额为39 000元，计划成本为320 000元。8月3日，材料运达并验收入库。不考虑其他因素，下列各项中，关于材料入库的会计处理正确的是（　　）。

A. 借：原材料　　　　　　　　　　　　　　　　　320 000
　　　贷：材料采购　　　　　　　　　　　　　　　　300 000
　　　　　材料成本差异　　　　　　　　　　　　　　 20 000

B. 借：原材料　　　　　　　　　　　　　　　　　300 000
　　　　材料成本差异　　　　　　　　　　　　　　 20 000
　　　贷：材料采购　　　　　　　　　　　　　　　　320 000

C. 借：原材料　　　　　　　　　　　　　　　　　300 000
　　　　材料成本差异　　　　　　　　　　　　　　 20 000
　　　贷：在途物资　　　　　　　　　　　　　　　　320 000

D. 借：原材料　　　　　　　　　　　　　　　　　300 000
　　　贷：在途物资　　　　　　　　　　　　　　　　300 000

【答案】A

【解析】选项A正确，应编制如下会计分录：

借：材料采购　　　　　　　　　　　　　　　　　300 000
　　应交税费——应交增值税（进项税额）　　　　　 39 000
　　贷：银行存款　　　　　　　　　　　　　　　　339 000

材料入库时：

借：原材料　　　　　　　　　　　　　　　　　　320 000
　　贷：材料采购　　　　　　　　　　　　　　　　300 000
　　　　材料成本差异　　　　　　　　　　　　　　 20 000

材料的实际成本为 300 000 元，计划成本为 320 000 元，实际成本比计划成本少 20 000 元（为节约差异），应记入"材料成本差异"科目的贷方。

【例题·单选题】（2020 年）企业采用计划成本法核算原材料，对于货款已付但尚未验收入库的在途材料，应计入的会计科目是（   ）。

A. 在途物资　　　B. 原材料　　　　C. 周转材料　　　D. 材料采购

【答案】D

【解析】选项 D 正确，在计划成本法下，购入的材料无论是否验收入库，都要先通过"材料采购"科目进行核算，以反映企业所购材料的实际成本，从而与"原材料"科目相比较，计算确定材料成本差异。

 【新东方提示】

原材料按计划成本核算关键步骤总结：

（1）总原则：日常材料收入、发出均使用计划成本，在"原材料"科目进行登记。

（2）具体处理思路如表 3-13 所示。

表 3-13　原材料按计划成本核算关键步骤总结

核算步骤	采购时 / 在途时	验收入库，形成差异	材料出库，结转差异
会计科目	材料采购	材料成本差异	材料成本差异
关键要点	借方登记实际成本	入库形成差异：借方超支，贷方节约；发出结转差异：反向结转	计算材料成本差异率；计算结转发出材料应负担的差异额

考点五 周转材料和库存商品 ★★★

一、周转材料

周转材料，是指企业能够多次使用，不符合固定资产定义，逐渐转移其价值但仍保持原有形态的材料物品。企业的周转材料包括包装物和低值易耗品，以及小企业（建筑业）的钢模板、木模板、脚手架等。

（一）包装物

为了反映和监督包装物的增减变动及其价值损耗、结存等情况，企业应当设置"周转材料——包装物"科目进行核算，借方登记包装物的增加，贷方登记包装物的减少，期末余额在借方，反映企业期末结存包装物的金额。包装物通过"周转材料——包装物"科目核算。

包装物的账务处理如表 3-14 所示。

表 3-14 包装物的账务处理

核算内容	会计分录	关键要点 （注意包装物成本费用去向）
生产领用包装物	借：生产成本 　贷：周转材料——包装物	按照用途计入成本费用项目
随同商品出售不单独计价的包装物	借：销售费用 　贷：周转材料——包装物	没单价，不确认收入，因为不能结转成本，包装物成本费用属于销售过程中发生的，因而作为销售费用
随同商品出售单独计价的包装物	① 确认收入 借：银行存款等 　贷：其他业务收入等 ② 同时，结转成本 借：其他业务成本 　贷：周转材料——包装物	有单价，需确认收入，结转成本，发生的包装物成本费用需确认为其他业务成本
出租给购买单位使用的包装物	① 发出 借：周转材料——包装物——出租包装物 　贷：周转材料——包装物——库存包装物 ② 收取押金 借：银行存款/库存现金等 　贷：其他应付款 ③ 收取租金 借：银行存款/库存现金/其他应收款等 　贷：其他业务收入 ④ 摊销成本时 借：其他业务成本 　贷：周转材料——包装物——包装物摊销 ⑤ 确认应由包装物负担的修理费用等支出 借：其他业务成本 　贷：银行存款/库存现金/原材料等 ⑥ 退还押金 借：其他应付款 　贷：银行存款/库存现金等	出租有租金，确认收入，结转成本，发生的包装物成本费用需确认为其他业务成本

续表

核算内容	会计分录	关键要点 （注意包装物成本费用去向）
出借给购买单位使用的包装物	① 发出 借：周转材料——包装物——出借包装物 　贷：周转材料——包装物——库存包装物 ② 收取押金 借：银行存款等 　贷：其他应付款 ③ 摊销成本时 借：销售费用 　贷：周转材料——包装物——包装物摊销 ④ 确认应由包装物负担的修理费用等支出 借：销售费用 　贷：银行存款 / 库存现金等	借给别人只收押金不收钱，不确认收入，不结转成本，包装物成本费用属于销售过程中发生的，因而作为销售费用

【例题·多选题】（2021 年）下列各项中，关于发出包装物的会计处理表述正确的有（　　）。

A. 随同商品销售单独计价包装物成本记入"其他业务成本"科目

B. 生产领用作为产品组成部分的包装物成本直接记入"生产成本"科目

C. 随同商品销售不单独计价包装物成本记入"销售费用"科目

D. 生产车间一般耗用包装物摊销额记入"制造费用"科目

【答案】A、B、C、D

【解析】选项 A 正确，随同商品出售单独计价的包装物的成本记入"其他业务成本"科目；选项 B 正确，生产领用作为产品组成部分的包装物的成本，直接记入"生产成本"科目；选项 C 正确，随同商品销售不单独计价包装物成本记入"销售费用"科目；选项 D 正确，生产车间一般耗用包装物摊销额记入"制造费用"科目。

（二）低值易耗品

低值易耗品，一般分为一般工具、专用工具、管理用具、替换设备、劳动保护用品和其他用具等。为了反映和监督低值易耗品的增减变动及其结存等情况，企业应当设置"周转材料——低值易耗品"科目，借方登记低值易耗品的增加，贷方登记低值易耗品的减少，期末余额在借方，通常反映企业期末结存的低值易耗品的金额。

二、库存商品

（一）库存商品的内容

库存商品是指企业完成全部生产过程并已验收入库、合乎标准规格和技术条件、可以按照合同规定的条件送交订货单位，或可以作为商品对外销售的产品以及外购或委托加工完成验收入库用于销售的各种商品。库存商品与代管商品的区分如表 3-15 所示。

表 3-15　库存商品与代管商品的区分

区分	具体内容
库存商品	包括库存产成品、外购商品，存放在门市部准备出售的商品、发出展览的商品、寄存在外的商品、接受来料加工制造的代制品和外单位加工修理的代修品等
代管商品	已完成销售手续但购买单位在月末未提取的产品，不应作为企业的库存商品，而应作为代管商品处理，单独设置"代管商品"备查簿进行登记

（二）库存商品的账务处理

库存商品的账务处理如表 3-16 所示。

表 3-16　库存商品的账务处理

库存商品业务一般流程	账务处理
（1）验收入库商品 库存商品采用实际成本核算的企业，产品完成生产并验收入库时：	借：库存商品 　　贷：生产成本——基本生产成本
（2）发出商品 企业销售产成品、确认收入时，应结转其销售成本：	借：主营业务成本 　　贷：库存商品

（三）发出商品的核算

企业销售产成品按规定确认收入的同时，应计算、结转与收入相关的产成品成本。产成品销售成本的计算与结转，通常是在期（月）末进行。采用实际成本进行产成品日常核算的，应根据本期（月）销售产品数量及其相应的单位生产成本（按先进先出法、加权平均法或个别计价法计算）计算确定本期产品销售成本总额：

借：主营业务成本

　　贷：库存商品

商品流通企业发出商品还可以采用如下方法：

1. 毛利率法【扣掉毛利算成本】

毛利率法是指根据本期销售净额乘以上期实际（或本期计划）毛利率计算本期销售毛利，并据以计算发出存货和期末存货成本的一种方法。毛利率法计算公式及特点如表3-17所示。

表 3-17　毛利率法计算公式及特点

计算公式	方法特点
（1）毛利率＝销售毛利 ÷ 销售净额 ×100% （2）销售净额＝商品销售收入 － 销售退回和销售折让 （3）销售毛利＝销售净额 × 毛利率 （4）销售成本＝销售净额 － 销售毛利 （5）期末存货成本＝期初存货成本＋本期购货成本 － 本期销售成本	商品流通企业由于经营商品的品种繁多，分品种计算商品成本的工作量较大，在企业同类商品的毛利率差异不大的情况下，采用这种存货计价方法既能减轻工作量，也能满足销售毛利管理的需要

【新东方提示】

　　这一方法是商品流通企业（尤其是商品批发企业）常用的计算本期销售商品成本和期末库存商品成本的方法。

【例题·单选题】（2019年）某企业采用毛利率法对库存商品进行核算。2018年4月1日，"库存商品"科目期初余额为150万元，本月购进商品一批，采购成本为250万元，本月实现商品销售收入300万元，上季度该类商品的实际毛利率为20%。不考虑其他因素，该企业本月末"库存商品"科目的期末余额为（　　）万元。

A. 160　　　　　B. 100　　　　　C. 80　　　　　D. 110

【答案】A

【解析】选项A正确，销售毛利＝300×20%＝60（万元），本月销售成本＝300-60＝240（万元），故本月末库存商品成本＝150＋250-240＝160（万元）。

2. 售价金额核算法【每单位售价对应的价差】

售价金额核算法是指平时商品的购入、加工收回、销售均按售价记账，售价与进价的差额通过"商品进销差价"科目核算，期末计算进销差价率和本期已销售商品应分摊的进销差价，并据以调整本期销售成本的一种方法。售价金额核算法计算公式及特点如表3-18所示。

表 3-18 售价金额核算法计算公式及特点

计算公式	方法特点
（1）商品进销差价率＝（期初库存商品进销差价＋本期购入商品进销差价）/（期初库存商品售价＋本期购入商品售价）×100% （2）本期售出商品应分摊的商品进销差价＝本期商品销售收入 × 商品进销差价率 （3）本期售出商品的成本＝本期商品销售收入－本期已售出商品应分摊的商品进销差价 （4）期末结存商品的成本＝期初库存商品的进价成本＋本期购进商品的进价成本－本期销售商品的成本	如果企业的商品进销差价率各期之间比较均衡，可以采用上期商品进销差价率计算分摊本期的商品进销差价。年度终了，应对商品进销差价进行核实调整 【可用上期，年底要调】 对于从事商业零售业务的企业（如百货公司、超市等），由于经营的商品种类、品种、规格等繁多，而且要求按商品零售价格标价，采用其他成本计算结转方法均较困难，因此广泛采用这一方法

【例题·单选题】（2022 年）某公司库存商品采用售价金额核算法进行核算。2021 年 12 月初库存商品的进价成本总额为 200 万元，售价总额为 220 万元；当月购进的商品的进价成本总额为 150 万元，售价总额为 180 万元；当月实现销售收入总额为 240 万元。不考虑其他因素，2021 年 12 月 31 日该公司结存商品的实际成本总额为（　　）万元。

A. 110 　　　　　 B. 180 　　　　　 C. 160 　　　　　 D. 140

【答案】D

【解析】选项 D 正确，本月的商品进销差价率＝（期初库存商品进销差价＋本期购入商品进销差价）/（期初库存商品售价＋本期购入商品售价）×100%＝[（220－200）＋（180－150）]/（220＋180）×100%＝12.5%；该公司本月销售商品的实际成本＝240×（1－12.5%）＝210（万元）；结存商品的实际成本总额＝200＋150－210＝140（万元）。

考点六 委托加工物资★★

一、委托加工物资的内容和成本

委托加工物资是指企业委托外单位加工的各种材料、商品等物资。核算内容主要包括拨付加工物资、支付加工费用和税金、收回加工物资和剩余物资等。

企业委托外单位加工物资的成本包括：

（1）加工中实际耗用物资的成本；

（2）支付的加工费用及应负担的运杂费；

（3）支付的税费等。

二、委托加工物资采用实际成本核算的账务处理

为了反映和监督委托加工物资增减变动及其结存情况，企业应当设置"委托加工物资"科目，借方登记委托加工物资的实际成本，贷方登记加工完成验收入库的物资的实际成本和剩余物资的实际成本，期末余额在借方，反映企业尚未完工的委托加工物资的实际成本等。委托加工物资的账务处理如表 3-19 所示。

表 3-19　委托加工物资的账务处理

原则	项目	会计分录	关键要点
计入委托加工物资成本	（1）加工中实际耗用物资的成本	借：委托加工物资 　贷：原材料	料
	（2）支付的加工费用及应负担的运杂费等	借：委托加工物资 　贷：银行存款	工＋费
	（3）需要交纳消费税的委托加工物资，加工物资收回后直接用于销售的	借：委托加工物资 　贷：银行存款	直销消计成
不计入委托加工物资成本	（1）加工费的增值税进项税额	借：应交税费——应交增值税（进项税额） 　贷：银行存款	购买加工服务
	（2）需要交纳消费税的委托加工物资，加工物资收回后用于继续加工的	借：应交税费——应交消费税 　贷：银行存款	以后可以抵扣

最后，收到加工完成验收入库的物资和剩余物资，按实际成本【完工收回】

借：原材料／库存商品

　　贷：委托加工物资

 【新东方提示】

委托加工物资其本质是让别人帮自己加工制造，其成本构成和自制产品相类似，都包含耗用物资、加工费用、相关税费等内容。

三、委托加工物资采用计划成本核算的账务处理

1. 发出物资

借：委托加工物资【实际成本】

　　贷：原材料等【计划成本】

材料成本差异【或借方】

2. 支付加工费、运杂费等，支付的可抵扣的增值税进项税额

借：委托加工物资【实际成本】

　　应交税费——应交增值税（进项税额）

　　　贷：银行存款等

3. 需要交纳消费税的委托加工物资，收回后直接用于销售的，应将受托方代收代缴的消费税计入委托加工物资成本

借：委托加工物资【实际成本】

　　　贷：应付账款/银行存款等

4. 收回后用于连续生产应税消费品的，记入"应交税费——应交消费税"科目

借：应交税费——应交消费税

　　　贷：应付账款/银行存款等

5. 加工完成并验收入库的物资

借：周转材料等【计划成本】

　　材料成本差异【或贷方】

　　　贷：委托加工物资【实际成本】

【例题·单选题】（2021年）下列各项中，关于收回后用于连续生产应税消费品的委托加工物资在加工过程中发生的相关税费，不应计入委托加工物资成本的是（　　）。

A. 发出加工物资应负担的材料超支差异　　B. 由受托方代收代缴的消费税

C. 企业支付给受托方的加工费　　D. 企业发出物资支付的运费

【答案】B

【解析】选项B正确，委托加工物资收回后用于连续生产应税消费品，消费税不计入收回委托加工物资成本。

【例题·多选题】（2020年）甲企业2019年3月委托乙企业加工一批物资，发出原材料的实际成本为100万元，支付运杂费3万元，加工费2万元（均不考虑增值税）。乙企业代收代缴消费税8万元，该物资收回后用于连续生产应税消费品。不考虑其他税费，下列各项中，关于甲企业委托加工物资会计处理结果表述正确的有（　　）。

A. 支付的运杂费3万元应计入委托加工物资成本

B. 乙企业代收代缴的消费税8万元应计入委托加工物资成本

C. 乙企业代收代缴的消费税8万元应借记"应交税费——应交消费税"科目

D. 委托加工物资成本总额为105万元

【答案】A、C、D

【解析】选项A、C、D正确，甲企业委托加工物资的账务处理为：

借：委托加工物资　　　　　　　　　　　　　　　　　　　105

　　应交税费——应交消费税　　　　　　　　　　　　　　　8

贷：原材料	100
银行存款等	13

考点七　消耗性生物资产 ★

一、消耗性生物资产的确认与计量

生物资产，是指农业活动所涉及的活的动物或植物。生物资产分为消耗性生物资产、生产性生物资产和公益性生物资产。本部分介绍消耗性生物资产的会计处理。

消耗性生物资产，是指企业（农、林、牧、渔业）生长中的大田作物、蔬菜、用材林以及存栏待售的牲畜等。如玉米和小麦等庄稼、用材林、存栏待售的牲畜、养殖的鱼等。

1. 消耗性生物资产的成本确定

企业自行栽培、营造、繁殖或养殖的消耗性生物资产的成本，应当按照下列规定确定：

（1）自行栽培的大田作物和蔬菜的成本包括：在收获前耗用的种子、肥料、农药等材料费、人工费和应分摊的间接费用。

（2）自行营造的林木类消耗性生物资产的成本包括：郁闭前发生的造林费、抚育费、营林设施费、良种试验费、调查设计费和应分摊的间接费用。

（3）自行繁殖的育肥畜的成本包括：出售前发生的饲料费、人工费和应分摊的间接费用。

（4）水产养殖的动物和植物的成本包括：在出售或入库前耗用的苗种、饲料、肥料等材料费、人工费和应分摊的间接费用。

2. 主要会计科目设置

（1）"消耗性生物资产"科目

设置"消耗性生物资产"科目核算企业（农、林、牧、渔业）持有的消耗性生物资产的实际成本，借方登记消耗性生物资产的增加金额，贷方登记销售消耗性生物资产的减少金额，期末借方余额，反映企业（农、林、牧、渔业）消耗性生物资产的实际成本。本科目应按照消耗性生物资产的种类、群别等进行明细核算。

（2）"农产品"科目

设置"农产品"科目核算企业（农、林、牧、渔业）消耗性生物资产收获的农产品。

二、消耗性生物资产的账务处理

1. 外购的消耗性生物资产，按照应计入消耗性生物资产成本的金额，借记"消耗性

生物资产"科目，贷记"银行存款""应付账款"等科目。

2. 自行栽培的大田作物和蔬菜，应按照收获前发生的必要支出，借记"消耗性生物资产"科目，贷记"银行存款"等科目。自行营造的林木类消耗性生物资产，应按照郁闭前发生的必要支出，借记"消耗性生物资产"科目，贷记"银行存款"等科目。自行繁殖的育肥畜、水产养殖的动植物，应按照出售前发生的必要支出，借记"消耗性生物资产"科目，贷记"银行存款"等科目。

3. 择伐、间伐或抚育更新性质采伐而补植林木类消耗性生物资产发生的后续支出，借记"消耗性生物资产"科目，贷记"银行存款"等科目。

4. 林木类消耗性生物资产达到郁闭后发生的管护费用等后续支出，借记"管理费用"科目，贷记"银行存款"等科目。

5. 农业生产过程中发生的应归属于消耗性生物资产的费用，按照应分配的金额，借记"消耗性生物资产"科目，贷记"生产成本"科目。

6. 消耗性生物资产收获为农产品时，应按照其账面余额，借记"农产品"科目，贷记"消耗性生物资产"科目。

7. 出售消耗性生物资产或农产品，应按照实际收到的金额，借记"银行存款"等科目，贷记"主营业务收入"等科目。按照其账面余额，借记"主营业务成本"等科目，贷记"消耗性生物资产"或"农产品"科目。

8. 企业至少应当于每年年度终了对消耗性生物资产进行检查，有确凿证据表明由于遭受自然灾害、病虫害、动物疫病侵袭或市场需求变化等原因，使消耗性生物资产的可变现净值低于其账面价值的，应当按照可变现净值低于账面价值的差额，计提生物资产跌价准备，并计入当期损益。可变现净值应当分别按照存货减值的办法确定。

 【新东方提示】

消耗性生物资产减值的影响因素已经消失的，减记金额应当予以恢复，并在原已计提的跌价准备金额内转回，转回的金额计入当期损益。

【例题·多选题】甲公司为一家林业公司，其下属森林班统一组织培植管护一片用材林。2022年2月，发生森林管护费用共计40 000元，其中，本月应付人员薪酬20 000元，仓库领用库存肥料16 000元，管护设备折旧4 000元。已知已郁闭的用材林占80%，其余的尚未郁闭。管护费用按照郁闭比例分配。不考虑其他因素，以下选项中表述正确的有（　　）。

A. 确认"消耗性生物资产"32 000元

B. 确认"消耗性生物资产"8 000元

C. 确认"管理费用"32 000元

D. 确认"管理费用"40 000元

【答案】B、C

【解析】选项 B、C 正确。未郁闭用材林应分配的管护费用 = 40 000 × 20% = 8 000（元），计入消耗性生物资产，已郁闭用材林应分配的管护费用 = 40 000 × 80% = 32 000（元），计入管理费用。

甲公司应编制如下会计分录：

借：消耗性生物资产——用材林　　　　　　　　　　　8 000

　　管理费用　　　　　　　　　　　　　　　　　　32 000

　　　贷：应付职工薪酬　　　　　　　　　　　　　　　　　20 000

　　　　　原材料　　　　　　　　　　　　　　　　　　　　16 000

　　　　　累计折旧　　　　　　　　　　　　　　　　　　　　4 000

【例题·多选题】以下选项对消耗性生物资产的描述正确的有（　　　　）。

A. 农业生产过程中发生的应归属于消耗性生物资产的费用，按照应分配的金额确认为"消耗性生物资产"

B. 自行栽培的大田作物和蔬菜，应按照收获前发生的必要支出确认为"消耗性生物资产"

C. 出售消耗性生物资产时，应按照其账面余额借记"农产品"

D. 消耗性生物资产已计提的跌价准备可以转回

【答案】A、B、D

【解析】选项 C 错误，出售消耗性生物资产时，应按照其账面余额借记"主营业务成本"等科目，贷记"消耗性生物资产"科目；按照实际收到的金额，借记"银行存款"等科目，贷记"主营业务收入"等科目。

考点八　存货清查 ★★★

存货清查

由于存货种类繁多、收发频繁，在日常收发过程中可能发生计量错误、计算错误、自然损耗，还可能发生损坏变质等情况，造成账实不符，形成存货的盘盈、盘亏。

对于存货的盘盈、盘亏，应填写存货盘点报告（如实存账存对比表），及时查明原因，按照规定程序报批处理。

为了反映和监督企业在财产清查中查明的各种存货的盘盈、盘亏和毁损情况，企业应当设置"待处理财产损溢"科目。存货清查业务中"待处理财产损溢"账户的登记内容，如表 3-20 所示。

表 3-20　存货清查业务中"待处理财产损溢"账户的登记内容

	借方登记	贷方登记
第一步，批准前	存货的盘亏、毁损金额	登记存货的盘盈金额
第二步，批准后	盘盈的转销金额	盘亏的转销金额

【新东方提示】

　　企业清查的各种存货损溢，应在期末结账前处理完毕，期末结账后，"待处理财产损溢"科目应无余额。

（一）盘盈

1. 批准前，发生存货盘盈

借：原材料／库存商品【重置成本】
　　　贷：待处理财产损溢

2. 按照管理权限经批准后

借：待处理财产损溢
　　　贷：管理费用

（二）盘亏或毁损

按管理权限报经批准后，根据造成存货盘亏或毁损的原因，分以下情况进行处理：

1. 属于计量收发差错和管理不善等原因造成的存货短缺，应先扣除残料价值、可以收回的保险赔偿和过失人赔偿，属于一般经营损失的部分，计入管理费用。一般经营损失存货盘亏或毁损的账务处理如表 3-21 所示。

表 3-21　一般经营损失存货盘亏或毁损的账务处理

盘亏／毁损	会计处理	原理解释
批准前	借：待处理财产损溢 　　　贷：原材料／库存商品 　　　　　应交税费——应交增值税（进项税额转出）	悬而未决，待处理财产损溢做过渡；主观原因造成的存货损毁，进项税额不能抵扣，需要转出
批准后	借：管理费用 　　　其他应收款 　　　　贷：待处理财产损溢	一般经营损失；债权垃圾桶

2. 属于自然灾害等非常原因造成的存货毁损，应先扣除处置收入（如残料价值）、可以收回的保险赔偿和过失人赔偿，属于<u>非常损失</u>的部分，计入<u>营业外支出</u>。非常损失存货盘亏或毁损的账务处理如表 3-22 所示。

表 3-22　非常损失存货盘亏或毁损的账务处理

盘亏／毁损	会计处理	原理解释
批准前	借：待处理财产损溢 　　贷：原材料／库存商品	悬而未决，待处理财产损溢做过渡；自然灾害（非主观原因）造成外购存货的毁损，其进项税额可以抵扣，不需要转出
批准后	借：营业外支出 　　其他应收款 　　贷：待处理财产损溢	非常损失；债权垃圾桶

【新东方提示】

（1）大家联系库存现金的清查进行学习。

（2）核算时分两步：① 批准前／发现溢余或短缺；② 批准后查明原因分别处理。

【新东方提示】

小企业存货发生毁损，按取得的处置收入、可收回的责任人赔偿和保险赔款，扣除其成本、相关税费后的净额，应当计入营业外支出或营业外收入。发生的存货盘盈，按实现的收益计入营业外收入；发生的存货盘亏损失应当计入营业外支出。

【例题·单选题】（2020 年）某企业为增值税一般纳税人，2019 年 6 月 20 日因管理不善造成一批库存材料毁损。该批材料账面余额为 20 000 元，增值税进项税额为 2 600 元，未计提存货跌价准备，收回残料价值 1 000 元，应由责任人赔偿 5 000 元。不考虑其他因素，该企业应确认的材料毁损净损失为（　　）元。

A. 14 000　　　　　B. 21 600　　　　　C. 17 600　　　　　D. 16 600

【答案】D

【解析】选项 D 正确，相关分录内容如下：

批准处理前：

借：待处理财产损溢	22 600	
贷：原材料		20 000
应交税费——应交增值税（进项税额转出）		2 600

批准处理后：

借：其他应收款	5 000	
原材料	1 000	
管理费用	16 600	
贷：待处理财产损溢		22 600

【例题·单选题】（2020年）某公司因暴雨毁损原材料一批，该批材料实际成本为1万元。残料变现价值为0.05万元，保险公司按合同约定赔偿0.3万元。不考虑其他因素，该批材料的毁损净损失为（　　）万元。

A. 1　　　　　　　B. 0.65　　　　　　C. 0.05　　　　　　D. 0.7

【答案】B

【解析】选项B正确，净损失应从实际成本中扣除残料价值和应由保险公司、过失人的赔款后确定，故该批材料的毁损净损失＝1－0.05－0.3＝0.65（万元）。

考点九　存货减值★★★

一、存货跌价准备的计提和转回

1. 资产负债表日，存货应当按照成本与可变现净值孰低计量

（1）存货成本【账面实际成本】

成本是指期末存货的实际成本。（如采用计划成本法、售价金额核算法等简化核算方法，则成本应为调整后的实际成本）

（2）可变现净值【预计真实价值】

可变现净值是指在日常活动中，存货的估计售价减去完工时将要发生的成本、估计的销售费用以及估计的相关税费后的金额。

【新东方提示】

　　如果存货需要进一步加工才能出售，可变现净值＝存货的估计售价－进一步加工成本－估计的销售费用和相关税费。如果存货是直接用于出售的，可变现净值＝存货的估计售价－估计的销售费用和相关税费。

2. 存货跌价准备的计提和转回

当存货成本低于可变现净值时，按存货成本计价；存货成本高于其可变现净值，应

当计提存货跌价准备，计入当期损益。以前减记存货价值的影响因素已经消失的，减记的金额应当予以恢复，并在原已计提的存货跌价准备金额内转回，转回的金额计入当期损益。

二、存货跌价准备的账务处理

1. 会计科目的设置

企业应当设置"存货跌价准备"科目，核算存货跌价准备的计提、转回和转销情况。借方登记实际发生的存货跌价损失金额、转回的存货跌价准备金额；贷方登记计提的存货跌价准备金额。期末余额一般在贷方，反映企业已计提但尚未转销的存货跌价准备。

2. 存货跌价准备核算的业务

存货跌价准备的账务处理如表 3-23 所示。

表 3-23 存货跌价准备的账务处理

存货跌价准备的业务类型	具体分析	会计分录
存货跌价准备的计提和补提	（1）当存货成本低于其可变现净值的，存货按成本计价，无需计提存货跌价准备 （2）当存货成本高于其可变现净值的，表明存货可能发生跌价损失，应在存货销售之前确认这一损失，计入当期损益，并相应地减少存货的账面价值	计提或补提存货跌价准备时： 借：资产减值损失——计提的存货跌价准备 　贷：存货跌价准备
存货跌价准备的转回	以前减记存货价值的影响因素已经消失的，减记的金额应当予以恢复，并在原已计提的存货跌价准备金额内转回，转回的金额计入当期损益	借：存货跌价准备 　贷：资产减值损失——计提的存货跌价准备
存货跌价准备的转销	对已售存货计提了存货跌价准备的，还应结转已计提的存货跌价准备，冲减当期主营业务成本或其他业务成本，实际上是按已售产成品或商品的账面价值结转至主营业务成本或其他业务成本	借：存货跌价准备 　贷：主营业务成本/其他业务成本

【新东方提示】

　　存货跌价后再对外出售，其出售成本自然没有原有的账面余额那么高。减值准备计提时，已经确认对于费用（资产减值损失）的影响，销售时注销存货跌价准备，自然冲减销售成本（主营业务成本/其他业务成本），这样处理该存货对于费用的影响总额不会变化。

【例题·单选题】（2022年）某企业2018年12月31日存货的账面余额为20 000元，预计可变现净值为19 000元。2019年12月31日存货的账面余额仍为20 000元，以前减记存货价值的影响因素已经消失，预计可变现净值为21 000元。则2019年年末应转回的存货跌价准备为（　　）元。

A. 1 000　　　　B. 2 000　　　　C. 9 000　　　　D. 3 000

【答案】A

【解析】选项A正确，2018年应计提的存货跌价准备 = 20 000 - 19 000 = 1 000（元），2019年可变现净值21 000元大于存货的账面余额20 000元，未发生减值准备，无需计提减值准备。故2019年末应转回的存货跌价准备为2018年计提的减值准备1 000元。

【例题·单选题】（2019年）下列关于企业计提存货跌价准备的表述不正确的是（　　）。

A. 当存货的成本低于可变现净值时，存货按成本计价

B. 计提存货跌价准备的影响因素消失，价值得以恢复时应在原计提的跌价准备金额内转回

C. 转回存货跌价准备时，将转回的金额计入管理费用中

D. 企业计提存货跌价准备会减少企业当期营业利润

【答案】C

【解析】选项A的表述正确，资产负债表日，存货应当按照成本与可变现净值孰低计量。存货成本低于可变现净值时，存货按成本计价；当存货成本高于可变现净值时，存货应按可变现净值计价。选项B的表述正确、选项C的表述错误，以前减记存货价值的影响因素已经消失的，减记的金额应当予以恢复，并在原已计提的存货跌价准备金额内转回，转回的金额计入当期损益，记入"资产减值损失"科目。选项D的表述正确，当存货成本高于其可变现净值时，表明存货可能发生损失，应在存货销售之前确认这一损失，计入当期损益，并相应减少存货的账面价值，此时应借记"资产减值损失"科目，贷记"存货跌价准备"科目，资产减值损失是损益类科目，会减少当期营业利润。

【例题·单选题】（2017年）某企业2017年3月31日，乙存货的实际成本为100万元，加工该存货至完工产成品估计还将发生的成本为25万元，估计销售费用和相关税费为3万元，估计该存货生产的产成品售价120万元。假定乙存货月初"存货跌价准备"科

目余额为 12 万元, 2017 年 3 月 31 日应计提的存货跌价准备为（　　　）万元。

  A. -8   B. 4   C. 8   D. -4

  【答案】D

  【解析】选项 D 正确，可变现净值＝存货的估计售价－进一步加工成本－估计的销售费用和相关税费＝120-25-3＝92（万元）。当期应计提的存货跌价准备＝（存货成本－可变现净值）－存货跌价准备已有贷方余额＝（100-92）-12＝-4（万元）。

第四章　非流动资产

✵ 内容框架

单元	考点	星级
长期投资	长期投资概述	★
	债权投资	★
	长期股权投资	★★★
投资性房地产	投资性房地产的管理	★
	投资性房地产的确认与计量	★★★
	投资性房地产的账务处理	★★★
固定资产	固定资产的管理	★
	固定资产核算的会计科目	★
	固定资产取得	★★★
	固定资产折旧	★★★
	固定资产后续支出	★★
	固定资产处置	★★★
	固定资产清查	★★★
	固定资产减值	★★★
生产性生物资产	生产性生物资产的确认与计量	★
	生产性生物资产的账务处理	★
无形资产和长期待摊费用	无形资产	★★
	无形资产的账务处理	★★★
	长期待摊费用	★

考情分析

本章最近 3 年考查分值约为 18 分，涉及单选题、多选题、判断题和不定项选择题，属于非常重要的章节。本章主要介绍非流动资产部分，包括长期投资、投资性房地产、固定资产、生产性生物资产、无形资产和长期待摊费用等内容，尤其各项非流动资产的账务处理是考查的重点，难度较大。

教材变化

本章删除了"使用权资产"的内容，其余内容无实质性变化。

第一单元　长期投资

考点一　长期投资概述★

一、长期投资的管理

长期投资，是指企业投资期限在 1 年以上的对外投资。

二、长期投资的内容

企业的长期投资包括债权投资、其他债权投资、长期股权投资、其他权益工具投资等对外投资。

（一）债权投资

债权投资是指以摊余成本计量的金融资产的投资。如企业投资普通债券通常可能符合本金加利息的合同现金流量的以摊余成本计量的金融资产。

【新东方提示】

　　按照小企业会计准则的相关规定归类为长期债券投资进行核算和管理，即小企业准备长期（在 1 年以上）持有的债券投资。

（二）其他债权投资

既以收取合同现金流量为目标又以某个特定日期出售该金融资产为目标管理的金融资产投资，其性质属于以公允价值计量且其变动计入其他综合收益的金融资产。

（三）长期股权投资

按照企业会计准则相关规定，根据投资方在股权投资后对被投资单位能够施加影响的程度，区分为应当按照金融工具准则进行核算和应当按照长期股权投资准则核算两种情况。其中，属于按照长期股权投资准则规范的股权投资，是根据投资方在获取投资后能够对被投资单位施加影响程度划分确定的，包括对联营企业、合营企业和子公司的投资。除此之外的股权投资划分为金融工具准则范围的以公允价值计量且其变动计入当期损益的金融资产进行核算与管理。

（四）其他权益工具投资

按照金融工具会计准则规定，以公允价值计量且其变动计入其他综合收益的金融资产包括权益投资和债权投资。其中，权益投资中除投资于普通股以外的各种权益金融工具投资分类为其他权益工具投资，如对优先股的投资等。

考点二　债权投资★

一、债权投资的确认与计量

企业取得符合债权投资定义的金融资产应当确认为债权投资。取得时应当按照购买价款和相关税费作为成本进行计量。

实际支付价款中包含的已到付息期但尚未领取的债券利息，应当单独确认为应收利息，不计入债权投资的成本。

【新东方提示】
　　持有期间的摊余成本应当以其初始确认金额扣除已偿还的本金、加上或减去采用实际利率法将该初始确认金额与到期日金额之间的差额进行摊销形成的累计摊销额、扣除计提的累计信用减值准备计算确定。

在持有期间发生的应收利息（实际利率法下考虑溢、折价摊销等利息调整后），应当确认为投资收益。

处置债权投资，处置价款扣除其账面余额、相关税费后的净额，应当计入投资收益。预期发生信用减值损失的还应计提债权投资减值准备。

债权投资的后续计量分为实际利率法和直线法两种。

【新东方提示】

实际利率法是指计算金融资产的摊余成本以及将利息收入分摊计入各会计期间的方法。直线法是指债券投资的折价或者溢价在债券存续期间内于确认相关债券利息收入时采用直线法进行摊销。

按照企业会计准则的规定要求应当采用实际利率法。小企业会计准则规定小企业采用直线法。

二、债权投资的账务处理

科目设置

1. 为了反映和监督企业以摊余成本计量的债权投资业务，企业应当设置"债权投资"科目。

（1）设置"债权投资——成本"科目核算债券投资的面值。

（2）设置"债权投资——利息调整"科目核算其面值与实际支付的购买价款和相关税费之间的差额，以及实际利率法下后续计量的折价或者溢价摊销额。

（3）设置"债权投资——应计利息"科目核算一次还本付息债券投资按票面利率计算确定的应收未收的利息。

（4）设置"投资收益"科目核算债权投资实际获得的债权投资的利息收入。

【新东方提示】

一次还本付息方式：分期确认利息收入时，借记"债权投资——应计利息"科目，借记或贷记"债权投资——利息调整"科目，贷记"投资收益"科目。

（5）设置"应收利息"科目核算债权投资为分期付息、一次还本债券投资的应按票面利率计算确定的应收未收的利息。

【新东方提示】

分期付息方式：分期确认利息收入时，借记"应收利息"科目，借记或贷记"债权投资——利息调整"科目，贷记"投资收益"科目。

2. 小企业应当设置"长期债券投资"科目核算小企业准备长期（在1年以上）持有的债券投资。该科目应按照债券种类和被投资单位，分别设置"面值""溢折价""应计利息"等明细科目进行明细核算。

假定因债务人依法宣告破产、关闭、解散、被撤销，或者被依法注销、吊销营业执照等原因，其清算财产不足清偿的。小企业应按其账面余额减除可收回的金额后确认的无法收回的长期债券投资，作为长期债券投资损失处理，应当于实际发生时计入营业外支出，同时冲减长期债券投资账面余额。

【例题·单选题】（2022年）关于"债权投资"科目的核算内容，表述正确的是（　　）。

A. 以公允价值计量且其变动计入当期损益的债券投资

B. 以摊余成本计量的债券投资

C. 以公允价值计量且其变动计入其他综合收益的权益投资

D. 以公允价值计量且其变动计入其他综合收益的债券投资

【答案】B

【解析】选项A错误，以公允价值计量且其变动计入当期损益的债券投资，通常通过"交易性金融资产"科目核算；选项B正确，企业一般设置"债权投资"等科目核算分类为以摊余成本计量的金融资产；选项C错误，以公允价值计量且其变动计入其他综合收益的权益投资，通常通过"其他权益工具投资"科目核算；选项D错误，以公允价值计量且其变动计入其他综合收益的债券投资，通常通过"其他债权投资"科目核算。

【例题·单选题】（2022年）小企业应当设置（　　　）科目核算准备长期（1年以上）持有的债券投资。

A. 长期债券投资　　　　　　　　　　B. 债权投资

C. 其他债权投资　　　　　　　　　　D. 交易性金融资产

【答案】A

【解析】选项A正确，小企业应当设置"长期债券投资"科目核算准备长期（1年以上）持有的债券投资；选项B错误，企业设置"债权投资"科目核算企业以摊余成本计量的债权投资业务；选项C错误，企业设置"其他债权投资"科目核算以公允价值计量且其变动计入其他综合收益的债权投资；选项D错误，企业设置"交易性金融资产"科目核算以公允价值计量且其变动计入当期损益的金融资产。

考点三　长期股权投资 ★★★

一、长期股权投资的确认与计量

按照企业会计准则的相关规定，长期股权投资的确认与计量的范围包括投资方能够对被投资单位实施控制的权益性投资，即对子公司投资；投资方与其他合营方一同对被投资单位实施共同控制且对被投资单位净资产享有权利的权益性投资，即对合营企业投资；投

资方对被投资单位具有重大影响的权益性投资，即对联营企业投资。按照小企业会计准则规定，长期股权投资是指小企业准备长期持有的权益性投资。

【例题·单选题】（2022年）在下列各项权益性投资中，不能作为长期股权投资核算的是（　　）。

A. 对子公司的投资
B. 对合营企业的投资
C. 对联营企业的投资
D. 无控制、重大影响的对外投资

【答案】D

【解析】选项A、B、C错误，各项权益性投资中，投资方对被投资单位的影响程度均在"重大影响"及之上，均应作为长期股权投资核算。选项D正确，无控制、重大影响的对外投资，可以作为交易性金融资产、其他权益工具投资等按金融工具确认和计量准则进行核算。

（一）长期股权投资的初始计量

1. 以合并方式取得的长期股权投资

同一控制下企业合并形成的长期股权投资，合并方以支付现金、转让非现金资产或承担债务方式作为合并对价的，应在合并日按取得被合并方所有者权益在最终控制方合并财务报表中的账面价值的份额作为初始投资成本计量。

非同一控制下企业合并形成的长期股权投资，购买方以支付现金、转让非现金资产或承担债务方式等作为合并对价的，按照确定的企业合并成本进行初始计量；购买方以发行权益性证券作为合并对价的应在购买日按照发行的权益性证券的公允价值作为初始投资成本计量。

【新东方提示】

企业为企业合并发生的审计、法律服务、评估咨询等中介费用以及其他相关管理费用应作为当期损益计入管理费用。

2. 以非合并方式取得的长期股权投资

以支付现金、非现金资产等其他方式取得的长期股权投资，应按现金、非现金货币性资产的公允价值作为初始投资成本计量；以发行权益性证券取得的长期股权投资应当按照发行的权益性证券的公允价值作为初始投资成本计量。

3. 小企业的长期股权投资应当按照成本进行计量

以支付现金取得的长期股权投资，应当按照购买价款和相关税费作为成本进行计量。实际支付价款中包含的已宣告但尚未发放的现金股利，应当单独确认为应收股利，不计入长期股权投资的成本。通过非货币性资产交换取得的长期股权投资，应当按照换出非货币性资产的评估价值和相关税费作为成本进行计量。

【例题·单选题】（2022年）甲公司和乙公司是同一母公司最终控制下的两家公司。2021年1月1日，甲公司向其母公司发行1 000万股普通股，该普通股每股面值为1元，每股的公允价值为3.6元。甲公司取得母公司拥有的乙公司80%的股权，于当日起能够对乙公司实施控制。合并后乙公司维持其独立法人地位继续经营。合并日母公司合并报表中，乙公司的净资产账面价值为4 000万元，公允价值为4 200万元，假定合并前双方采用的会计政策及会计期间均相同，不考虑其他因素，下列有关甲公司合并日所作账务处理的说法正确的是（　　）。

　　A. 该长期股权投资的初始投资成本为4 000万元

　　B. 该长期股权投资的初始投资成本为3 200万元

　　C. 贷方登记"实收资本"科目1 000万元

　　D. 借方登记"股本"科目1 000万元

【答案】B

【解析】选项B正确，选项A错误，同一控制下企业合并，是指参与合并的企业在合并前后均受同一方或相同的多方最终控制且该控制并非暂时性的。因为甲公司和乙公司是同一母公司最终控制的两家公司，所以甲公司合并乙公司属于同一控制下企业合并。同一控制下企业合并形成的长期股权投资，应在合并日按取得被合并方所有者权益在最终控制方合并财务报表中的账面价值的份额作为初始投资成本计量，甲公司对乙公司长期股权投资的初始投资成本=4 000×80%=3 200（万元）；

　　选项C、D错误。合并日，甲公司应作账务处理如下：

借：长期股权投资——乙公司	3 200	
贷：股本		1 000
资本公积——股本溢价		2 200

（二）长期股权投资的后续计量

1. 成本法

成本法，是指长期股权投资日常核算按投资成本计价的一种方法。其特点是，除追加投资或收回投资外，长期股权投资的账面价值一般应当保持不变。除取得投资时实际支付的价款或对价中包含的已宣告但尚未发放的现金股利或利润外，投资企业应当按照被投资单位宣告发放的现金股利或利润中应享有的份额确认投资收益。

 【新东方提示】

　　　　长投成本法，"忠于成本"。

　　企业会计准则规定，投资方能够对被投资单位实施控制的长期股权投资应当采用成本法核算。按照小企业会计准则规定，长期股权投资应当采用成本法进行会计处理。

2. 权益法

权益法，是指取得长期股权投资以初始投资成本计价，后续根据投资企业享有被投资单位所有者权益份额的变动相应对其投资的账面价值<mark>进行调整</mark>的一种方法。其特点是，长期股权投资的账面价值随被投资单位所有者权益的变动而变动，在股权持有期间，长期股权投资的账面价值与享有被投资单位所有者权益的份额相对应。

企业会计准则规定，投资方对联营企业和合营企业的长期股权投资应当采用权益法核算。

> 【新东方提示】
>
> 长投权益法，"联动机制"。

二、长期股权投资的账务处理

为了如实反映和监督长期股权投资的取得、持有、处置等业务活动，企业应设置"长期股权投资"科目。借方登记取得股权时的实际投资成本或享有被投资单位权益的增加金额；贷方登记享有被投资单位权益的减少金额或股权投资处置的成本；期末余额在借方，反映企业持有的长期股权投资的价值。

> 【新东方提示】
>
> 权益法下，"长期股权投资"科目还应当分别设置"投资成本""损益调整""其他权益变动"等明细科目进行明细核算。

（一）企业合并形成长期股权投资的账务处理

1. 同一控制下企业合并形成的长期股权投资

同一控制下企业合并实质是集团内部资产的重新配置与账面调拨，仅涉及集团内部不同企业间资产和所有者权益的变动，不具有商业实质，不应产生经营性损益和非经营性损益。

（1）合并方以支付现金、转让非现金资产或承担债务方式作为合并对价的，<mark>应在合并日按取得被合并方所有者权益在最终控制方合并财务报表中的账面价值的份额</mark>，借记"长期股权投资"科目（投资成本），按支付的合并对价的账面价值，贷记或借记有关资产、负债科目，按其差额，贷记"<mark>资本公积——资本溢价或股本溢价</mark>"科目；如为借方差额，借记"资本公积——资本溢价或股本溢价"科目，资本公积（资本溢价或股本溢价）不足冲减的，应依次借记"盈余公积""利润分配——未分配利润"科目。

【例题·单选题】（2022年）甲公司和乙公司为同一母公司最终控制下的两家公司。甲公司支付现金 5 200 万元取得乙公司 100% 的股权，并实施控制。合并日，甲公司的资本公积为 300 万元，母公司合并报表中乙公司的净资产账面价值为 5 000 万元。不考虑其他因素，甲公司合并日的会计处理正确的是（　　　）。

A. 借：长期股权投资　　　　　　　　　　　　　　50 000 000
　　营业外支出　　　　　　　　　　　　　　　　　2 000 000
　　　贷：银行存款　　　　　　　　　　　　　　　　　52 000 000

B. 借：长期股权投资　　　　　　　　　　　　　　50 000 000
　　投资收益　　　　　　　　　　　　　　　　　　2 000 000
　　　贷：银行存款　　　　　　　　　　　　　　　　　52 000 000

C. 借：长期股权投资　　　　　　　　　　　　　　50 000 000
　　资本公积　　　　　　　　　　　　　　　　　　2 000 000
　　　贷：银行存款　　　　　　　　　　　　　　　　　52 000 000

D. 借：长期股权投资　　　　　　　　　　　　　　52 000 000
　　　贷：银行存款　　　　　　　　　　　　　　　　　52 000 000

【答案】C

【解析】选项 C 正确，同一控制下企业合并形成的长期股权投资，应在合并日按取得被合并方所有者权益在最终控制方合并财务报表中的账面价值的份额作为初始投资成本，甲公司取得对乙公司的长期股权投资的账面价值为 5 000 万元，初始投资成本与支付对价账面价值的差额计入资本公积 200 万元（5 200 - 5 000）。

【新东方提示】

　　甲公司和乙公司为同一母公司最终控制下的两家公司，甲公司取得长期股权投资应按应享有母公司合并财务报表中的乙公司账面价值的份额计算确定。

（2）合并方以发行权益性证券作为合并对价的，应当在合并日按照被合并方所有者权益在最终控制方合并财务报表中的账面价值的份额，借记"长期股权投资"科目（投资成本），按照发行股份的面值总额，贷记"股本"科目，按其差额，贷记"资本公积——股本溢价"科目；如为借方差额，借记"资本公积——股本溢价"科目，资本公积（股本溢价）不足冲减的，应依次借记"盈余公积""利润分配——未分配利润"科目。

2. 非同一控制下企业合并形成的长期股权投资

非同一控制下的企业合并实质是不同市场主体间的产权交易，购买方如果以转让非现金资产方式作为对价的，实质是转让或处置了非现金资产，具有商业实质性质，产生经营性或非经营性损益。

（1）购买方以支付现金、转让非现金资产或承担债务等方式作为合并对价的，应在

购买日按照现金、非现金货币性资产的公允价值作为初始投资成本计量确定合并成本，借记"长期股权投资"科目（投资成本），按付出的合并对价的账面价值，贷记或借记有关资产、负债科目，按发生的直接相关费用（如资产处置费用），贷记"银行存款"等科目，按其差额，贷记"主营业务收入""资产处置损益""投资收益"等科目或借记"管理费用""资产处置损益""主营业务成本"等科目。

（2）购买方以发行权益性证券作为合并对价的，应在购买日按照发行的权益性证券的公允价值，借记"长期股权投资"科目（投资成本），按照发行的权益性证券的面值总额，贷记"股本"科目，按其差额，贷记"资本公积——股本溢价"科目。企业为企业合并发生的审计、法律服务、评估咨询等中介费用以及其他相关管理费用，应当于发生时借记"管理费用"科目，贷记"银行存款"等科目。

（二）以非企业合并方式形成的长期股权投资

企业以非企业合并方式形成的长期股权投资，其实质是进行权益投资性质的商业交易。以支付现金、非现金资产等其他方式取得的长期股权投资，应按现金、非现金货币性资产的公允价值或按照非货币性资产交换或债务重组准则确定的初始投资成本，借记以非企业合并方式形成的"长期股权投资"科目，贷记"银行存款"等科目，贷记或借记"资产处置损益"等处置非现金资产相关的科目。按照小企业会计准则规定，资产处置损益应分别借记"营业外支出"科目或贷记"营业外收入"科目。

（三）采用成本法下长期股权投资的会计处理

长期股权投资采用成本法核算的，应按被投资单位宣告发放的现金股利或利润中属于投资企业的部分，借记"应收股利"科目，贷记"投资收益"科目。

（四）采用权益法下长期股权投资的会计处理

企业的长期股权投资采用权益法核算的，应当分下列情况进行处理：

1. 初始投资成本的调整

长期股权投资的初始投资成本大于投资时应享有被投资单位可辨认净资产公允价值份额的，不调整已确认的初始投资成本；长期股权投资的初始投资成本小于投资时应享有被投资单位可辨认净资产公允价值份额的，应按其差额，借记"长期股权投资"科目（投资成本），贷记"营业外收入"科目。

 【新东方提示】

投资单位"花大钱办小事"，视为投资单位购买了一部分商誉；投资单位"花小钱办大事"，视为被投资单位原股东做出的让步。

2. 被投资单位实现盈利或发生亏损

资产负债表日，企业应按被投资单位实现的净利润（以取得投资时被投资单位可辨认净资产的公允价值为基础计算）中企业享有的份额，借记"长期股权投资"科目（损益调整），贷记"投资收益"科目。被投资单位发生净亏损作相反的会计分录，但以"长期股权投资"科目的账面价值减记至零为限；还需承担的投资损失，应将其他实质上构成对被投资单位净投资的"长期应收款"等的账面价值减记至零为限；除按照以上步骤已确认的损失外，按照投资合同或协议约定将承担的损失，确认为预计负债。

除上述情况仍未确认的应分担被投资单位的损失，应在账外备查登记。发生亏损的被投资单位以后实现净利润的，应按与上述相反的顺序进行处理。

3. 被投资单位分配股利或利润

取得长期股权投资后，被投资单位宣告发放现金股利或利润时，企业计算应分得的部分，借记"应收股利"科目，贷记"长期股权投资"科目（损益调整）。收到被投资单位发放的股票股利，不进行账务处理，但应在备查簿中登记。发生亏损的被投资单位以后实现净利润的，企业计算应享有的份额，如有未确认投资损失的，应先弥补未确认的投资损失，弥补损失后仍有余额的，依次借记"长期应收款"科目和"长期股权投资"科目（损益调整），贷记"投资收益"科目。

4. 被投资单位其他所有者权益变动

被投资单位除净损益、利润分配以外的其他综合收益变动或所有者权益的其他变动，企业按持股比例计算应享有的份额，借记"长期股权投资"科目（其他综合收益或其他权益变动），贷记"其他综合收益"或"资本公积——其他资本公积"科目。

【例题·多选题】（2022年）权益法下，企业长期股权投资科目的明细科目一般包括（　　）。

A. 投资成本　　　　　　　　　　B. 损益调整

C. 其他权益变动　　　　　　　　D. 投资收益

【答案】A、B、C

【解析】选项A、B、C正确。权益法下，企业长期股权投资科目应当设置"投资成本""损益调整""其他权益变动""其他综合收益"明细科目进行明细核算。选项D错误，投资收益不属于长期股权投资的明细科目。

【例题·单选题】（2022年）企业采用权益法核算长期股权投资时，导致投资收益增加的是（　　）。

A. 被投资单位提取盈余公积　　　B. 被投资单位实现净利润

C. 收到被投资单位分配的股票股利　D. 收到被投资单位分配的现金股利

【答案】B

【解析】选项A、C错误，长期股权投资的账面价值随被投资单位所有者权益的变动而变动，在股权持有期间，长期股权投资的账面价值与享有被投资单位所有者权益的份额相对应。被投资单位提取盈余公积,被投资单位实际派发股票股利均不改变被投资单位的所有者权益,故权益法下投资方无需进行账务处理。选项 B 正确,被投资单位实现净利润,企业应按被投资单位实现的净利润(以取得投资时被投资单位可辨认净资产的公允价值为基础计算)中企业享有的份额,借记"长期股权投资"科目(损益调整),贷记"投资收益"科目。选项 D 错误,被投资单位宣告发放现金股利或利润时,企业计算应分得的部分,借记"应收股利"科目,贷记"长期股权投资"科目(损益调整);收到现金股利时,借记"银行存款"科目,贷记"应收股利"科目。

(五)计提长期股权投资减值准备

资产负债表日,企业根据资产减值相关要求确定长期股权投资发生减值的,按应减记的金额,借记"资产减值损失"科目,贷记"长期股权投资减值准备"科目。处置长期股权投资时,应同时结转已计提的长期股权投资减值准备。

【新东方提示】

　　小企业发生长期股权投资减值损失采用直接转销法核算。根据小企业会计准则规定确认实际发生的长期股权投资损失,应当按照可收回的金额,借记"银行存款"等科目,按照其账面余额,贷记"长期股权投资"科目,按照其差额,借记"营业外支出"科目。

(六)处置长期股权投资的会计处理

处置长期股权投资时,应按实际收到的金额,借记"银行存款"等科目,原已计提减值准备的,借记"长期股权投资减值准备"科目,按其账面余额,贷记"长期股权投资"科目,按尚未领取的现金股利或利润,贷记"应收股利"科目,按其差额,贷记或借记"投资收益"科目。

处置采用权益法核算的长期股权投资时,应当采用与被投资单位直接处置相关资产或负债相同的基础,对相关的其他综合收益进行会计处理。对于应转入当期损益的其他综合收益,应按结转的长期股权投资的投资成本比例结转原记入"其他综合收益"科目的金额,借记或贷记"其他综合收益"科目,贷记或借记"投资收益"科目。

处置采用权益法核算的长期股权投资时,还应按结转的长期股权投资的投资成本比例结转原记入"资本公积——其他资本公积"科目的金额,借记或贷记"资本公积——其他资本公积"科目,贷记或借记"投资收益"科目。

【例题·单选题】2021 年 4 月 10 日,甲公司将其持有的一项以权益法核算的长期股权投资全部出售,取得价款 3 000 万元,当日办妥相关手续。出售时,该项长期股权投资的账面价值为 2 000 万元,其中投资成本为 1 200 万元,损益调整为 600 万元,可重分类进损益的其他综合收益为 150 万元，其他权益变动为 50 万元。不考虑增值税等相关税费及其他因素。甲公司处置该项股权投资应确认的投资收益为（　　）万元。

A. 1 000　　　　　　B. 1 050　　　　　　C. 1 200　　　　　　D. 1 150

【答案】C

【解析】选项 C 正确，甲公司处置该项股权投资应确认的投资收益 = 3 000−2 000 + 150 + 50 = 1 200（万元）。会计分录如下：

借：银行存款		3 000
贷：长期股权投资——投资成本		1 200
——损益调整		600
——其他综合收益		150
——其他权益变动		50
投资收益		1 000
借：其他综合收益		150
资本公积——其他资本公积		50
贷：投资收益		200

第二单元　投资性房地产

考点一　投资性房地产的管理★

一、投资性房地产的概念

投资性房地产是指为赚取租金或资本增值，或两者兼有而持有的房地产。房地产是土地和房屋及其权属的总称，土地是指土地使用权，房屋是指土地上的房屋建筑物及构筑物。

【新东方提示】

企业持有投资性房地产的目的主要有赚取租金和资本增值。资本增值是指资产负债表日投资性房地产的价值减去转作或购置时的价值或价格后增加或损失的价值。

二、不属于投资性房地产的项目

不属于投资性房地产的项目如表 4-1 所示。

表 4-1 不属于投资性房地产的项目

项目	举例
自用房地产	企业自用的厂房、办公楼等生产经营场所，应当作为固定资产、无形资产处理 **【新东方提示】** 如企业拥有并自行经营的旅馆饭店，其经营目的主要是通过提供客房服务赚取服务收入，该旅馆饭店不确认为投资性房地产
作为存货的房地产	房地产开发企业销售的或为销售而正在开发的商品房和土地，是房地产企业的开发产品，应当作为存货处理

三、投资性房地产的范围

（一）已出租的土地使用权

已出租的土地使用权，是指企业通过出让或转让方式取得并以经营租赁方式出租的土地使用权。对以经营租赁方式租入土地使用权再转租给其他单位的，不能确认为投资性房地产。

（二）持有并准备增值后转让的土地使用权

持有并准备增值后转让的土地使用权，是指企业通过出让或转让方式取得的并准备增值后转让的土地使用权。按照国家有关规定认定的闲置土地，不属于持有并准备增值后转让的土地使用权。

（三）已出租的建筑物

已出租的建筑物，是指企业拥有产权并以经营租赁方式出租的房屋等建筑物，包括自行建造或开发活动完成后用于出租的建筑物。

企业以经营租赁方式租入再转租的建筑物不属于投资性房地产。

企业将建筑物出租，按租赁协议向承租人提供的相关辅助服务在整个协议中不重大的，如企业将办公楼出租并向承租人提供保安、维修等辅助服务，应当将该建筑物确认为投资性房地产。

 【新东方提示】

如果某项房地产部分用于赚取租金或资本增值、部分用于生产商品、提供劳务或经营管理，能够单独计量和出售的、用于赚取租金或资本增值的部分，应当确认为投资性房地产；不能够单独计量和出售的、用于赚取租金或资本增值的部分，不确认为投资性房地产。

【例题·单选题】（2022 年）下列各项中，可以确认为投资性房地产的是（　　）。

A. 企业购入写字楼作为经营办公场所

B. 企业购入的土地准备自行建造厂房

C. 企业自行建造经营自用办公楼达到预定可使用状态

D. 房地产开发企业开发的商品房不再销售，建造完成时直接对外出租

【答案】D

【解析】选项 D 正确，应确认为投资性房地产。选项 A、C 错误，应确认为固定资产。选项 B 错误，应确认为无形资产。

考点二　投资性房地产的确认与计量★★★

一、投资性房地产的确认

（一）投资性房地产的确认条件

投资性房地产只有在符合定义的前提下，同时满足下列条件的，才能予以确认：

1. 与该投资性房地产有关的经济利益很可能流入企业，即有证据表明企业能够获取租金或资本增值，或两者兼而有之；

2. 该投资性房地产的成本能够可靠地计量。

（二）投资性房地产的确认时点

投资性房地产的确认时点如表 4-2 所示。

表 4-2　投资性房地产的确认时点

类别	投资性房地产的确认时点
对已出租的土地使用权、已出租的建筑物	一般为租赁期开始日
对企业持有以备经营出租的空置建筑物	董事会或类似机构作出书面决议，明确表明将其用于经营出租且持有意图短期内不再发生变化的，即使尚未签订租赁协议，也应视为投资性房地产
对持有并准备增值后转让的土地使用权	企业将自用土地使用权停止自用，准备增值后转让的日期

二、投资性房地产的计量

投资性房地产的计量分为成本模式和公允价值模式两种。

（一）成本模式

成本模式是指投资性房地产的初始计量和后续计量均采用实际成本进行核算，外购、自行建造等按照初始购置或自行建造的实际成本计量，后续发生符合资本化条件的支出计入账面成本，后续计量按照固定资产或无形资产的相关规定按期计提折旧或摊销，资产负债表日发生减值的计提减值准备。

【新东方提示】
　　成本模式，反映历史成本计量属性的核算特点，账务处理方面类似固定资产、无形资产核算。

（二）公允价值模式

公允价值模式是指投资性房地产初始计量采用实际成本核算，后续计量按照公允价值模式进行计量。

　　按准则规定，只有存在确凿证据表明投资性房地产的公允价值能够持续可靠取得的情况下，企业才可以采用公允价值模式进行后续计量。

【新东方提示】
　　可靠证据是指投资性房地产所在地有活跃的房地产交易市场、企业能够从活跃的交易市场上取得同类或类似房地产的市场价格及其他相关信息，从而对投资性房地产的公允价值作出合理的估计。

　　企业一旦选择采用公允价值模式，就应当对其所有投资性房地产均采用公允价值模式进行后续计量。

　　准则规定，企业通常应当采用成本模式对投资性房地产进行后续计量，对采用公允价值模式的条件作了限制性规定，且同一企业只能采用一种模式对所有投资性房地产进行后续计量，不得同时采用两种计量模式；同时规定，企业可以从成本模式变更为公允价值模式，已采用公允价值模式的不得转为成本模式。

【新东方提示】
　　投资性房地产的模式变更如表4-3所示。

195

表 4-3　投资性房地产的模式变更

模式变更	原理解释
成本模式→公允价值模式	可以进步：应当作为会计政策变更处理
不得从公允价值模式转为成本模式	不能退步：房地产市场已经比较成熟，不能再转回到历史成本

【例题·单选题】（2022 年）下列关于投资性房地产会计处理的表述，正确的是（　　）。

A. 已采用成本模式计量的，应确认公允价值变动损益

B. 采用成本模式核算，已确认的减值损失在以后会计期间不得转回

C. 同一企业可以同时采用成本模式和公允价值模式进行后续计量

D. 采用公允价值模式计量的，应计提减值准备

【答案】B

【解析】选项 A 错误，采用公允价值模式计量的，公允价值的增减变动应计入公允价值变动损益，成本模式不涉及；选项 B 正确，投资性房地产减值准备一经计提，在以后期间不得转回；选项 C 错误，同一企业只能采用一种模式对所有投资性房地产进行后续计量，不得同时采用两种计量模式；选项 D 错误，投资性房地产采用公允价值模式计量的，不计提折旧、摊销和减值准备。

【例题·判断题】（2022 年）已采用公允价值模式计量的投资性房地产，不得从公允价值模式转为成本模式。（　　）

【答案】√

【解析】企业可以从成本模式变更为公允价值模式，已采用公允价值模式的不得转为成本模式。

三、投资性房地产的会计科目设置

为了反映和监督投资性房地产的取得、计提折旧或摊销、公允价值变动和处置等情况，企业应按照成本模式和公允价值模式分别设置"投资性房地产"等会计科目，会计科目设置的详细情况如表 4-4 所示。

表 4-4　投资性房地产会计科目设置及其对照表

会计科目设置	成本模式	公允价值模式
初始核算	设置"投资性房地产"科目，核算其实际成本及其增减变化，按具体项目（如厂房、已出租土地使用权等）设置明细科目	设置"投资性房地产——成本"科目，核算其实际成本及其增减变化

续表

会计科目设置	成本模式	公允价值模式
后续核算	（1）设置"投资性房地产累计折旧"和"投资性房地产累计摊销"科目，分别核算计提折旧或计提摊销 （2）设置"投资性房地产减值准备"科目，核算计提的减值准备	（1）设置"投资性房地产——公允价值变动"科目，核算公允价值增减变动 （2）设置"公允价值变动损益"科目，核算投资性房地产公允价值变动损益 （3）设置"其他综合收益"科目，核算非投资性房地产转换为投资性房地产转换日的公允价值大于账面价值的差额
处置核算	设置"其他业务收入"和"其他业务成本"科目，核算处置收益和成本	设置"其他业务收入"和"其他业务成本"科目，核算处置收益和结转的成本

考点三 投资性房地产的账务处理★★★

一、取得投资性房地产的账务处理

企业取得投资性房地产，在成本模式下或公允价值模式下均应按照取得时的实际成本核算。如表4-5所示。

表4-5 投资性房地产的取得

取得方式	初始计量	原理解释
外购的土地使用权和建筑物	按照取得时的实际成本进行初始计量。取得时的实际成本包括购买价款、相关税费和可直接归属于该资产的其他支出	类似存货/固定资产外购取得成本的构成
购入的房地产，部分用于出租（或资本增值）、部分自用	用于出租（或资本增值）的部分应当予以单独确认的，应按照不同部分的公允价值占公允价值总额的比例将成本在不同部分之间进行分配	公允价值标准合理分摊
自行建造的投资性房地产	其成本由建造该项资产达到预定可使用状态前发生的必要支出构成，包括土地开发费、建筑成本、安装成本、应予以资本化的借款费用、支付的其他费用和分摊的间接费用等	类似固定资产自建方式取得成本的构成

续表

取得方式	初始计量	原理解释
自行建造的投资性房地产	【新东方提示】 　　建造过程中发生的非正常性损失直接计入当期损益，不计入建造成本	
非投资性房地产（自用房地产或存货）转换为采用公允模式计量的投资性房地产	该项投资性房地产按照转换日的公允价值入账	因房地产用途发生改变而对房地产进行的重新分类

　　自用房地产或存货转换为采用公允价值模式计量的投资性房地产，该项投资性房地产应当按照转换日的公允价值计量。转换日的公允价值小于原账面价值的，其差额计入当期损益（公允价值变动损益）。转换日的公允价值大于原账面价值的，其差额作为其他综合收益核算。处置该项投资性房地产时，原计入其他综合收益的部分应当转入处置当期损益。

【新东方提示】
　　记忆口诀：非投转投，增综。

　　对公允价值变动损益的不同处理，一方面有利于满足谨慎性要求，即费用不应少计、收入不应多计，使得反映的净利润偏低；另一方面有利于满足可靠性要求，即公允价值增值有着客观确凿证据，理应如实记账，转换日的公允价值大于原账面价值的差额属于未实现损益，作为其他综合收益计入利润表但不增加净利润，这就既满足了谨慎性要求，又增加了会计核算的有用性要求。

【例题·多选题】（2022 年）下列各项关于企业土地使用权的会计处理的表述中，正确的有（　　　）。
　　A. 企业将租出的土地使用权作为无形资产核算
　　B. 按照国家有关规定认定的闲置土地不属于投资性房地产
　　C. 企业持有并准备增值后转让的土地使用权作为投资性房地产核算
　　D. 工业企业将购入的用于建造办公楼的土地使用权作为固定资产核算
【答案】B、C
【解析】选项 A 错误，企业将租出的土地使用权作为投资性房地产核算；选项 B 正

确，按照国家有关规定认定的闲置土地，不属于持有并准备增值后转让的土地使用权，不属于投资性房地产；选项 C 正确，企业通过出让或转让方式取得的并准备增值后转让的土地使用权属于投资性房地产；选项 D 错误，工业企业将购入的用于建造办公楼的土地使用权作为无形资产核算。

【例题·单选题】对已出租的土地使用权、已出租的建筑物，其作为投资性房地产的确认时点一般为（　　　）。

　　A. 租赁期开始日　　　　　　　　　　B. 董事会作出决议日

　　C. 租赁合约签订日　　　　　　　　　D. 股东（大）会作出决议日

【答案】A

【解析】选项 A 正确，对已出租的土地使用权、已出租的建筑物，其作为投资性房地产的确认时点一般为租赁期开始日。

二、投资性房地产后续核算的账务处理

（一）采用成本模式对投资性房地产进行后续计量

在成本模式下，应当按照投资性房地产的实际成本进行计量，在持有期间比照固定资产或无形资产的相关规定计提折旧或摊销；存在减值迹象的，应当按照资产减值的相关规定进行处理。

【新东方提示】

采用成本模式对投资性房地产进行后续计量的主要会计处理如表 4-6 所示。

表 4-6　成本模式下投资性房地产后续计量

后续计量	会计处理思路
计提折旧	比照固定资产
计提摊销	比照无形资产
出现减值，计提减值准备	减值准备计提后，不得转回

（二）采用公允价值模式对投资性房地产进行后续计量

采用公允价值模式计量，企业应设置"投资性房地产——成本"科目和"投资性房地产——公允价值变动"科目及其"公允价值变动损益——投资性房地产"科目，分别核算投资性房地产的成本和后续计量公允价值变动及其由公允价值变动而产生的损益。采用公允价值模式进行后续核算，投资性房地产不应计提折旧或摊销。

【新东方提示】

采用公允价值模式对投资性房地产进行后续计量的主要会计处理如表4-7所示。

表4-7　公允价值模式下投资性房地产的后续计量

后续计量	会计处理思路
期末公允价值变动	比照交易性金融资产

公允价值计量模式：不考虑计提折旧，不计提摊销，不计提减值准备。

【例题·多选题】关于投资性房地产的后续计量，下列说法中正确的有（　　）。

A. 采用公允价值模式进行后续计量的，不对投资性房地产计提折旧或摊销

B. 采用公允价值模式进行后续计量的，应对投资性房地产进行减值测试，发生减值的，应计提减值准备

C. 已采用公允价值模式计量的投资性房地产，不得从公允价值模式转为成本模式

D. 已采用成本模式计量的投资性房地产，不得从成本模式转为公允价值模式

【答案】A、C

【解析】选项A正确、选项B错误，采用公允价值模式对投资性房地产进行后续计量的，不对投资性房地产计提折旧或进行摊销，也不计提减值准备，应当以资产负债表日投资性房地产的公允价值为基础调整其账面价值，公允价值与原账面价值之间的差额计入当期损益；选项C正确、选项D错误，企业对投资性房地产的计量模式一经确定，不得随意变更。已采用成本模式计量的投资性房地产可以从成本模式转为公允价值模式，已采用公允价值模式计量的投资性房地产，不得从公允价值模式转为成本模式。

【例题·多选题】下列关于投资性房地产计量的说法中正确的有（　　）。

A. 只有在确凿证据表明投资性房地产公允价值能持续可靠取得时，企业才可以采用公允价值模式进行后续计量

B. 企业一旦采用公允价值模式，应当对其所有投资性房地产均采用公允价值模式进行后续计量

C. 企业对投资性房地产的后续计量，可以从成本模式变和公允价值模式之间互相变更

D. 非投资性房地产转为公允价值模式计量的投资性房地产时，公允价值与账面价值的差额，应计入其他综合收益

【答案】A、B

【解析】选项 C 错误，企业可以从成本模式变更为公允价值模式，而不能从公允价值模式转为成本模式；选项 D 错误，非投资性房地产转为公允价值模式计量的投资性房地产时，公允价值大于账面价值的差额，应计入其他综合收益。

【例题·判断题】投资性房地产后续计量模式包括成本模式和公允价值模式两种模式，同一企业可以同时采用两种计量模式对其投资性房地产进行后续计量。（　　）

【答案】×

【解析】投资性房地产后续计量分为成本模式和公允价值模式，但是，同一企业只能采用一种模式对所有投资性房地产进行后续计量，不得同时采用两种计量模式。

三、投资性房地产处置的账务处理

企业出售、转让、报废投资性房地产或者发生投资性房地产毁损，应当将处置收入扣除其账面价值和相关税费后的金额计入当期损益。

第三单元　固定资产

考点一　固定资产的管理★

一、固定资产的概念和特征

固定资产，是指企业为生产商品、提供劳务或经营管理而持有的，且使用寿命超过一个会计年度的有形资产。固定资产的特征如表 4-8 所示。

表 4-8　固定资产的特征

特征	固定资产常见形式
（1）为生产商品、提供劳务、出租或经营管理而持有	生产经营用的房屋或建筑物、器具、工具、机器、设备等
（2）使用固定资产的期限超过一个会计年度	

【新东方提示】

（1）很多看似实物上属于有形资产，但是持有目的不能满足固定资产特征，例如对于特殊行业，房企以出售目的而持有的不动产，设备制造商以出售目的而持有的动产设备，属于存货，不是固定资产。

（2）对于不动产而言，如果持有目的是以经营租赁方式出租，或是赚取租金，满足投资性房地产的特征，不属于固定资产。对于动产而言，如果持有目的是以经营租赁方式出租，属于固定资产。

二、固定资产的分类

根据不同的管理需要和核算要求以及不同的分类标准，可以对固定资产进行不同的分类，如表4-9所示。

表4-9　固定资产的分类

分类标准	分类
经济用途	生产经营用固定资产和非生产经营用固定资产
经济用途和使用情况等综合分类	（1）生产经营用固定资产 （2）非生产经营用固定资产 （3）租出固定资产（指企业在经营租赁方式下出租给外单位使用的固定资产） （4）不需用固定资产 （5）未使用固定资产 （6）土地（指过去已经估价单独入账的土地） （7）租入固定资产（除短期租赁和低价值资产租赁租入的固定资产外，在租赁期内，应作为使用权资产进行核算与管理）

考点二　固定资产核算的会计科目★

为了反映和监督固定资产的取得、计提折旧和处置等情况，企业一般需要设置"工程物资""在建工程""固定资产""累计折旧""固定资产清理"等科目，如表4-10所示。

表 4-10　固定资产的会计科目

科目名称	登记内容
工程物资	核算企业为在建工程而准备的各种物资的实际成本，借方登记企业购入工程物资的成本，贷方登记领用工程物资的成本，期末借方余额，反映企业为在建工程准备的各种物资的成本
在建工程	核算企业基建、更新改造等在建工程发生的支出，借方登记企业各项在建工程的实际支出，贷方登记完工工程转出的成本，期末借方余额，反映企业尚未达到预定可使用状态的在建工程的成本
固定资产	核算企业固定资产的原价，借方登记企业增加的固定资产原价，贷方登记企业减少的固定资产原价，期末借方余额，反映企业期末固定资产的账面原价。企业应当设置"固定资产登记簿"和"固定资产卡片"，按固定资产类别、使用部门和每项固定资产进行明细核算
累计折旧	属于"固定资产"的调整科目，核算企业固定资产的累计折旧，贷方登记企业计提的固定资产折旧，借方登记处置固定资产转出的累计折旧，期末贷方余额，反映企业固定资产的累计折旧额
固定资产清理	核算企业因出售、报废、毁损、对外投资、非货币性资产交换、债务重组等原因转入清理的固定资产价值以及在清理过程中发生的清理费用和清理收益，借方登记转出的固定资产账面价值、清理过程中应支付的相关税费及其他费用，贷方登记出售固定资产取得的价款、残料价值和变价收入。期末借方余额，反映企业尚未清理完毕的固定资产清理净损失，期末如为贷方余额，则反映企业尚未清理完毕的固定资产清理净收益。固定资产清理完成时，借记登记转出的清理净收益，贷方登记转出的清理净损失，清理净损益结转后，该科目无余额。企业应当按照被清理的固定资产项目设置明细账，进行明细核算

【 新东方提示 】

　　企业固定资产、在建工程、工程物资发生减值的，还应当设置"固定资产减值准备""在建工程减值准备""工程物资减值准备"等科目进行核算。

考点三　固定资产取得★★★

固定资产应当按照取得时的成本进行初始计量。

一、外购固定资产

1. 企业外购的固定资产，应按实际支付的购买价款、相关税费（不含可抵扣增值

税）、使固定资产达到预定可使用状态前所发生的可归属于该项资产的运输费、装卸费、安装费和专业人员服务费等，作为固定资产的取得成本。外购固定资产的成本构成项目，如表 4-11 所示。

表 4-11　外购固定资产的成本构成项目

外购固定资产的成本构成项目	关键理解	易错提示
购买价款	价	一般纳税人购建（包括购进、自行建造、改扩建等）固定资产发生的增值税进项税额可以从销项税额中抵扣，记账通过"应交税费——应交增值税（进项税额）"进行登记，那自然就不用计入资产账户
相关税费	税	包括关税、契税、车辆购置税等税款构成资产成本；小规模纳税人购建固定资产发生的增值税进项税额应计入固定资产的成本
使固定资产达到预定可使用状态前所发生的可归属于该项资产的运输费、装卸费、安装费和专业人员服务费等	费	兜底项目：把握原则是使固定资产达到预定可使用状态前可归属于固定资产的费用。例如，员工培训费不能归属于该项资产，应于发生时计入当期损益（计入管理费用）

2. 外购固定资产的账务处理

外购固定资产的账务处理如表 4-12 所示。

表 4-12　外购固定资产的账务处理

购入不需要安装的固定资产	购入需要安装的固定资产
借：固定资产 　　应交税费——应交增值税（进项税额） 　贷：银行存款 / 应付账款等	购入进行安装时 （1）借：在建工程 　　　　　应交税费——应交增值税（进项税额） 　　　贷：银行存款 / 应付账款等 （2）发生安装费时： 借：在建工程 　　应交税费——应交增值税（进项税额） 　贷：银行存款 （3）达到预定可使用状态时： 借：固定资产 　贷：在建工程

【新东方提示】

购入需要安装的固定资产，入账成本为购入的固定资产取得成本的基础上加上安装调试成本，购入时先通过"在建工程"科目归集其成本，待达到预定可使用状态时，再由"在建工程"科目转入"固定资产"科目。

外购固定资产的账务处理如图 4-1 所示。

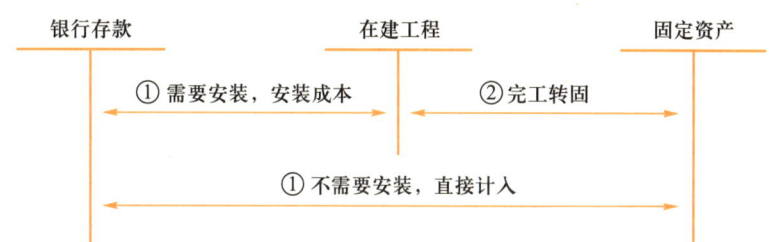

图 4-1 外购固定资产的账务处理

3. 一笔款项购入多项没有单独标价的固定资产

企业应将各项资产单独确认为固定资产，并按照各项固定资产公允价值的比例对总成本进行分配，分别确定各项固定资产的成本。

$$每一单项固定资产的入账成本 = 待分配总成本 \times (该单项固定资产的公允价值 \div 各单项固定资产公允价值之和)$$

【例题·单选题】（2022 年）甲公司为增值税一般纳税人，2021 年 2 月 2 日购入需安装的生产用机器设备一台，支付价款 100 万元，增值税税额为 13 万元。安装过程中领用本公司自产产品一批，该批产品成本为 5 万元，公允价值为 8 万元。2021 年 2 月 22 日安装结束，固定资产达到预定可使用状态。则该固定资产的入账金额为（　　）万元。

A. 121　　　　　　B. 108　　　　　　C. 105　　　　　　D. 118

【答案】 C

【解析】 选项 C 正确，安装领用本公司自产产品不需确认增值税销项税额，按成本领用即可。故固定资产安装后的入账金额 = 100 + 5 = 105（万元）。

【例题·多选题】（2022 年）某企业为增值税一般纳税人，购入一台需要安装的设备，计入固定资产成本的有（　　）。

A. 增值税专用发票上注明的增值税税额　　B. 发生的安装费

C. 采购中发生运输费　　D. 增值税专用发票上注明的设备价款

【答案】 B、C、D

【解析】 选项 A 错误，企业作为一般纳税人，购入固定资产时取得的增值税专用发票上注明的增值税税额属于可以从销项税额中抵扣的增值税进项税额，通过"应交税费——

应交增值税（进项税额）"科目核算，不计入固定资产成本；企业作为一般纳税人，购入需要安装的固定资产时，应按实际支付的购买价款（选项D正确）、相关税费、使固定资产达到预定可使用状态前所发生的可归属于该项资产的运输费（选项C正确）、装卸费和专业人员服务费、安装调试成本（选项B正确）等，作为固定资产成本。

【例题·单选题】（2019年）某企业一次性付款购入M、N、O三台不同型号和用途的配套生产设备并投入使用，共支付不含增值税价款240万元，M、N、O三台设备的公允价值分别为100万元、38万元和112万元。不考虑其他因素，M设备的入账金额应为（　　）万元。

A. 96　　　　　　　B. 107.52　　　　　　C. 36.48　　　　　　D. 100

【答案】A

【解析】选项A正确，分析计算如下：

企业以一笔款项购入多项没有单独标价的固定资产，应将各项资产单独确认为固定资产，并按各项固定资产公允价值的比例对总成本进行分配，分别确定各项固定资产的成本。

M设备的价值占比＝100/（100＋38＋112）×100%＝40%，故M设备的入账金额＝240×40%＝96（万元）。

【例题·单选题】（2018年）某企业为增值税一般纳税人，自行建造厂房购入工程物资一批，增值税专用发票上注明的价款为100万元，增值税税额为13万元。不考虑其他因素，该企业购买工程物资相关科目会计处理结果表述正确的是（　　）。

A. 贷记"应交税费——应交增值税（销项税额）"科目13万元

B. 借记"原材料"科目100万元

C. 借记"工程物资"科目113万元

D. 借记"工程物资"科目100万元

【答案】D

【解析】选项D正确，该批工程物资是为建造厂房而购入，故应借记"工程物资"科目，该企业作为增值税一般纳税人，其购入工程物资的增值税税额13万元应确认为增值税进项税额，记入"应交税费——应交增值税（进项税额）"科目。会计分录如下：

借：工程物资　　　　　　　　　　　　　　　　　　　　100
　　应交税费——应交增值税（进项税额）　　　　　　　　13
　　贷：银行存款等　　　　　　　　　　　　　　　　　　　　113

二、建造固定资产

企业自行建造的固定资产，应按建造该项资产达到预定可使用状态前所发生的必要支出，作为固定资产的成本。核算时应先将相关支出记入"在建工程"科目，待达到预定可使用状态时再转入"固定资产"科目。

（一）自营方式建造固定资产

自营工程是指企业自行组织工程物资采购、自行组织施工人员施工的建筑工程和安装工程。自营工程的会计处理如表 4-13 所示。

表 4-13　自营工程的会计处理

自营工程业务流程	会计处理
企业为建造固定资产购入的工程物资，应当按照实际支付的买价和运输费、保险费等相关税费作为实际成本	借：工程物资 　　应交税费——应交增值税（进项税额） 贷：银行存款
建造固定资产领用工程物资、原材料或库存商品，应按其实际成本转入工程成本，自营方式建造固定资产应负担的职工薪酬、其他必要支出也应计入建造工程成本	借：在建工程 贷：工程物资 　　原材料/库存商品 　　应付职工薪酬 　　银行存款
自营工程达到预定可使用状态时	借：固定资产 贷：在建工程

（二）出包方式建造固定资产

出包工程是指企业通过招标方式将工程项目发包给建造承包商，由建造承包商组织施工的建筑工程和安装工程。企业采用出包方式进行的固定资产工程，其工程的具体支出主要由建造承包商核算，在这种方式下，"在建工程"科目主要是反映企业与建造承包商办理工程价款结算的情况，企业支付给建造承包商的工程价款作为工程成本，通过"在建工程"科目核算。

考点四　固定资产折旧★★★

一、固定资产折旧概述

企业应当在固定资产的使用寿命内，按照确定的方法对应计折旧额进行系统分摊。应计折旧额，是指应当计提折旧的固定资产原价扣除其预计净残值后的金额，已计提减值准备的固定资产，还应当扣除已计提的固定资产减值准备累计金额。

应计折旧额＝固定资产原价－预计净残值－固定资产减值准备

固定资产的价值形式如表 4-14 所示。

表 4-14 固定资产的价值形式

固定资产的价值形式	具体计算
账面原价	账面原价＝账面余额
账面净值	账面净值＝固定资产原价 － 累计折旧
账面价值	账面价值＝固定资产原价 － 累计折旧 － 固定资产减值准备

【新东方提示】

　　固定资产折旧是资产向费用转移的常规路径之一，固定资产通过折旧转化为各期的费用、发生费用、对应的产生收入，进而收回资产价值。折旧这一途径转移的资产价值不是资产原价，也不是资产净值，也不是资产账面价值，而是固定资产的应计折旧额。为何是按照应计折旧额转移资产价值，原因是原价中如果是使用寿命结束后有预计净残值的，以后可以通过回收净残值收回资产价值，不需通过折旧这一路径收回；资产通过减值形式转为资产减值损失，无法收回此部分资产价值，自然不能通过折旧这一路径收回。

二、影响固定资产折旧的因素

影响固定资产折旧的因素主要有以下几个方面：
1. 固定资产原价；
2. 预计净残值；
3. 固定资产减值准备；
4. 固定资产的使用寿命。

三、固定资产的折旧范围

（一）不计提折旧的固定资产
不计提折旧的固定资产如表 4-15 所示。

表 4-15 不计提折旧的固定资产

不计提折旧的项目	原理解释
已提足折旧仍继续使用的固定资产	已经提足了，不需要再计提
单独计价入账的土地	土地不会变旧

续表

不计提折旧的项目	原理解释
改扩建期间的固定资产、更新改造过程停止使用的固定资产	账面价值转入在建工程，在改扩建期间不再计提折旧
提前报废的固定资产，不再补提折旧	已经转入固定资产清理，不属于固定资产

（二）固定资产计提折旧的特殊情形

固定资产计提折旧的特殊情形如表4-16所示。

表4-16 固定资产计提折旧的特殊情形

计提折旧的项目	原理解释
因大修理而停工的固定资产	大修理的还在使用中
已达到预定可使用状态但尚未办理竣工决算的固定资产	已达到预定可使用状态但尚未办理竣工决算的固定资产，应当按照估计价值确定其成本，并计提折旧；待办理竣工决算后，再按实际成本调整原来的暂估价值，但不需要调整原已计提的折旧额 💡【新东方提示】 　　决算前估计入账，决算后实际调整，折旧已提不再调

（三）计提折旧的时间范围

当月增加的固定资产，当月不计提折旧，从下月起计提折旧；当月减少的固定资产，当月仍计提折旧，从下月起不计提折旧。

四、复核固定资产使用寿命、预计净残值和折旧方法

企业至少应当于每年年度终了，对固定资产的使用寿命、预计净残值和折旧方法进行复核。

与固定资产有关的经济利益预期实现方式有重大改变的，应当改变固定资产折旧方法。固定资产使用寿命、预计净残值和折旧方法的改变应当作为会计估计变更。

【例题·单选题】（2022年）下列各项中，关于固定资产计提折旧的表述正确的是（　　）。

A. 承租方短期租赁租入的房屋应计提折旧

B. 提前报废的固定资产应补提折旧

C. 已提足折旧继续使用的房屋应计提折旧

D. 暂时闲置的库房应计提折旧

【答案】D

【解析】选项 D 正确。短期租赁租入的固定资产，承租方不计提折旧（选项 A 错误）；除下列情况外，企业应当对所有固定资产计提折旧：（1）已提足折旧仍继续使用的固定资产（选项 C 错误）；（2）单独计价入账的土地。提前报废的固定资产，不再补提折旧（选项 B 错误）。

【例题·多选题】（2022 年）下列各项中，企业应在当月计提固定资产折旧的有（　　）。

A. 当月出售未提足折旧的自用写字楼　　B. 当月达到预定可使用状态的仓库

C. 当月已经营租出的旧生产设备　　D. 上月已提足折旧本月继续使用的电脑

【答案】A、C

【解析】选项 A 正确，选项 B 错误，当月增加的固定资产，从下月起计提，当月减少的固定资产，当月仍计提折旧；选项 C 正确，当月已经营租出的旧生产设备，当月需要计提折旧；选项 D 错误，上月已提足折旧仍继续使用的固定资产不计提折旧。

五、固定资产的折旧方法

企业应当根据与固定资产有关的经济利益的预期实现方式，合理选择固定资产折旧方法。可选用的折旧方法包括年限平均法（又称直线法）、工作量法、双倍余额递减法和年数总和法等。固定资产的折旧方法一经确定，不得随意变更。固定资产的折旧方法如表 4-17 所示。

表 4-17　固定资产的折旧方法

固定资产折旧方法（会计估计）	原理解释
（1）年限平均法（直线法） 年折旧额 =（固定资产原价 - 预计净残值）÷ 预计使用年限 　　　　 = 固定资产原价 ×（1- 预计净残值率）÷ 　　　　　　 预计使用年限 月折旧额 = 年折旧额 ÷12 其中：年折旧率 =（1- 预计净残值率）÷ 预计使用寿命（年）× 　　　　100%	采用年限平均法计提固定资产折旧，其特点是将固定资产的应计折旧额均衡地分摊到固定资产预计使用寿命内，采用这种方法计算的每期折旧额是相等的

续表

固定资产折旧方法（会计估计）	原理解释
（2）工作量法 单位工作量折旧额＝固定资产原价 ×（1－ 预计净残值率）÷ 预计总工作量 月折旧额＝固定资产当月工作量 × 单位工作量折旧额	工作量法是指根据实际工作量计算固定资产每期应计提折旧额的一种方法
（3）加速折旧法 加速折旧的计提方法有多种，常用的有以下两种： ① 双倍余额递减法 双倍余额递减法是指在不考虑固定资产预计净残值的情况下，根据每期期初固定资产原价减去累计折旧后的余额和双倍的直线法折旧率计算固定资产折旧的一种方法。采用双倍余额递减法计提固定资产折旧，一般应在固定资产使用寿命到期前两年内，将固定资产账面净值扣除预计净残值后的余额平均摊销。 双倍余额递减法的计算公式如下： 年折旧率＝2 / 预计使用寿命（年）× 100% 年折旧额＝固定资产期初账面净值 × 年折旧率 　　　　＝（固定资产原价 － 累计折旧）× 年折旧率 月折旧额＝固定资产年折旧额 ÷12 💡【新东方提示】 　　（a）在固定资产使用寿命到期前两年内，将固定资产账面净值扣除预计净残值后的余额平均分摊。 　　最后两年每年的折旧额＝（固定资产的原价 － 预计净残值 － 已计提的累计折旧）÷2 　　（b）双倍余额递减法计算中使用账面净值，其他三种方法计算中都用的是应计折旧额。 ② 年数总和法 年数总和法是指将固定资产的原价减去预计净残值后的余额，乘以一个逐年递减的分数计算每年的折旧额，这个分数的分子为固定资产尚可使用寿命，分母为固定资产预计使用寿命逐年数字总和。 年数总和法的计算公式如下： 年折旧率＝尚可使用年限 / 预计使用寿命的年数总和 × 100% 年折旧额＝（固定资产原价 － 预计净残值）× 年折旧率	在资产使用寿命内，折旧数额前大后小，能快速收回固定资产价值，体现谨慎性，反映会计处理结果比较稳健

续表

固定资产折旧方法（会计估计）	原理解释
月折旧率＝年折旧率÷12 【新东方提示】 （1）年数总和法公式的关键是计算折旧率 （2）每年折旧额递减（折旧数额前大后小）的折旧方法：双倍余额递减法和年数总和法 （3）不需考虑预计净残值的折旧方法是双倍余额递减法	

【例题·单选题】（2022年）下列采用年数总和法计提固定资产折旧表述正确的是（   ）。

A. 年折旧率逐年降低

B. 使用寿命到期前两年改为年限平均法

C. 计算折旧时无需考虑预计净残值

D. 各期折旧数额均相等

【答案】A

【解析】选项A正确，年数总和法计提折旧的特点是在固定资产使用寿命内年折旧率逐年降低；选项B错误，双倍余额递减法计提固定资产折旧时在使用寿命到期前两年改为年限平均法。选项C错误，年数总和法计提折旧需要考虑预计净残值；选项D错误，年数总和法属于加速折旧法，折旧数额逐年递减。

【例题·单选题】（2022年）某企业于2021年10月1日购入一项设备，其原价为300万元，可抵扣进项税额为39万元，预计使用年限为5年，预计净残值为0.8万元，采用双倍余额递减法计提折旧。2021年度该项固定资产应计提的折旧额为（   ）万元。

A. 39.84   B. 20   C. 120   D. 80

【答案】B

【解析】选项B正确，年折旧率＝2/预计使用年限（年）×100%＝2/5×100%＝40%，该企业10月份购入设备，应从11月开始计提折旧，2021年计提折旧的月份数为2个月，2021年度该项固定资产应计提的折旧额＝300×40%/12×2＝20（万元）。

【例题·单选题】（2022年）2020年12月31日，某企业购入不需安装的设备一台，当日投入使用。该设备初始入账价值为288万元，预计使用寿命为5年，预计净残值为0，采用年数总和法计提折旧。不考虑其他因素，2021年该设备应计提的折旧金额为（   ）万元。

A. 57.6   B. 115.2   C. 96   D. 19.2

【答案】C

【解析】选项 C 正确，该设备 2021 年应计提的折旧金额 = 288 × [5/(1 + 2 + 3 + 4 + 5)] = 96（万元）。

六、固定资产折旧的会计处理

固定资产应当按月计提折旧，并根据用途和受益对象性质计入相关资产的成本或者当期损益。

借：制造费用【生产车间计提折旧】

　　管理费用【企业管理部门、未使用的固定资产计提折旧等】

　　销售费用【企业专设销售部门计提折旧】

　　其他业务成本【企业经营出租固定资产计提折旧】

　　研发支出【企业研发无形资产时所使用的固定资产计提折旧】

　　在建工程【在建工程中使用固定资产计提折旧】

　　应付职工薪酬【提供住房的非货币性薪酬】

　　贷：累计折旧

【例题·多选题】（2021 年）下列各项中，应计入制造费用的有（　　）。

A. 生产用固定资产的折旧费　　　　B. 生产车间管理用具的摊销

C. 预计产品质量保证损失　　　　　D. 管理用固定资产的折旧费

【答案】A、B

【解析】选项 A、B 计入制造费用；选项 C，计入销售费用；选项 D，计入管理费用。

【例题·多选题】（2021 年）下列各项中，关于企业固定资产折旧的会计处理表述正确的有（　　）。

A. 自行建造厂房使用自有固定资产，计提的折旧应计入在建工程成本

B. 基本生产车间使用自有固定资产，计提的折旧应计入制造费用

C. 短期租出的固定资产，其计提的折旧应计入管理费用

D. 专设销售机构使用的自有固定资产，计提的折旧应计入销售费用

【答案】A、B、D

【解析】选项 A、B、D 表述正确；选项 C 表述错误，短期租出的固定资产其计提的折旧计入其他业务成本。

考点五　固定资产后续支出★★

固定资产后续支出，是指固定资产在使用过程中发生的更新改造支出、修理费用等。满足固定资产确认条件的，应当计入固定资产成本，如有被替换的部分，应同时将被

替换部分的账面价值扣除；不满足固定资产确认条件的，应当计入当期损益。

一、资本化后续支出

固定资产发生属于资本化后续支出时，应当通过"在建工程"科目核算。资本化后续支出的会计处理如表 4-18 所示。

表 4-18 资本化后续支出的会计处理

资本化后续支出	会计处理
发生属于资本化的后续支出时，将固定资产的原价、已计提的累计折旧和减值准备转销，将固定资产账面价值转入在建工程	借：在建工程 　　累计折旧 贷：固定资产
发生属于资本化的后续支出时	借：在建工程 　　应交税费——应交增值税（进项税额） 贷：银行存款
发生后续支出的固定资产达到预定可使用状态时	借：固定资产 贷：在建工程

二、费用化后续支出

费用化后续支出的会计处理如表 4-19 所示。

表 4-19 费用化后续支出的会计处理

费用化后续支出	会计处理
企业行政管理部门的固定资产发生不属于资本化后续支出，例如行政管理部门固定资产日常修理费用	借：管理费用 　　应交税费——应交增值税（进项税额） 贷：银行存款
企业专设销售机构的固定资产发生不属于资本化的后续支出，例如销售机构固定资产日常修理费用	借：销售费用 　　应交税费——应交增值税（进项税额） 贷：银行存款

【例题·单选题】（2022 年）某企业对行政管理部门使用的一台设备进行更新改造，该设备原价 108 万元，已计提折旧 86.4 万元，改造过程中发生满足固定资产确认条件的支出 22 万元，该设备更新改造后的入账价值为（　　）万元。

　　A. 86.4　　　　　　　B. 44　　　　　　　C. 22　　　　　　　D. 43.6

【答案】D

【解析】选项 D 正确，该设备更新改造后的入账价值 = 108 − 86.4 + 22 = 43.6（万元）。

【例题·单选题】（2020 年）A 公司对一幢办公楼进行更新改造，该办公楼原价为 1 000 万元，已计提折旧 500 万元。更新改造过程中发生支出 600 万元，被替换部分账面原价为 100 万元，出售价款为 2 万元。不考虑相关税费，则新办公楼的入账价值为（　　）万元。

A. 1 100　　　　　B. 1 050　　　　　C. 1 048　　　　　D. 1 052

【答案】B

【解析】选项 B 正确，被替换部分的账面价值 = 100 − 100 × 500/1 000 = 100 ×（1 − 500/1 000）= 50（万元）。新办公楼的入账价值 = 1 000 − 500 + 600 − 50 = 1 050（万元）。

考点六　固定资产处置 ★★★

企业处置固定资产应通过"固定资产清理"科目核算，清理的净损益计入当期损益。固定资产处置的具体形式及会计处理如表 4−20 所示。

表 4−20　固定资产处置的具体形式及会计处理

具体处置形式	会计处理
固定资产处置，即固定资产的终止确认，具体包括固定资产的出售、报废、毁损、对外投资、非货币性资产交换、债务重组等	企业因出售、转让、报废、毁损等转出的固定资产，应当按照规定程序办理有关手续，结转固定资产的账面价值，计算有关的清理收入、清理费用及残料价值等，清理完毕，结转固定资产清理损益

固定资产出售、报废或毁损的会计处理

固定资产处置的账务处理包括以下流程或环节，如表 4−21 所示。

表 4−21　固定资产处置的账务处理

处置业务流程	账务处理
固定资产转入清理	借：固定资产清理 　　累计折旧 　　固定资产减值准备 　贷：固定资产 【新东方提示】 清理代价在借

续表

处置业务流程	账务处理
结算清理费用	借：固定资产清理 　　贷：银行存款 💡【新东方提示】 清理代价在借
收回出售固定资产的价款、残料价值和变价收入等	借：银行存款 / 原材料等 　　贷：固定资产清理 　　　　应交税费——应交增值税（销项税额） 💡【新东方提示】 清理补偿在贷
确认应收责任单位（或个人）赔偿损失	借：其他应收款 / 银行存款等 　　贷：固定资产清理 💡【新东方提示】 清理补偿在贷，债权垃圾桶
结转清理净损益 【已丧失使用功能或因自然灾害等】 【无使用价值】	净损失： ① 属于生产经营期间正常报废清理的处理净损失【正常原因】 借：营业外支出——非流动资产处置损失 　　贷：固定资产清理 ② 属于自然灾害等非正常原因造成的损失【非正常原因】 借：营业外支出——非常损失 　　贷：固定资产清理 净收益： 借：固定资产清理 　　贷：营业外收入 💡【新东方提示】 因已丧失使用功能或因自然灾害发生毁损等原因而报废清理产生的利得或损失应计入营业外收支

续表

处置业务流程	账务处理
结转清理净损益 【有使用价值】	出售、转让等原因造成的损失或收益： 借：资产处置损益 　　贷：固定资产清理 或反之 【新东方提示】 　　因出售、转让等原因产生的固定资产处置利得或损失应计入资产处置损益

【新东方提示】
　　处置固定资产的净损益本质逻辑是处置时获得的"补偿"扣除相应的"代价"，进而在"固定资产清理"账户中登记。

【例题·单选题】（2021年）某企业出售一台旧设备，原价为23万元，已计提折旧5万元。出售该设备开具的增值税专用发票上注明的价款为20万元，增值税税额为2.6万元，发生的清理费用为1.5万元，不考虑其他因素，该企业出售设备应确认的净收益为（　　）万元。

A. -2.9　　　　　B. 0.5　　　　　C. 20　　　　　D. 2

【答案】B

【解析】选项B正确，该企业出售设备后确认的净收益=20-（23-5）-1.5=0.5（万元）。涉及的会计分录为：

　　借：固定资产清理　　　　　　　　　　　　　　　　18
　　　　累计折旧　　　　　　　　　　　　　　　　　　 5
　　　　贷：固定资产　　　　　　　　　　　　　　　　　　　23
　　借：银行存款　　　　　　　　　　　　　　　　　22.6
　　　　贷：固定资产清理　　　　　　　　　　　　　　　　　20
　　　　　　应交税费——应交增值税（销项税额）　　　　　　2.6
　　借：固定资产清理　　　　　　　　　　　　　　　1.5
　　　　贷：银行存款　　　　　　　　　　　　　　　　　　　1.5
　　借：固定资产清理　　　　　　　　　　　　　　　0.5
　　　　贷：资产处置损益　　　　　　　　　　　　　　　　　0.5

【例题·判断题】（2020年）企业因经营业务调整出售固定资产而发生的处置净损失，应记入"营业外支出"科目。（　　　）

【答案】×

【解析】因业务调整出售固定资产的净损失，记入"资产处置损益"科目。

考点七　固定资产清查★★★

企业应定期或者至少于每年年末对固定资产进行清查盘点。在固定资产清查过程中，如果发现盘盈或盘亏的固定资产，应填制固定资产盘盈或盘亏报告表。清查固定资产的损溢，应及时查明原因，并按照规定程序报批处理。

一、固定资产的盘盈

企业在财产清查中盘盈的固定资产，应当作为重要的前期差错进行会计处理。企业在财产清查中盘盈的固定资产，在按管理权限报经批准处理前，应先通过"以前年度损益调整"科目核算。

（1）盘盈的固定资产，应按重置成本确定其入账价值

借：固定资产

　　贷：以前年度损益调整

（2）由于以前年度损益调整而增加的所得税费用

借：以前年度损益调整

　　贷：应交税费——应交所得税

（3）将以前年度损益调整科目余额转入留存收益时

借：以前年度损益调整

　　贷：盈余公积

　　　　利润分配——未分配利润

二、固定资产的盘亏

（1）企业在财产清查中盘亏的固定资产，按照盘亏固定资产的账面价值

借：待处理财产损溢

　　累计折旧

　　固定资产减值准备

　　贷：固定资产

（2）企业按照管理权限报经批准后处理时

借：其他应收款【可收回的保险赔偿或过失人赔偿】

营业外支出——盘亏损失【盘亏损失】

贷：待处理财产损溢

【例题·多选题】（2022年）应通过"固定资产清理"科目核算的有（ ）。

A. 毁损的运输车辆   B. 盘亏办公设备

C. 报废设备   D. 盘盈设备

【答案】A、C

【解析】选项A、C正确，固定资产处置，具体包括固定资产的出售、报废、毁损等，均通过"固定资产清理"科目核算；选项B错误，企业在财产清查中盘亏的固定资产，按照盘亏固定资产的账面价值，借记"待处理财产损溢"科目；选项D错误，盘盈的固定资产，应按重置成本确定其入账价值，借记"固定资产"科目，贷记"以前年度损益调整"科目。

【例题·单选题】（2021年）企业在盘盈固定资产时，应通过（ ）科目核算。

A. 待处理财产损溢   B. 以前年度损益调整

C. 资本公积   D. 营业外收入

【答案】B

【解析】选项B正确，固定资产的盘盈作为前期差错进行处理，通过"以前年度损益调整"科目核算。

考点八 固定资产减值 ★★★

固定资产的初始入账价值为历史成本，由于固定资产使用年限较长，市场条件和经营环境的变化、科学技术的进步以及企业经营管理不善等原因，都可能导致固定资产创造未来经济利益的能力下降。因此，固定资产的真实价值有可能低于账面价值，在期末必须对固定资产减值损失进行确认。固定资产减值的会计处理如表4-22所示。

表4-22 固定资产减值的会计处理

具体情形	会计处理
固定资产在资产负债表日存在可能发生减值的迹象时，其可收回金额低于账面价值的，企业应当将该固定资产的账面价值减记至可收回金额，减记的金额确认为减值损失，计入当期损益，同时计提相应的资产减值准备	借：资产减值损失 贷：固定资产减值准备

【 新东方提示 】

固定资产减值损失一经确认，在以后会计期间<u>不得转回</u>。

固定资产减值的会计处理原则如表 4-23 所示。

表 4-23　固定资产减值的会计处理原则

是否减值	会计处理原则
固定资产账面价值小于固定资产的可收回金额【未出现减值】	无须计提固定资产减值准备
固定资产账面价值大于固定资产的可收回金额的差额【出现减值】	应当按照差额计提固定资产减值准备

【例题·判断题】（2022 年）企业固定资产、无形资产已经计提的减值准备，在以后会计期间不得转回。（　　　）

【答案】√

【解析】企业固定资产、无形资产的减值损失一经确认，在以后会计期间不得转回。

【例题·单选题】2021 年 12 月 31 日，甲公司的某生产线存在可能发生减值的迹象。经减值测试，该生产线的可收回金额为 120 000 元，账面价值为 130 000 元，以前年度对该生产线计提过 4 000 元的减值准备，则下列说法中正确的是（　　　）。

A. 应计提固定资产减值准备 10 000 元　　　B. 应计提固定资产减值准备 14 000 元

C. 应计提固定资产减值准备 0 元　　　D. 应计提固定资产减值准备 6 000 元

【答案】D

【解析】选项 D 正确，2021 年 12 月 31 日固定资产减值准备应有余额 = 130 000 - 120 000 = 10 000（元），期末应计提减值准备的金额 = 10 000 - 4 000 = 6 000（元）。

第四单元　生产性生物资产

考点一　生产性生物资产的确认与计量★

生产性生物资产，是指为产出农产品、提供劳务或出租等目的而持有的生物资产，包括经济林、薪炭林、产畜和役畜等。

一、生产性生物资产的计量

1. 外购生产性生物资产的成本，包括购买价款、相关税费、运输费、保险费以及可直接归属于购买该资产的其他支出。

2. 自行营造或繁殖的生产性生物资产的成本，应当按照下列规定确定：

（1）自行营造的林木类生产性生物资产的成本，包括达到预定生产经营目的前发生的造林费、抚育费、营林设施费、良种试验费、调查设计费和应分摊的间接费用等必要支出。

（2）自行繁殖的产畜和役畜的成本，包括达到预定生产经营目的（成龄）前发生的饲料费、人工费和应分摊的间接费用等必要支出。

【新东方提示】

达到预定生产经营目的，是指生产性生物资产进入正常生产期，可以多年连续稳定产出农产品、提供劳务或出租。

3. 因择伐、间伐或抚育更新性质采伐而补植林木类生物资产发生的后续支出，应当计入林木类生物资产的成本。

生物资产在郁闭或达到预定生产经营目的后发生的管护、饲养费用等后续支出，应当计入当期损益。

二、主要会计科目的设置

为了反映和监督生产性生物资产的生产、耗费、产出等情况，企业需要设置"生产性生物资产""生产性生物资产累计折旧"等科目。

"生产性生物资产"科目核算企业（农、林、牧、渔业）持有的生产性生物资产的原价（成本）。借方登记外购、自行营造的林木、自行繁殖产畜和役畜等增加的生产性生物资产成本，贷方登记出售、报废、毁损、对外投资等减少的生产性生物资产原价（成本）。期末借方余额，反映企业（农、林、牧、渔业）生产性生物资产的原价（成本）。本科目应按照"未成熟生产性生物资产"和"成熟生产性生物资产"，分别按生物资产的种类、群别等进行明细核算。

"生产性生物资产累计折旧"科目核算企业（农、林、牧、渔业）成熟生产性生物资产的累计折旧。贷方登记企业按月计提成熟生产性生物资产的折旧，借方登记处置生产性生物资产结转的生产性生物资产累计折旧。期末贷方余额，反映企业成熟生产性生物资产的累计折旧额。本科目应按照生产性生物资产的种类、群别等进行明细核算。

考点二 生产性生物资产的账务处理★

一、生产性生物资产增加的账务处理

1. 企业外购的生产性生物资产，按照购买价款和相关税费，借记"生产性生物资产"科目，贷记"银行存款"等科目。涉及按照税法规定可抵扣的增值税进项税额的，借记"应交税费——应交增值税（进项税额）"科目。

2. 自行营造的林木类生产性生物资产，按照达到预定生产经营目的前发生的造林费、抚育费、营林设施费、良种试验费、调查设计费和应分摊的间接费用等必要支出，借记"生产性生物资产"科目（未成熟生产性生物资产），贷记"原材料""银行存款""应付利息"等科目。

3. 自行繁殖的产畜和役畜，达到预定生产经营目的前发生的饲料费、人工费和应分摊的间接费用等必要支出，借记"生产性生物资产"科目（未成熟生产性生物资产），贷记"原材料""银行存款""应付利息"等科目。

4. 未成熟生产性生物资产达到预定生产经营目的时，按照其账面余额，借记"生产性生物资产"科目（成熟生产性生物资产），贷记"生产性生物资产"科目（未成熟生产性生物资产）。

5. 育肥畜转为产畜或役畜，应当按照其账面余额，借记"生产性生物资产"科目，贷记"消耗性生物资产"科目。产畜或役畜淘汰转为育肥畜，应按照转群时其账面价值，借记"消耗性生物资产"科目，按照已计提的累计折旧，借记"生产性生物资产累计折旧"科目，按照其原价，贷记"生产性生物资产"科目。

6. 择伐、间伐或抚育更新等生产性采伐而补植林木类生产性生物资产发生的后续支出，借记"生产性生物资产"科目（未成熟生产性生物资产），贷记"银行存款"等科目。

生产性生物资产发生的管护、饲养费用等后续支出，借记"管理费用"科目，贷记"银行存款"等科目。

【例题·单选题】甲公司自 2022 年初开始自行营造 100 公顷橡胶树，确认为生产性生物资产。当年发生种苗费 150 万元，平整土地和定植所需机器设备折旧费 15 万元；自营造开始正常生产周期为 3 年，假定各年均匀发生抚育肥料及农药费 10 万元、人工费 25 万元、每年应分摊管护费用 3 万元。假定不考虑相关税费等其他因素。2022 年甲公司应计入生产性生物资产成本的金额为（　　）万元。

A. 200　　　　　B. 203　　　　　C. 193　　　　　D. 165

【答案】B

【解析】选项 B 正确，2022 年发生种苗费、平整土地等费用：

```
借：生产性生物资产——未成熟生产性生物资产          165
    贷：原材料——种苗                                    150
        累计折旧                                           15
2022年发生抚育肥料及农药费、人工费、应分摊管护费用：
借：生产性生物资产——未成熟生产性生物资产           38
    贷：原材料——肥料及农药                               10
        应付职工薪酬                                       25
        银行存款                                            3
```
2022年甲公司应计入生产性生物资产成本的金额＝150＋15＋10＋25＋3＝203（万元）。

二、生产性生物资产折旧的账务处理

企业对达到预定生产经营目的的生产性生物资产，应当按期计提折旧，并根据用途分别计入相关资产的成本或当期损益。

企业应当根据生产性生物资产的性质、使用情况和有关经济利益的预期消耗方式，合理确定其使用寿命、预计净残值和折旧方法。

可选用的折旧方法包括年限平均法、工作量法、产量法等。

生产性生物资产的使用寿命、预计净残值和折旧方法一经确定，不得随意变更。

企业至少应当于每年年度终了对生产性生物资产的使用寿命、预计净残值和折旧方法进行复核。

【新东方提示】

使用寿命或预计净残值的预期数与原先估计数有差异的，或者有关经济利益预期实现方式有重大改变的，应当作为会计估计变更，调整生产性生物资产的使用寿命或预计净残值或者改变折旧方法。

三、生产性生物资产减值的账务处理

企业至少应当于每年年度终了对生产性生物资产进行检查，有确凿证据表明由于遭受自然灾害、病虫害、动物疫病侵袭或市场需求变化等原因，使生产性生物资产的可收回金额低于其账面价值的，应当按照可收回金额低于账面价值的差额，计提生产性生物资产减值准备，并计入当期损益。可收回金额应当按照资产减值的办法确定。

【 新东方提示 】

生产性生物资产减值准备一经计提，不得转回。

四、生产性生物资产成本结转

生产性生物资产收获的农产品成本，按照产出或采收过程中发生的材料费、人工费和应分摊的间接费用等必要支出计算确定，并采用加权平均法、个别计价法、蓄积量比例法、轮伐期年限法等方法，将其账面价值结转为农产品成本。

五、生物资产后续计量的公允价值账务处理

根据规定，生产性生物资产通常按照成本计量，但有确凿证据表明其公允价值能够持续可靠取得的除外。采用公允价值计量的生物资产，应当同时满足下列两个条件：

1. 生产性生物资产有活跃的交易市场。活跃的交易市场，是指同时具有下列特征的市场：

（1）市场内交易的对象具有同质性。

（2）可以随时找到自愿交易的买方和卖方。

（3）市场价格的信息是公开的。

2. 能够从交易市场上取得同类或类似生物资产的市场价格及其他相关信息，从而对生产性生物资产的公允价值作出合理估计。

第五单元 无形资产和长期待摊费用

考点一 无形资产★★

无形资产概述

1. 无形资产的概念和内容

无形资产，是指企业拥有或者控制的没有实物形态的可辨认非货币性资产。无形资产主要包括专利权、非专利技术、商标权、著作权、土地使用权和特许权等。

2. 无形资产的四个主要特征

无形资产的特征如表 4-24 所示。

表 4-24 无形资产的特征

主要特征	原理解释
具有资产基本特征	由企业拥有或者控制并能为其带来未来经济利益是无形资产作为一项资产的基本特征
不具有实物形态	无形资产是不具有实物形态的资产，通常表现为某种能为企业带来未来经济利益的权利
具有可辨认性	满足下列条件之一，即符合无形资产定义中的可辨认性标准： ① 能够从企业中分离或者划分出来，并能单独用于出售或转让等 ② 源自合同性权利或其他法定权利，无论这些权利是否可以从企业或其他权利和义务中转移或者分离 【新东方提示】 　　商誉由于无法与企业的整体资产分离而存在，不具有可辨认性，不应确认为无形资产
属于非货币性资产	无形资产在持有期间为企业带来未来经济利益的情况不确定，不属于以固定或可确定的金额收取的资产

【例题·多选题】（2022 年）下列各项中，企业应确认为无形资产的有（　　　　）。

A. 吸收投资取得的土地使用权　　　　　B. 企业无偿取得的商标权

C. 企业因合并产生的商誉　　　　　　　D. 无偿划拨取得的土地使用权

【答案】A、B、D

【解析】无形资产主要包括专利权、非专利技术、商标权（选项 B 正确）、著作权、土地使用权（选项 A、D 正确）和特许权等。选项 C 错误，商誉（不可辨认）不作为无形资产核算。

考点二 无形资产的账务处理 ★★★

为了反映和监督无形资产的取得、摊销和处置等情况，企业应当设置"无形资产"和"累计摊销"等科目进行核算。

"无形资产"科目核算企业持有的无形资产成本，"无形资产"科目应当按照无形资产的项目设置明细科目进行核算。借方登记取得无形资产的成本，贷方登记处置无形资产时

转出的账面余额，期末借方余额，反映企业无形资产的成本。

"累计摊销"科目核算企业对使用寿命有限的无形资产计提的累计摊销，该科目属于"无形资产"的调整科目。"累计摊销"科目借方登记处置无形资产转出时的累计摊销，贷方登记企业计提的无形资产摊销，期末贷方余额，反映企业无形资产的累计摊销额。

【新东方提示】

　　企业无形资产发生减值的，还应当设置"无形资产减值准备"科目进行核算。

（一）取得无形资产

取得的无形资产应当按照成本进行初始计量，取得方式主要有外购、自行研究开发等。

1. 外购的无形资产

外购的无形资产成本项目具体构成如表 4-25 所示。

表 4-25　外购的无形资产成本项目具体构成

外购成本构成	关键要点	易错提示
购买价款	价	一般纳税人取得无形资产发生的增值税进项税额可以从销项税额中抵扣的，记账通过"应交税费——应交增值税（进项税额）"进行登记，那自然就不用计入资产账户
相关税费	税	小规模纳税人取得无形资产发生的增值税进项税额应计入无形资产的成本
直接归属于使该项资产达到预定用途所发生的其他支出	费	兜底项目：把握原则是可归属于取得无形资产的必要合理费用。例如专业服务费、测试费、注册费等属于取得无形资产的必要的支出 但以下费用支出不可计入无形资产成本： （1）员工培训费不能归属于该项资产，应于发生时计入当期损益 （2）对产品进行宣传发生的广告费不能归属于该项资产，应于发生时计入当期损益

外购无形资产的会计处理：

借：无形资产——非专利技术等

　　应交税费——应交增值税（进项税额）

　　贷：银行存款

2. 自行研究开发的无形资产

企业内部研究开发项目所发生的支出应区分研究阶段支出和开发阶段支出。企业自行开发无形资产发生的研发支出，通过"研发支出——费用化支出"和"研发支出——资本化支出"科目归集。如表 4-26 所示。

表 4-26　自行研究开发的无形资产发生的研发支出

阶段划分	会计处理原则
研究阶段	支出计入研发支出——费用化支出，期末转入管理费用
开发阶段	（1）支出符合资本化条件的，应当计入研发支出——资本化支出，达到预定用途时确认为无形资产
	（2）不符合资本化条件的，应当计入研发支出——费用化支出，期末转入当期管理费用

【新东方提示】

　　企业如果无法可靠区分研究阶段和开发阶段的支出，应当将其所发生的研发支出全部费用化，计入当期损益（管理费用）。

（1）不符合资本化条件的部分

不符合资本化条件的研发支出的账务处理如表 4-27 所示。

表 4-27　不符合资本化条件的研发支出的账务处理

研发支出账务处理流程	会计分录
发生研发支出时	借：研发支出——费用化支出【研究阶段支出和不符合资本化条件的开发阶段支出】 　　贷：银行存款 / 原材料 / 应付职工薪酬等
期末，将费用化的研发支出转入当期管理费用	借：管理费用 　　贷：研发支出——费用化支出

（2）符合资本化条件的部分

符合资本化条件的研发支出的账务处理如表 4-28 所示。

表 4-28　符合资本化条件的研发支出的账务处理

研发支出账务处理流程	会计分录
发生研发支出时	借：研发支出——资本化支出【符合资本化条件的开发阶段支出】 　　贷：银行存款 / 原材料 / 应付职工薪酬等
将符合资本化条件的研发支出在无形资产达到预定用途时转入无形资产成本	借：无形资产 　　贷：研发支出——资本化支出

【新东方提示】

未达到预定用途前，"研发支出——资本化支出"余额列示在资产负债表中的"开发支出"项目。

【例题·单选题】（2022 年）某企业 2021 年自行研究开发一项专利技术，截至 12 月 31 日，共发生研发支出 150 万元，经测试，已完成研究阶段。2022 年 1 月 31 日，研发活动进入开发阶段，共发生支出 200 万元，其中，120 万元符合资本化条件，9 月 30 日研究项目达到预定用途，形成一项无形资产。不考虑其他因素，该专利权的初始入账成本为（　　）万元。

A. 210　　　　　　B. 120　　　　　　C. 350　　　　　　D. 270

【答案】B

【解析】选项 B 正确，通常情况下，研究阶段的支出不满足资本化条件，研究阶段的支出 150 万元应全部计入当期损益；开发阶段满足资本化条件的支出构成无形资产的成本，故专利权的初始入账成本为 120 万元。

【例题·判断题】（2022 年）企业无法可靠区分研究阶段的支出和开发阶段的支出的，应将其发生的研发支出全部费用化，计入当期损益。（　　）

【答案】√

【解析】企业无法可靠区分研究阶段的支出和开发阶段的支出的，应将其发生的研发支出全部费用化，计入当期损益。

【例题·单选题】（2020 年）某企业自行研究开发一项技术，共发生研发支出 450 万元，其中，研究阶段发生职工薪酬 100 万元，专用设备折旧费用 50 万元；开发阶段满足资本化条件支出 300 万元，取得增值税专用发票上注明的增值税税额为 39 万元；开发阶段结束，研究开发项目达到预定用途形成无形资产。不考虑其他因素，下列各项中，关于该企业研发支出会计处理表述正确的是（　　）。

A. 确认管理费用 150 万元，确认无形资产 300 万元

B. 确认管理费用 150 万元，确认无形资产 339 万元

C. 确认管理费用 100 万元，确认无形资产 350 万元

D. 确认管理费用 201 万元，确认无形资产 300 万元

【答案】A

【解析】选项 A 正确，会计分录如下：

（1）研究阶段

借：研发支出——费用化支出　　　　　　　　　　　　　　　　　150

　　贷：应付职工薪酬　　　　　　　　　　　　　　　　　　　　　　　100

　　　　累计折旧　　　　　　　　　　　　　　　　　　　　　　　　　50

借：管理费用   150
    贷：研发支出——费用化支出   150
（2）开发阶段
借：研发支出——资本化支出   300
    应交税费——应交增值税（进项税额）   39
        贷：银行存款   339
（3）最终达到预定用途形成无形资产
借：无形资产   300
    贷：研发支出——资本化支出   300

（二）无形资产摊销

1. 无形资产的摊销范围

企业应当于取得无形资产时分析判断其使用寿命。无形资产摊销范围的处理原则如表4-29所示。

表 4-29　无形资产摊销范围的处理原则

摊销范围类别	处理原则
使用寿命有限的无形资产	应当采用系统合理的方法按月进行摊销
使用寿命不确定的无形资产	不应摊销

2. 无形资产的残值与摊销金额

使用寿命有限的无形资产，通常其残值视为零。无形资产的应摊销金额，是指无形资产的成本扣除预计残值后的金额。已计提减值准备的无形资产，还应扣除已计提的无形资产减值准备累计金额。

3. 无形资产的摊销期和摊销方法

对于使用寿命有限的无形资产应当自可供使用（即其达到预定用途）当月起开始摊销，处置当月不再摊销。无形资产摊销方法包括年限平均法（即直线法）、生产总量法等。企业选择的无形资产的摊销方法，应当反映与该项无形资产有关的经济利益的预期实现方式。无法可靠确定预期实现方式的，应当采用年限平均法摊销。

4. 无形资产摊销的账务处理

借：生产成本/制造费用【用于产品生产的无形资产】
    管理费用【管理用无形资产】
    其他业务成本【出租的无形资产】
        贷：累计摊销

【例题·单选题】（2022年）关于无形资产会计处理的表述正确的是（　　）。

A. 出租无形资产的摊销额计入管理费用

B. 使用寿命不确定的无形资产应按10年摊销

C. 报废无形资产的净损失应计入资产处置损益

D. 无形资产减值损失一经确认，在以后会计期间不得转回

【答案】D

【解析】选项A错误，出租无形资产的摊销额计入其他业务成本；选项B错误，使用寿命不确定的无形资产不计提摊销；选项C错误，报废无形资产的净损失计入营业外支出。

【例题·单选题】（2022年）2021年1月1日，甲公司购买一项管理用特许权，成本为600 000元，合同约定受益年限为10年，采用年限平均法按月进行摊销。甲公司摊销该无形资产对其2021年营业利润的影响金额为（　　）元。

A. 0　　　　　　B. 60 000　　　　　　C. 50 000　　　　　　D. 75 000

【答案】B

【解析】选项B正确，2021年无形资产的摊销额＝600 000/10＝60 000（元），所以对2021年营业利润的影响金额为60 000元。

【例题·多选题】（2020年）下列各项中，企业摊销管理用的无形资产应记入的会计科目有（　　）。

A. 制造费用　　　　　　　　　　　B. 管理费用

C. 其他业务成本　　　　　　　　　D. 累计摊销

【答案】B、D

【解析】选项B、D正确，相关分录如下：

借：管理费用

　　贷：累计摊销

（三）出售和报废无形资产

出售和报废无形资产的处理原则如表4-30所示。

表4-30　出售和报废无形资产的处理原则

具体业务情形	关键理解	具体会计处理
企业出售无形资产，应当将取得的价款扣除该无形资产账面价值以及相关税费后的差额计入当期损益（资产处置损益）	出售	借：银行存款 　　无形资产减值准备 　　累计摊销 　贷：无形资产 　　应交税费——应交增值税（销项税额） 　　资产处置损益（差额，或借方）

续表

具体业务情形	关键理解	具体会计处理
无形资产预期不能为企业带来未来经济利益的，应当将该无形资产的账面价值予以转销，计入当期损益（营业外支出）	报废	借：营业外支出 　　累计摊销 　　无形资产减值准备 　贷：无形资产

【例题·判断题】（2022年）报废无形资产形成的净损失计入资产处置损益。（　　）

【答案】×

【解析】报废无形资产形成的净损失计入营业外支出。

【例题·单选题】（2018年）2017年7月，某制造业企业转让一项专利权，开具增值税专用发票上注明的价款为100万元，增值税税额为6万元，全部款项已存入银行。该专利权成本为200万元，已摊销150万元，不考虑其他因素，该企业转让专利权对利润总额的影响金额为（　　）万元。

A. -94　　　　　　　B. 56　　　　　　　C. -100　　　　　　　D. 50

【答案】D

【解析】选项D正确，出售无形资产过程中产生的增值税不影响无形资产的处置损益，所以该企业转让专利权对利润总额的影响金额=100-（200-150）=50（万元）。

（四）无形资产的减值

1. 无形资产减值金额的确定

无形资产减值金额的确定原则如表4-31所示。

表4-31　无形资产减值金额的确定原则

具体情形	处理原则
无形资产账面价值小于可收回金额的	无需计提无形资产减值准备
无形资产账面价值大于可收回金额的	应当按照差额计提无形资产减值准备，企业应当将该无形资产的账面价值减记至可收回金额，减记的金额确认为减值损失，计入当期损益，同时计提相应的减值准备

2. 无形资产减值的账务处理

借：资产减值损失

　　贷：无形资产减值准备

【新东方提示】
无形资产减值损失一经确认，以后会计期间不得转回。

考点三　长期待摊费用★

长期待摊费用是指企业已经发生但应由本期和以后各期负担的分摊期限在一年以上的各项费用，例如以租赁方式租入的使用权资产发生的改良支出等。

一、会计科目设置

为了反映和监督长期待摊费用的发生、摊销情况，企业应设置"长期待摊费用"科目。"长期待摊费用"科目可按待摊费用项目进行明细核算。借方登记发生的长期待摊费用，贷方登记摊销的长期待摊费用。期末借方余额，反映企业尚未摊销完毕的长期待摊费用。

二、长期待摊费用的会计处理

长期待摊费用的会计处理如表 4-32 所示。

表 4-32　长期待摊费用的会计处理

具体业务流程	会计分录
发生长期待摊费用	借：长期待摊费用 　　应交税费——应交增值税（进项税额） 　　贷：银行存款 　　　　原材料 　　　　应付职工薪酬等
摊销长期待摊费用	借：管理费用/销售费用等 　　贷：长期待摊费用

【例题·判断题】（2022 年）企业以租赁方式租入的使用权资产发生的改良支出，应直接计入在建工程。（　　）

【答案】×

【解析】企业以租赁方式租入的使用权资产发生的改良支出，应直接计入长期待摊费用。

【例题·单选题】（2019年）2018年12月初，某企业"长期待摊费用"科目余额为4 000元，本月借方发生额为3 000元，贷方发生额为2 000元。不考虑其他因素，2018年末该企业"长期待摊费用"科目的余额为（   ）元。

    A. 借方3 000   B. 贷方3 000   C. 贷方5 000   D. 借方5 000

【答案】D

【解析】选项D正确，2018年末该企业"长期待摊费用"科目的余额＝4 000＋3 000－2 000＝5 000（元），长期待摊费用是资产类科目，增加在借方。

第五章 负债

内容框架

单元	考点	星级
短期借款	短期借款的账务处理	★★★
应付及预收账款	应付票据	★★
	应付账款	★★
	预收账款	★
	应付利息和应付股利	★★
	其他应付款	★★★
应付职工薪酬	职工薪酬的内容	★
	短期职工薪酬的账务处理	★★★
	长期职工薪酬的账务处理	★
应交税费	应交税费的概述	★★
	应交增值税的账务处理	★★★
	应交消费税的账务处理	★★★
	其他应交税费的账务处理	★★
非流动负债	长期借款的账务处理	★★
	应付债券的财务处理	★★
	长期应付款的账务处理	★

考情分析

　　本章最近 3 年的考查分值约为 10 分，涉及单选题、多选题、判断题和不定项选择题，属于重要章节。本章介绍了流动负债与非流动负债，其中流动负债主要包括短期借款、应付及预收账款、应付职工薪酬以及应交税费等内容；非流动负债主要包括长期借款和长期应付款的账务处理，难度一般。

📖 教材变化

本章"第五节　非流动负债"增加了"应付债券"的内容，属于重要变化。其余内容无实质性变化。

第一单元　短　期　借　款

考点 短期借款的账务处理★★★

短期借款是指企业向银行或其他金融机构等借入的期限在 1 年以下（含 1 年）的各种款项。

企业应设置"短期借款"科目核算短期借款的取得、偿还等情况。该科目的贷方登记取得短期借款本金的金额，借方登记偿还短期借款的本金金额，期末余额在贷方，反映企业尚未偿还的短期借款。

1. 企业取得短期借款时

借：银行存款

　　贷：短期借款

2. 在资产负债表日，企业应当按照计算确定的短期借款利息费用

借：财务费用

　　贷：应付利息

3. 实际支付利息时

借：应付利息

　　贷：银行存款／库存现金

 【新东方提示】

如果企业的短期借款利息按月支付，或者在借款到期时连同本金一起归还，数额不大的可以不采用预提的方法，而在实际支付或收到银行的计息通知时，直接计入当期损益，借记"财务费用"科目，贷记"银行存款"科目。

4. 到期偿还本金时

借：短期借款

　　贷：银行存款

【练习题】2020年1月1日，甲公司向银行借入一笔生产经营用短期借款共计1 200 000元，期限为9个月，年利率为4%。根据与银行签署的借款协议，该项借款的本金到期后一次归还，利息按季支付。甲公司应编制如下会计分录：

（1）1月1日借入短期借款

借：银行存款　　　　　　　　　　　　　　　　　　　　　1 200 000

　　贷：短期借款　　　　　　　　　　　　　　　　　　　　　1 200 000

（2）1月末，计提1月份应付利息

借：财务费用　　　　　　　　　　　　　　　　　　　　　　4 000

　　贷：应付利息　　　　　　　　　　　　　　　　　　　　　4 000

本月应计提的利息金额＝1 200 000×4%÷12＝4 000（元）

2月末计提2月份利息费用的处理与1月份相同。

（3）3月末，支付第一季度银行借款利息

借：财务费用　　　　　　　　　　　　　　　　　　　　　　4 000

　　应付利息　　　　　　　　　　　　　　　　　　　　　　8 000

　　贷：银行存款　　　　　　　　　　　　　　　　　　　　　12 000

第二、第三季度的会计处理同上。

（4）10月1日偿还银行借款本金

借：短期借款　　　　　　　　　　　　　　　　　　　　　1 200 000

　　贷：银行存款　　　　　　　　　　　　　　　　　　　　　1 200 000

如果上述借款期限是8个月，则到期日为9月1日，8月末之前的会计处理与上述相同。

 【新东方提示】

9月1日偿还银行借款本金，同时支付7月和8月已提未付利息。

甲公司应编制如下会计分录：

借：短期借款　　　　　　　　　　　　　　　　　　　　　1 200 000

　　应付利息　　　　　　　　　　　　　　　　　　　　　　8 000

　　贷：银行存款　　　　　　　　　　　　　　　　　　　　　1 208 000

【例题·单选题】（2020年）企业以银行存款偿还到期的短期借款，关于这笔经济业务，以下说法正确的是（　　）。

A. 导致负债内部增减变动总额不变

B. 导致资产、负债同时减少

C. 导致资产、负债同时增加

D. 导致所有者权益减少、负债减少

【答案】B

【解析】选项 B 正确，企业以银行存款偿还到期的短期借款分录为：

借：短期借款

　　贷：银行存款

第二单元　应付及预收账款

考点一　**应付票据**★★

一、应付票据的概念

应付票据是指企业购买材料、商品和接受服务等而开出、承兑的商业汇票，包括商业承兑汇票和银行承兑汇票。

企业应设置"应付票据"科目核算应付票据的开出、偿付等情况。该科目贷方登记开出、承兑汇票的面值，借方登记支付票据的金额，期末余额在贷方，反映企业尚未到期的商业汇票的票面金额。

二、应付票据的账务处理

（一）开出应付票据

企业因购买材料、商品和接受服务等而开出、承兑的商业汇票：

借：材料采购

　　在途物资

　　原材料

　　库存商品

　　应付账款

　　应交税费——应交增值税（进项税额）等

　　贷：应付票据

💡【新东方提示】

企业因开出银行承兑汇票而支付的银行承兑汇票手续费应当计入当期财务费用。支付手续费时：

> 借：财务费用
>
> 　应交税费——应交增值税（进项税额）
>
> 　贷：银行存款

（二）偿付应付票据

企业开具的商业汇票到期支付票据款时：

借：应付票据

　贷：银行存款

【练习题】甲企业为增值税一般纳税人，原材料按计划成本核算。2020 年 5 月 6 日购入原材料一批，增值税专用发票上注明的价款为 60 000 元，增值税税额为 7 800 元，原材料验收入库。该企业开出并经开户银行承兑的商业汇票一张，面值为 67 800 元、期限 5个月。交纳银行承兑手续费 33.9 元，其中增值税 1.92 元。10 月 6 日商业汇票到期，甲企业通知其开户银行以银行存款支付票款。

甲企业应编制如下会计分录：

（1）开出并承兑商业汇票购入材料

借：材料采购　　　　　　　　　　　　　　　　　　60 000

　　应交税费——应交增值税（进项税额）　　　　　　7 800

　　　贷：应付票据　　　　　　　　　　　　　　　　　　67 800

（2）支付商业汇票承兑手续费

借：财务费用　　　　　　　　　　　　　　　　　　31.98

　　应交税费——应交增值税（进项税额）　　　　　　1.92

　　　贷：银行存款　　　　　　　　　　　　　　　　　　33.9

（3）支付商业汇票款

借：应付票据　　　　　　　　　　　　　　　　　　67 800

　　　贷：银行存款　　　　　　　　　　　　　　　　　　67 800

（三）转销应付票据

应付商业承兑汇票到期，如企业无力支付票款：

借：应付票据

　贷：应付账款

应付银行承兑汇票到期，如企业无力支付票款：

借：应付票据

　贷：短期借款

【练习题】承上例，假设上述银行承兑汇票到期时甲企业无力支付票款。

甲企业应编制如下会计分录：

借：应付票据   67 800
  贷：短期借款   67 800

【例题·单选题】（2022年）下列各项中，企业应通过"应付票据"会计科目核算的是（　　）。

A. 使用银行汇票支付采购款

B. 使用转账支票支付材料采购款

C. 开出商业承兑汇票支付材料采购款

D. 预付材料采购款

【答案】C

【解析】选项C正确，应付票据是指企业购买材料、商品和接受服务等而开出、承兑的商业汇票，包括商业承兑汇票和银行承兑汇票；选项A错误，通过"其他货币资金"科目核算；选项B错误，通过"银行存款"科目核算；选项D错误，通过"预付账款"科目核算。

【例题·单选题】（2019年）下列各项中，应通过"应付票据"会计科目核算的是（　　）。

A. 用银行本票购买办公用品　　　　B. 用商业汇票购买原材料

C. 用转账支票购买固定资产　　　　D. 用银行汇票购买周转材料

【答案】B

【解析】选项A、D错误，通过"其他货币资金"科目核算；选项C错误，通过"银行存款"科目核算；选项B正确，用商业汇票购买原材料通过"应付票据"会计科目核算。

考点二　应付账款★★

一、应付账款概述

应付账款是指企业因购买材料、商品或接受服务等经营活动而应付给供应单位的款项。

【新东方提示】

  在所购材料、商品已经验收入库，但是发票账单未能同时到达的情况下，企业应付材料、商品供应单位的债务已经成立，在会计期末，为了反映企业的负债情况，需要将所购材料、商品和相关的应付账款暂估入账，待下月月初用红字将上月月末暂估入账的应付账款予以冲销。

企业应设置"应付账款"科目核算应付账款的发生、偿还、转销等情况。该科目的贷方登记应付未付款项的增加，借方登记应付未付款项的减少，期末贷方余额反映企业尚未支付的应付账款余额。

二、应付账款的账务处理

（一）发生应付账款

1. 购入材料、商品等验收入库，但货款尚未支付

借：材料采购

　　在途物资

　　原材料

　　库存商品等

　　应交税费——应交增值税（进项税额）

　　贷：应付账款

2. 企业接受供应单位提供服务而发生的应付未付款项

借：生产成本

　　管理费用等

　　应交税费——应交增值税（进项税额）

　　贷：应付账款

（二）偿还应付账款

企业偿还应付账款或开出商业汇票抵付应付账款时：

借：应付账款

　　贷：银行存款

　　　　应付票据等

（三）转销应付账款

应付账款一般在较短期限内支付，但有时由于债权单位撤销或其他原因而使应付账款无法清偿：

借：应付账款（按账面余额）

　　贷：营业外收入

【例题·判断题】（2021年）月末货到单未到的入库材料应按暂估价入账，并于下月初用红字冲回。（　　）

【答案】√

考点三　预收账款 ★

一、预收账款概述

企业应设置"预收账款"科目，核算预收账款的取得、偿付等情况。

该科目贷方登记发生的预收账款金额，借方登记企业冲销的预收账款金额；期末贷方余额，反映企业预收的款项，如为借方余额，反映企业尚未转销的款项。

二、预收账款的账务处理

（一）取得预收账款
企业预收款项时，按实际收到的全部预收款：
借：库存现金
　　银行存款
　　　贷：预收账款
　　　　　应交税费——应交增值税（销项税额）

（二）偿付预收账款
1. 企业分期确认有关收入时，按照实现的收入：
借：预收账款
　　　贷：主营业务收入
　　　　　其他业务收入
2. 企业收到客户补付款项时：
借：库存现金
　　银行存款
　　　贷：预收账款
　　　　　应交税费——应交增值税（销项税额）
3. 退回客户多预付的款项时：
借：预收账款
　　　贷：库存现金
　　　　　银行存款
涉及增值税的，还应进行相应的会计处理。

【新东方提示】

预收款业务不多的企业，可以**不单独设置**"预收账款"科目，其所发生的预收款，可通过"**应收账款**"科目核算。

【例题·单选题】预收账款业务不多的企业，可以不设"预收账款"科目，而将预收的款项直接记入（　　）科目。

A. 其他应收款　　　　　　　　　　　B. 应付账款

C. 其他应付款　　　　　　　　　　　D. 应收账款

【答案】D

【解析】选项 D 正确，预收账款业务不多的企业，可以不设"预收账款"科目，而将预收的款项直接记入"应收账款"科目的贷方。

考点四　应付利息和应付股利★★

一、应付利息

（一）应付利息概述

应付利息是指企业按照合同约定应支付的利息，包括预提短期借款利息、分期付息到期还本的长期借款、企业债券等应支付的利息。

企业应设置"应付利息"科目核算应付利息的发生、支付情况。

该科目贷方登记按照合同约定计算的应付利息，借方登记实际支付的利息，期末贷方余额反映企业应付未付的利息。

（二）应付利息的账务处理

企业采用合同约定的利率计算确定利息费用时：

借：财务费用等

　　贷：应付利息

实际支付利息时：

借：应付利息

　　贷：银行存款等

【例题·判断题】（2021 年）企业计提的分期付息到期还本的长期借款利息，应通过"应付利息"科目核算。（　　）

【答案】√

二、应付股利

（一）应付股利概述

应付股利是指企业根据股东大会或类似机构审议批准的利润分配方案确定分配给投资者的现金股利或利润。

企业应设置"应付股利"科目核算企业确定或宣告发放但尚未实际支付的现金股利或利润。

该科目贷方登记应支付的现金股利或利润；借方登记实际支付的现金股利或利润；期末贷方余额反映企业应付未付的现金股利或利润。

（二）应付股利的账务处理

企业根据股东大会或类似机构审议批准的利润分配方案，确认应付给投资者的现金股利或利润时：

借：利润分配——应付现金股利或利润

　　贷：应付股利

向投资者实际支付现金股利或利润时：

借：应付股利

　　贷：银行存款等

【例题·判断题】（2020年）企业董事会通过的利润分配方案中拟分配的现金股利，不需要进行账务处理。（　　）

【答案】√

【解析】企业董事会或类似机构通过的利润分配方案中拟分配的现金股利或利润，不需要进行账务处理，但应在附注中披露。

【新东方提示】

　　企业董事会或类似机构通过的利润分配方案中拟分配的现金股利或利润，不需要进行账务处理，但应在附注中披露。企业分配的股票股利不通过"应付股利"科目核算。

【例题·判断题】（2020年）股东确认分配的股票股利应该通过"应付股利"科目核算。（　　）

【答案】×

【解析】企业分配股票股利时，不通过"应付股利"科目核算。

考点五　其他应付款 ★★★

一、其他应付款概述

其他应付款是指企业除应付票据、应付账款、预收账款、应付职工薪酬、应交税费、应付利息、应付股利等经营活动以外的其他各项应付、暂收的款项，如应付短期租赁固定资产租金、应付低价值资产租赁的租金、应付租入包装物租金、出租或出借包装物向客户收取的押金、存入保证金等。

企业应设置"其他应付款"科目核算其他应付款的增减变动及其结存情况。

该科目贷方登记发生的各种应付、暂收款项；借方登记偿还或转销的各种应付、暂收款项；该科目期末贷方余额，反映企业应付未付的其他应付款项。

二、其他应付款的账务处理

企业发生其他各种应付、暂收款项时：

借：管理费用等

　　贷：其他应付款

支付或退回其他各种应付、暂收款项时：

借：其他应付款

　　贷：银行存款等

【例题·多选题】（2021 年）下列各项中，企业应通过"其他应付款"科目核算的有（　　）。

A. 购进商品时发生的供货方代垫运费　　B. 存入保证金

C. 应付的合同违约金　　D. 代垫职工家属医药费

【答案】B、C

【解析】选项 A 错误，应该通过"应付账款"科目核算；选项 D 错误，应该通过"其他应收款"科目核算。

【例题·多选题】下列各项中，应通过"其他应付款"科目核算的是（　　）。

A. 应付存入保证金　　B. 预收客户的货款

C. 应付租入包装物的租金　　D. 应付供应商的材料采购款

【答案】A、C

【解析】选项 A、C 正确，其他应付款是指企业除应付票据、应付账款、预收账款、应付职工薪酬、应交税费、应付利息、应付股利等经营活动以外的其他各项应付、暂收的款项，如应付短期租赁固定资产租金、应付低价值资产租赁的租金、应付租入包装物租金、出租或出借包装物向客户收取的押金、存入保证金等，故应付存入保证金、应付租入包装物的租金，应通过"其他应付款"科目核算。选项 B 错误，预收客户的货款，通过"合同负债"科目核算。选项 D 错误，应付供应商的材料采购款，通过"应付账款"科目核算。

第三单元 应付职工薪酬

考点一 职工薪酬的内容★

一、职工薪酬概述

职工薪酬是指企业为获得职工提供的服务或解除劳动关系而给予的各种形式的报酬或补偿。

职工薪酬包括短期薪酬、离职后福利、辞退福利和其他长期职工福利。

【新东方提示】

（1）企业提供给职工配偶、子女、受赡养人、已故员工遗属及其他受益人等的福利，也属于职工薪酬。

（2）这里所称的"职工"，主要包括三类人员：

① 与企业订立劳动合同的所有人员，含全职、兼职和临时职工；

② 未与企业订立劳动合同，但由企业正式任命的企业治理层和管理层人员，如董事会成员、监事会成员等；

③ 在企业的计划和控制下，虽未与企业订立劳动合同或未由其正式任命，但向企业所提供服务与职工所提供服务类似的人员，也属于职工的范畴，包括通过企业与劳务中介公司签订用工合同而向企业提供服务的人员。

二、职工薪酬的内容

（一）短期薪酬

短期薪酬是指企业在职工提供相关服务的年度报告期间结束后 12 个月内需要全部予以支付的职工薪酬，因解除与职工的劳动关系给予的补偿除外。

短期薪酬具体包括：

（1）职工工资、奖金、津贴和补贴。

【新东方提示】

　　企业按照短期奖金计划向职工发放的奖金属于短期薪酬，按照长期奖金计划向职工发放的奖金属于其他长期职工福利。

　　（2）职工福利费，是指企业向职工提供的生活困难补助、丧葬补助费、抚恤费、职工异地安家费、防暑降温费等职工福利支出。

　　（3）医疗保险费、工伤保险费等社会保险费。

　　（4）住房公积金。

　　（5）工会经费和职工教育经费。

　　（6）短期带薪缺勤，是指职工虽然缺勤但企业仍向其支付报酬的安排，包括年休假、病假、婚假、产假、丧假、探亲假等。长期带薪缺勤属于其他长期职工福利。

　　（7）短期利润分享计划，是指因职工提供服务而与职工达成的基于利润或其他经营成果提供薪酬的协议。

【新东方提示】

　　长期利润分享计划属于其他长期职工福利。

　　（8）其他短期薪酬，是指除上述薪酬以外的其他为获得职工提供的服务而给予的短期薪酬。

（二）长期职工薪酬

1. 离职后福利

　　离职后福利是指企业为获得职工提供的服务而在职工退休或与企业解除劳动关系后，提供的各种形式的报酬和福利，短期薪酬和辞退福利除外。

　　企业应当将离职后福利计划分类为设定提存计划和设定受益计划。

　　其中，设定提存计划是指向独立的基金缴存固定费用后，企业不再承担进一步支付义务的离职后福利计划；设定受益计划，是指除设定提存计划以外的离职后福利计划。

【新东方提示】

　　基本养老费和失业保险费属于设定提存计划。

2. 辞退福利

　　辞退福利是指企业在职工劳动合同到期之前解除与职工的劳动关系，或者为鼓励职工自愿接受裁减而给予职工的补偿。

【例题·判断题】（2021年）企业提前解除与职工签订的劳动合同而给予职工的补偿金额，应确认为应付职工薪酬。（　　　）

【答案】√

3. 其他长期职工福利

其他长期职工福利是指除短期薪酬、离职后福利、辞退福利之外所有的职工薪酬，包括长期带薪缺勤、长期残疾福利、长期利润分享计划等。

【例题·单选题】（2020年）下列各项中，不属于企业职工薪酬组成内容的是（　　　）。

A. 为职工代扣代缴的个人所得税

B. 根据设定提存计划计提应向单独主体缴存的提存金

C. 按国家规定标准提取的职工教育经费

D. 为鼓励职工自愿接受裁减而给予职工的补偿

【答案】A

【解析】选项A不属于，为职工代扣代缴的个人所得税属于"应交税费"核算内容。

考点二　短期职工薪酬的账务处理★★★

企业应设置"应付职工薪酬"科目，核算应付职工薪酬的计提、结算、使用等情况。

该科目的贷方登记已分别计入有关成本费用项目的职工薪酬，借方登记实际发放的职工薪酬，包括扣还的款项等；期末贷方余额，反映企业应付未付的职工薪酬。

"应付职工薪酬"科目应按照"工资""职工福利费""非货币性福利""社会保险费""住房公积金""工会经费""职工教育经费""带薪缺勤""利润分享计划""设定提存计划""设定受益计划""辞退福利"等职工薪酬项目设置明细账进行明细核算。

（一）货币性职工薪酬

1. 职工工资、奖金、津贴和补贴

对于职工工资、奖金、津贴和补贴等货币性职工薪酬，企业应当在职工为其提供服务的会计期间，根据职工提供服务的受益对象，将应确认的职工薪酬：

借：生产成本

　　制造费用

　　合同履约成本

　　管理费用

　　销售费用等

　　贷：应付职工薪酬——工资

【例题·多选题】（2021年）下列各项中，企业分配职工薪酬时应计入当期损益的有（　　　）。

A. 专设销售机构人员薪酬　　　　B. 自营工程施工人员薪酬

C. 行政管理人员薪酬　　　　　　D. 基本生产车间管理人员薪酬

【答案】A、C

【解析】选项 A 正确，专设销售机构人员薪酬，计入销售费用，影响当期损益；选项 C 正确，行政管理人员薪酬，计入管理费用，影响当期损益；选项 B 错误，自营工程施工人员薪酬，计入在建工程，不影响当期损益；选项 D 错误，基本生产车间管理人员薪酬，计入制造费用，不影响当期损益。

2. 职工福利费

对于职工福利费，企业应当在实际发生时根据实际发生额计入当期损益或相关资产成本：

借：生产成本

　　制造费用

　　管理费用

　　销售费用等

　　贷：应付职工薪酬——职工福利费

【例题·判断题】（2020 年）企业生产车间生产人员福利费应根据实际发生额计入生产成本。（　　　）

【答案】√

【解析】对于职工福利费，企业应当在实际发生时根据实际发生额计入当期损益或相关资产成本。生产车间生产人员福利费，应根据实际发生额，记入"生产成本"科目。

3. 国家规定计提标准的职工薪酬

（1）工会经费和职工教育经费

① 期末，企业根据规定的计提基础和比例计算确定应付工会经费、职工教育经费：

借：生产成本

　　制造费用

　　管理费用

　　销售费用

　　在建工程

　　研发支出等

　　贷：应付职工薪酬——工会经费

　　　　　　　　　　　——职工教育经费

② 实际上缴或发生实际开支时：

借：应付职工薪酬——工会经费

　　　　　　　　　——职工教育经费

　　贷：银行存款等

【练习题】甲企业 2020 年 7 月应付职工工资总额为 693 000 元，"工资费用分配汇总表"中列示的产品生产人员工资为 480 000 元，车间管理人员工资为 105 000 元，企业行政管理人员工资为 90 600 元，专设销售机构人员工资为 17 400 元。2020 年 7 月，甲企业根据相关规定，分别按照职工工资总额的 2% 和 8% 的计提标准，确认应付工会经费和职工教育经费。

甲企业应编制如下会计分录：

借：生产成本——基本生产成本 48 000

　　制造费用 10 500

　　管理费用 9 060

　　销售费用 1 740

　　贷：应付职工薪酬——工会经费 13 860

　　　　　　　　　——职工教育经费 55 440

本例中，应确认的应付职工薪酬 =（480 000 + 105 000 + 90 600 + 17 400）×（2% + 8%）= 69 300（元），

其中，工会经费为 13 860 元，职工教育经费为 55 440 元。

本例中，应记入"生产成本"科目的金额 = 480 000 ×（2% + 8%）= 48 000（元）；

应记入"制造费用"科目的金额 = 105 000 ×（2% + 8%）= 10 500（元）；

应记入"管理费用"科目的金额 = 90 600 ×（2% + 8%）= 9 060（元）；

应记入"销售费用"科目的金额 = 17 400 ×（2% + 8%）= 1 740（元）。

（2）社会保险费和住房公积金

① 期末，对于企业应缴纳的社会保险费（不含基本养老费和失业保险费）和住房公积金，应按照国家规定的计提基础和比例，在职工提供服务期间根据受益对象计入当期损益或相关资产成本，并确认相应的应付职工薪酬金额：

借：生产成本

　　制造费用

　　管理费用

　　销售费用

　　在建工程

　　研发支出等

　　贷：应付职工薪酬——社会保险费、住房公积金

② 对于职工个人承担的社会保险费和住房公积金，由职工所在企业每月从其工资中代扣代缴：

借：应付职工薪酬——工资

　　贷：其他应付款——社会保险费（医疗保险）、住房公积金

【练习题】甲企业 2020 年 7 月应付职工工资总额为 693 000 元，"工资费用分配汇总

表"中列示的产品生产人员工资为 480 000 元，车间管理人员工资为 105 000 元，企业行政管理人员工资为 90 600 元，专设销售机构人员工资为 17 400 元。2020 年 7 月，该企业根据国家规定的计提标准，计算应由企业负担的向社会保险经办机构缴纳社会保险费（不含基本养老险和失业保险费）共计 83 160 元。按照规定标准计提住房公积金为 76 230 元。

甲企业应编制如下会计分录：

借：生产成本——基本生产成本	110 400
制造费用	24 150
管理费用	20 838
销售费用	4 002
贷：应付职工薪酬——社会保险费	83 160
——住房公积金	76 230

本例中，应确认的应付职工薪酬 = 83 160 + 76 230 = 159 390（元），

应记入"生产成本"科目的金额 = 159 390 ×（480 000 ÷ 693 000）= 110 400（元）；

应记入"制造费用"科目的金额 = 159 390 ×（105 000 ÷ 693 000）= 24 150（元）；

应记入"管理费用"科目的金额 = 159 390 ×（90 600 ÷ 693 000）= 20 838（元）；

应记入"销售费用"科目的金额 = 159 390 − 110 400 − 24 150 − 20 838 = 4 002（元）。

假定该企业从应付职工薪酬中代扣个人应缴纳的社会保险费（不含基本养老险和失业保险）13 860 元、住房公积金 76 230 元，共计 90 090 元。

甲企业应编制如下会计分录：

借：应付职工薪酬——工资	90 090
贷：其他应付款——社会保险费	13 860
——住房公积金	76 230

4. 短期带薪缺勤

对于职工带薪缺勤，企业应当根据其性质及职工享有的权利，分为累积带薪缺勤和非累积带薪缺勤两类。

【新东方提示】

　　如果带薪缺勤属于长期带薪缺勤的，企业应当作为其他长期职工福利处理。

（1）累积带薪缺勤，是指带薪权利可以结转下期的带薪缺勤，本期尚未用完的带薪缺勤权利可以在未来期间使用。

确认累积带薪缺勤时：

借：管理费用等

　　贷：应付职工薪酬——带薪缺勤——短期带薪缺勤——累积带薪缺勤

【新东方提示】

企业应当在职工提供了服务从而增加了其未来享有的带薪缺勤权利时，确认与累积带薪缺勤相关的职工薪酬，并以累积未行使权利而增加的预期支付金额计量。

（2）非累积带薪缺勤，是指带薪权利**不能结转**下期的带薪缺勤，本期尚未用完的带薪缺勤权利将予以取消，并且职工离开企业时也无权获得现金支付。

我国企业职工休婚假、产假、丧假、探亲假、病假期间的工资通常属于非累积带薪缺勤。

【新东方提示】

通常情况下，与非累积带薪缺勤相关的职工薪酬已经包括在企业每期向职工发放的工资等薪酬中，因此，不必额外作相应的账务处理。

【例题·判断题】（2019年）某企业职工张某经批准获得探亲假5天，企业确认为非累积带薪缺勤，该企业应当在其休假期间确认与非累积带薪缺勤相关的职工薪酬。（　　）
【答案】√

（二）非货币性职工薪酬

企业以其**自产产品**作为非货币性福利发放给职工的，应当根据受益对象，按照该产品的含税公允价值计入相关资产成本或当期损益：

（1）确认应付职工薪酬

借：生产成本
　　制造费用
　　管理费用等
　　贷：应付职工薪酬——非货币性福利

（2）企业以自产产品作为职工薪酬发放给职工时，应确认主营业务收入

借：应付职工薪酬——非货币性福利
　　贷：主营业务收入
　　　　应交税费——应交增值税（销项税额）

将企业**拥有的房屋**等资产无偿提供给职工使用的，应当根据受益对象，将该住房每期应计提的折旧计入相关资产成本或当期损益：

（1）确认应付职工薪酬

借：生产成本

制造费用

　　　管理费用等

　　　　贷：应付职工薪酬——非货币性福利

（2）同时

借：应付职工薪酬——非货币性福利

　　　贷：累计折旧

　租赁住房等资产供职工无偿使用的，应当根据受益对象，将每期应付的租金计入相关资产成本或当期损益：

（1）确认应付职工薪酬

借：生产成本

　　　制造费用

　　　管理费用等

　　　　贷：应付职工薪酬——非货币性福利

（2）企业支付租赁住房等资产供职工无偿使用所发生的租金

借：应付职工薪酬——非货币性福利

　　　贷：银行存款等

【例题·单选题】（2022年）某企业购入按摩仪一批，该批按摩仪的市场售价为150万元，适用的增值税税率为13%，成本为100万元，作为非货币性职工福利发放给职工。不考虑其他因素，该企业发放非货币性职工福利应计入应付职工薪酬的金额为（　　　）万元。

A. 150

B. 100

C. 113

D. 169.5

【答案】D

【解析】选项D正确，该企业发放非货币性职工福利应计入应付职工薪酬的金额=150+150×13%=169.5（万元）。

【例题·单选题】（2022年）下列各项中，企业按照税法规定代扣职工个人所得税应借记的会计科目是（　　　）。

A. 应付职工薪酬

B. 应交税费——应交个人所得税

C. 其他应付款

D. 应付账款

【答案】A

【解析】选项A正确，会计分录为：

借：应付职工薪酬

　　　贷：应交税费——应交个人所得税

【例题·单选题】（2020年）企业为管理人员提供免费使用住房的折旧费，借方应计入（　　　）。

A. 制造费用　　　　　　　　　　B. 应付职工薪酬

C. 营业外支出　　　　　　　　　　D. 生产成本

【答案】B

【解析】选项 B 正确，企业为管理人员提供免费使用住房时，应按受益对象确认应付职工薪酬，同时计提折旧。本题相关的会计分录为：

借：管理费用

　　贷：应付职工薪酬

借：应付职工薪酬

　　贷：累计折旧

考点三　长期职工薪酬的账务处理★

一、离职后福利

对于设定提存计划，企业应当根据在资产负债表日为换取职工在会计期间提供的服务而应向单独主体缴存的提存金，确认为应付职工薪酬，并计入当期损益或相关资产成本：

借：生产成本

　　制造费用

　　管理费用

　　销售费用等

　　贷：应付职工薪酬——设定提存计划

【练习题】甲企业 2020 年 7 月应付职工工资总额为 693 000 元，"工资费用分配汇总表"中列示的产品生产人员工资为 480 000 元，车间管理人员工资为 105 000 元，企业行政管理人员工资为 90 600 元，专设销售机构人员工资为 17 400 元。2020 年 7 月，甲企业缴存的基本养老保险费，应计入生产成本的金额为 76 800 元，应计入制造费用的金额为 16 800 元，应计入管理费用的金额为 14 496 元，应计入销售费用的金额为 2 784 元。

甲企业应编制如下会计分录：

借：生产成本——基本生产成本　　　　　　　　　　　76 800

　　制造费用　　　　　　　　　　　　　　　　　　　16 800

　　管理费用　　　　　　　　　　　　　　　　　　　14 496

　　销售费用　　　　　　　　　　　　　　　　　　　 2 784

　　贷：应付职工薪酬——设定提存计划——基本养老保险费　110 880

【例题·判断题】（2021 年）资产负债表日企业按工资总额的一定比例计提的基本养老保险属于设定提存计划，应确认为应付职工薪酬。（　　　）

【答案】√

二、辞退后福利

企业向职工提供辞退福利的，应当在"企业不能单方面撤回因解除劳动关系或裁减所提供的辞退福利时"和"企业确认涉及支付辞退福利的重组相关的成本或费用时"两者孰早日，确认辞退福利产生的职工薪酬负债，并计入当期损益。

具体账务处理：

借：管理费用

　　贷：应付职工薪酬——辞退福利

【练习题】甲公司是一家空调制造企业。2020年9月，为了能够在下一年度顺利实施转产，甲公司管理层制订了一项辞退计划，从2021年1月1日起，企业将以职工自愿方式，辞退其柜式空调生产车间的职工。辞退计划的详细内容，包括拟辞退的职工所在部门、数量、各级别职工能够获得的补偿以及计划实施的时间等均已与职工沟通，并达成一致意见，辞退计划已于2020年12月10日经董事会正式批准，辞退计划将于下一个年度内实施完毕。

企业在期末预计各级别职工拟接受辞退职工数量的最佳估计数（最可能发生数），其中愿意接受辞退职工的最佳估计数为123名，预计补偿总额为1 400万元，则企业在2020年（辞退计划于2020年12月10日由董事会批准）应编制如下会计分录：

借：管理费用　　　　　　　　　　　　　　　　　　　　　14 000 000

　　贷：应付职工薪酬——辞退福利　　　　　　　　　　　　　　14 000 000

三、其他长期职工福利

企业向职工提供的其他长期职工福利，符合设定提存计划条件的，应当按照设定提存计划的有关规定进行会计处理；符合设定受益计划条件的，应当按照设定受益计划的有关规定进行会计处理。

长期残疾福利水平取决于职工提供服务期间长短的，企业应在职工提供服务的期间确认应付长期残疾福利义务，计量时应当考虑长期残疾福利支付的可能性和预期支付的期限；与职工提供服务期间长短无关的，企业应当在导致职工长期残疾的事件发生的当期确认应付长期残疾福利。

【例题·单选题】（2022年）下列各项中，属于长期职工薪酬的是（　　　）。

A. 职工教育经费　　　　　　　　　　B. 离职后福利

C. 生活困难补助　　　　　　　　　　D. 工会经费

【答案】B

【解析】长期职工薪酬包括离职后福利（选项B正确）、辞退福利和其他长期职工福利；选项A、C、D不属于，职工教育经费、生活困难补助和工会经费均属于短期职工薪酬。

第四单元　应交税费

考点一 **应交税费的概述★★**

　　企业根据税法规定应交纳的各种税费包括增值税、消费税、企业所得税、城市维护建设税、资源税、土地增值税、房产税、车船税、城镇土地使用税、教育费附加、印花税、耕地占用税、环境保护税、契税、车辆购置税等。

　　企业应通过"应交税费"科目，核算各种税费的应交、交纳等情况。

　　该科目贷方登记应交纳的各种税费等，借方登记实际交纳的税费；期末余额一般在贷方，反映企业尚未交纳的税费，期末余额如在借方，反映企业多交或尚未抵扣的税费。

【新东方提示】

　　企业代扣代交的个人所得税，也通过"应交税费"科目核算，而企业交纳的印花税、耕地占用税等不需要预计应交数的税金，**不通过**"应交税费"科目核算。

　　【例题·单选题】（2020 年）下列各项中，不通过"应交税费"核算的是（　　）。

A. 应交的城市维护建设税　　　　　　B. 应交的增值税

C. 应交的房产税　　　　　　　　　　D. 应交的耕地占用税

　　【答案】 D

　　【解析】 选项 D 不通过"应交税费"科目核算，耕地占用税不需要预计应交税金。

考点二 **应交增值税的账务处理★★★**

一、增值税的计税方法

　　计算增值税的方法分为一般计税方法和简易计税方法。

（一）增值税的一般计税方法

　　增值税的一般计税方法，是先按当期销售额和适用的税率计算出销项税额，然后以该销项税额对当期购进项目支付的税款（即进项税额）进行抵扣，间接算出当期的应纳税额。应纳税额的计算公式：

$$应纳税额 = 当期销项税额 - 当期进项税额$$

公式中的"当期销项税额"是指纳税人当期销售货物、加工修理修配劳务、服务、无形资产和不动产时按照销售额和增值税税率计算并收取的增值税税额。其中，销售额是指纳税人销售货物、加工修理修配劳务、服务、无形资产和不动产向购买方收取的全部价款和价外费用，但是不包括收取的销项税额。

当期销项税额的计算公式：

$$当期销项税额 = 销售额 \times 增值税税率$$

"当期进项税额"是指纳税人购进货物、加工修理修配劳务、服务、无形资产或者不动产，支付或者负担的增值税税额。

下列进项税额**准予从销项税额中抵扣**：

（1）从销售方取得的增值税专用发票（含税控机动车销售统一发票，下同）上注明的增值税税额。

（2）从海关进口增值税专用缴款书上注明的增值税税额。

（3）购进农产品，除取得增值税专用发票或者海关进口增值税专用缴款书外，按照农产品收购发票或者销售发票上注明的农产品买价和9%的扣除率计算的进项税额；如用于生产销售或委托加工13%税率货物的农产品，按照农产品收购发票或者销售发票上注明的农产品买价和10%的扣除率计算的进项税额。

（4）从境外单位或者个人购进服务、无形资产或者不动产，从税务机关或者扣缴义务人取得的解缴税款的完税凭证上注明的增值税税额。

（5）一般纳税人支付的道路通行费，取得的收费公路通行费增值税电子普通发票上注明的增值税税额；桥、闸通行费，凭取得的通行费发票上注明的收费金额和规定的方法计算的可抵扣的增值税进项税额。

【新东方提示】

（1）当期销项税额小于当期进项税额不足抵扣时，其不足部分可以结转下期继续抵扣。

（2）一般纳税人采用的税率分为13%、9%、6%和零税率。

（二）增值税的简易计税方法

增值税的简易计税方法是按照销售额与征收率的乘积计算应纳税额，不得抵扣进项税额。应纳税额的计算公式：

$$应纳税额 = 销售额 \times 征收率$$

公式中的销售额不包括其应纳税额，如果纳税人采用销售额和应纳税额合并定价方法的，应按照公式"销售额 = 含税销售额 ÷（1 + 征收率）"还原为不含税销售额计算。

【新东方提示】

增值税一般纳税人计算增值税大多采用一般计税方法；小规模纳税人一般采用简易计税方法；一般纳税人发生财政部和国家税务总局规定的特定应税销售行为，也可以选择简易计税方式计税，但是不得抵扣进项税额。

【例题·单选题】（2020年）某小规模纳税人购入一台不需安装的设备，发生增值税进项税额 20 000 元。下列关于增值税的会计处理正确的是（　　　）。

A. 借记"在建工程"科目 20 000

B. 借记"固定资产"科目 20 000

C. 借记"管理费用"科目 20 000

D. 借记"应交税费——应交增值税（进项税额）"科目 20 000

【答案】B

【解析】选项 B 正确，小规模纳税人一般采用简易计税方法，不得抵扣进项税额，发生时计入相关资产成本或费用。

二、一般纳税人的账务处理

（一）增值税核算应设置的会计科目

应交税费——应交增值税

　　　　　——未交增值税

　　　　　——预交增值税

　　　　　——待抵扣进项税额

　　　　　——待认证进项税额

　　　　　——待转销项税额

　　　　　——增值税留抵税额

　　　　　——简易计税

　　　　　——转让金融商品应交增值税

　　　　　——代扣代交增值税等

（1）"应交税费——应交增值税"明细科目，核算一般纳税人进项税额、销项税额抵减、已交税金、转出未交增值税、减免税款、出口抵减内销产品应纳税额、销项税额、出口退税、进项税额转出、转出多交增值税等情况。

该明细账设置专栏如表 5-1 所示。

表 5-1　"应交税费——应交增值税"明细账专栏

明细科目	具体内容
进项税额	记录一般纳税人购进货物、加工修理修配劳务、服务、无形资产或不动产而支付或负担的、准予从当期销项税额中抵扣的增值税税额
销项税额抵减	记录一般纳税人按照现行增值税制度规定因扣减销售额而减少的销项税额
已交税金	记录一般纳税人当月已交纳的应交增值税税额
转出未交增值税	记录一般纳税人月度终了转出当月应交未交的增值税税额
转出多交增值税	记录一般纳税人月度终了转出当月多交的增值税税额
减免税款	记录一般纳税人按现行增值税制度规定准予减免的增值税税额
出口抵减内销产品应纳税额	记录实行"免、抵、退"办法的一般纳税人按规定计算的出口货物的进项税抵减内销产品的应纳税额
销项税额	记录一般纳税人销售货物、加工修理修配劳务、服务、无形资产或不动产应收取的增值税税额
出口退税	记录一般纳税人出口货物、加工修理修配劳务、服务、无形资产按规定退回的增值税税额
进项税额转出	记录一般纳税人购进货物、加工修理修配劳务、服务、无形资产或不动产等发生非正常损失以及其他原因而不应从销项税额中抵扣、按规定转出的进项税额

（2）"应交税费——未交增值税"明细科目，核算一般纳税人月度终了从"应交税费——应交增值税"或"应交税费——预交增值税"明细科目转入当月应交未交、多交或预交的增值税税额，以及当月交纳以前期间未交的增值税税额。

（3）"应交税费——预交增值税"明细科目，核算一般纳税人转让不动产、提供不动产经营租赁服务、提供建筑服务、采用预收款方式销售自行开发的房地产项目等，以及其他按现行增值税制度规定应预交的增值税税额。

（4）"应交税费——待抵扣进项税额"明细科目，核算一般纳税人已取得增值税扣税凭证并经税务机关认证，按照现行增值税制度规定准予以后期间从销项税额中抵扣的进项税额。

（5）"应交税费——待认证进项税额"明细科目，核算一般纳税人由于未经税务机关认证而不得从当期销项税额中抵扣的进项税额。

（6）"应交税费——待转销项税额"明细科目，核算一般纳税人销售货物、加工修理修配劳务、服务、无形资产或不动产，已确认相关收入（或利得）但尚未发生增值税纳税义务而需于以后期间确认为销项税额的增值税税额。

（7）"应交税费——简易计税"明细科目，核算一般纳税人采用简易计税方法发生的增值税计提、扣减、预缴、缴纳等业务。

（8）"应交税费——转让金融商品应交增值税"明细科目，核算增值税纳税人转让金融商品发生的增值税税额。

（9）"应交税费——代扣代交增值税"明细科目，核算纳税人购进在境内未设经营机构的境外单位或个人在境内的应税行为代扣代缴的增值税。

（二）取得资产、接受劳务或服务

1. 一般纳税人购进货物、加工修理修配劳务、服务、无形资产或者不动产

借：材料采购／在途物资／原材料／库存商品／生产成本／无形资产／固定资产／管理
　　费用等
　　应交税费——应交增值税（进项税额）
　　应交税费——待认证进项税额
　　贷：应付账款／应付票据／银行存款等

【新东方提示】

　　购进货物等发生的退货，应根据税务机关开具的红字增值税专用发票编制相反的会计分录，如原增值税专用发票未做认证，应将发票退回并作相反的会计分录。

2. 货物等已验收入库但尚未取得增值税扣税凭证

企业购进的货物等已到达并验收入库，但尚未收到增值税扣税凭证并未付款的，应在月末按货物清单或相关合同协议上的价格暂估入账，不需要将增值税的进项税额暂估入账。

下月初，用红字冲销原暂估入账金额，待取得相关增值税扣税凭证并经认证后，按应计入相关成本费用或资产的金额：

借：原材料
　　库存商品
　　固定资产
　　无形资产等
　　应交税费——应交增值税（进项税额）
　　贷：应付账款
　　　　应付票据
　　　　银行存款等

【例题·判断题】（2020年）已验收入库但至月末尚未收到增值税扣税凭证的赊购货物，应按合同协议价格计算增值税进项税额暂估入账。（　　　）

【答案】×

【解析】企业购进的货物等已到达并验收入库，但尚未收到增值税扣税凭证并未付款的，应在月末按货物清单或相关合同协议上的价格暂估入账，不需要将增值税的进项税额暂估入账。

3. 进项税额转出

企业已单独确认进项税额的购进货物、加工修理修配劳务或者服务、无形资产或者不动产但其事后改变用途（如用于简易计税方法计税项目、免征增值税项目、非增值税应税项目等），或发生非正常损失，原已计入进项税额、待抵扣进项税额或待认证进项税额，按照现行增值税制度规定不得从销项税额中抵扣。

【新东方提示】

这里所说的"非正常损失"，根据现行增值税制度规定，是指因管理不善造成货物被盗、丢失、霉烂变质，以及因违反法律法规造成货物或者不动产被依法没收、销毁、拆除的情形。

进项税额转出的账务处理为：

借：待处理财产损溢
　　应付职工薪酬
　　固定资产
　　无形资产等
　　贷：应交税费——应交增值税（进项税额转出）
　　　　应交税费——待抵扣进项税额
　　　　应交税费——待认证进项税额

（三）销售等业务的账务处理

1. 企业销售货物、加工修理修配劳务、服务、无形资产或不动产

借：应收账款
　　应收票据
　　银行存款等
　　贷：主营业务收入
　　　　其他业务收入
　　　　固定资产清理等
　　　　应交税费——应交增值税（销项税额）【采用一般计税方法】
　　　　应交税费——简易计税【采用简易计税方法】

【新东方提示】

　　企业销售货物等发生销售退回的，应根据税务机关开具的红字增值税专用发票作相反的会计分录。

　　2. 根据会计准则相关规定的收入或利得确认时点早于按照现行增值税制度确认增值税纳税义务发生时点的，应将相关销项税额记入"应交税费——待转销项税额"科目，待实际发生纳税义务时再转入"应交税费——应交增值税（销项税额）"或"应交税费——简易计税"科目。

　　3. 按照增值税制度确认增值税纳税义务发生时点早于根据会计准则相关规定收入或利得确认时点的，应将应纳增值税额。

　　借：应收账款

　　　　贷：应交税费——应交增值税（销项税额）

　　　　　　应交税费——简易计税

　　4. 视同销售

　　视同销售需要交纳增值税的事项主要有：企业将自产或委托加工的货物用于集体福利或个人消费、作为投资提供给其他单位或个体工商户、分配给股东或投资者、对外捐赠等。

　　借：长期股权投资

　　　　应付职工薪酬

　　　　利润分配

　　　　营业外支出等

　　　　贷：应交税费——应交增值税（销项税额）

　　　　　　应交税费——简易计税

（四）交纳增值税

1. 企业交纳当月应交的增值税

借：应交税费——应交增值税（已交税金）

　　贷：银行存款

2. 企业交纳以前期间未交的增值税

借：应交税费——未交增值税

　　贷：银行存款

【练习题】2020 年 6 月，甲公司当月发生增值税销项税额合计为 525 200 元，增值税进项税额转出合计为 29 900 元，增值税进项税额合计为 195 050 元。

甲公司当月应交增值税计算结果如下：

当月应交增值税＝525 200＋29 900－195 050＝360 050（元）

甲公司当月实际交纳增值税税款310 050元，编制如下会计分录：

借：应交税费——应交增值税（已交税金）　　　　　　310 050

　　贷：银行存款　　　　　　　　　　　　　　　　　　　310 050

【例题·单选题】（2020年）企业缴纳上月应交未交的增值税时，应借记（　　　）。

A. 应交税费——应交增值税（转出未交增值税）

B. 应交税费——未交增值税

C. 应交税费——应交增值税（转出多交增值税）

D. 应交税费——应交增值税（已交税金）

【答案】B

【解析】选项B正确，企业交纳以前期间未交的增值税，借记"应交税费——未交增值税"科目，贷记"银行存款"科目。

（五）月末转出多交增值税和未交增值税

月度终了，企业应当将当月应交未交或多交的增值税自"应交增值税"明细科目转入"未交增值税"明细科目。

（1）对于当月应交未交的增值税

借：应交税费——应交增值税（转出未交增值税）

　　贷：应交税费——未交增值税

（2）对于当月多交的增值税

借：应交税费——未交增值税

　　贷：应交税费——应交增值税（转出多交增值税）

【练习题】2020年6月30日，甲公司将尚未交纳的增值税税款50 000元进行转账。

甲公司编制如下会计分录：

借：应交税费——应交增值税（转出未交增值税）　　　50 000

　　贷：应交税费——未交增值税　　　　　　　　　　　50 000

7月份，甲公司交纳6月未交的增值税50 000元，编制如下会计分录：

借：应交税费——未交增值税　　　　　　　　　　　　50 000

　　贷：银行存款　　　　　　　　　　　　　　　　　　50 000

三、小规模纳税人的账务处理

一般来说，小规模纳税人采用销售额和应纳税额合并定价的方法并向客户结算款项，销售货物、应税服务或应税行为后，应进行价税分离，确定不含税的销售额。

$$不含税销售额 = 含税销售额 \div (1 + 征收率)$$
$$应纳税额 = 不含税销售额 \times 征收率$$

小规模纳税人进行账务处理时，只需在"应交税费"科目下设置"应交增值税"明细科目，该明细科目不再设置增值税专栏。

小规模纳税人购进货物、应税服务或应税行为，按照应付或实际支付的全部款项（包括支付的增值税税额）：

借：材料采购
　　在途物资
　　原材料
　　库存商品等
　　贷：应付账款
　　　　应付票据
　　　　银行存款等

销售货物、应税服务或应税行为，应按全部价款（包括应交的增值税税额）：

借：银行存款等
　　贷：主营业务收入等
　　　　应交税费——应交增值税

【例题·单选题】（2019 年）某企业为增值税小规模纳税人，2020 年 8 月购入原材料取得的增值税专用发票注明价款为 10 000 元，增值税税额为 1 300 元。当月销售产品开具的增值税普通发票注明含税价款为 123 600 元，适用的征收率为 3%。不考虑其他因素，该企业 2020 年 8 月应交纳的增值税税额为（　　　）元。

A. 3 600　　　　　　　　　　　B. 2 108
C. 3 708　　　　　　　　　　　D. 2 300

【答案】A

【解析】选项 A 正确，小规模纳税人核算增值税采用简化的方法，购入原材料取得的增值税专用发票上注明的增值税，不予抵扣，直接计入原材料成本；销售产品时，按照不含税的销售额和规定的增值税征收率计算应交纳的增值税（即应纳税额），所以该企业 2020 年 8 月应交纳的增值税税额 = 123 600 ÷ (1 + 3%) × 3% = 3 600（元）。

四、差额征税的账务处理

根据财政部和国家税务总局"营改增"相关规定，对于企业发生的某些业务（金融商品转让、经纪代理服务、融资租赁和融资性售后回租业务、一般纳税人提供客运场站服务、试点纳税人提供旅游服务、选择简易计税方法提供建筑服务等）无法通过抵扣机制避免重复征税的，应采用差额征税方式计算交纳增值税。

（一）企业按规定相关成本费用允许扣减销售额的账务处理

按现行增值税制度规定，企业发生相关成本费用允许扣减销售额的，发生成本费用时：

借：主营业务成本等【应付或实际支付的金额】

　　贷：应付账款

　　　　应付票据

　　　　银行存款等

待取得合规增值税扣税凭证且纳税义务发生时，按照允许抵扣的税额：

借：应交税费——应交增值税（销项税额抵减）

　　应交税费——简易计税【一般纳税人简易计税】

　　应交税费——应交增值税【小规模纳税人】

　　贷：主营业务成本等

（二）企业转让金融商品按规定以盈亏相抵后的余额作为销售额

按现行增值税制度规定，企业实际转让金融商品：

1. 月末

（1）如产生转让收益

借：投资收益等

　　贷：应交税费——转让金融商品应交增值税

（2）如产生转让损失，则按可结转下月抵扣税额

借：应交税费——转让金融商品应交增值税

　　贷：投资收益等

（3）交纳增值税时

借：应交税费——转让金融商品应交增值税

　　贷：银行存款

2. 年末

"应交税费——转让金融商品应交增值税"科目如有借方余额：

借：投资收益等

　　贷：应交税费——转让金融商品应交增值税

五、增值税税控系统专用设备和技术维护费用抵减增值税额的账务处理

企业初次购入增值税税控系统专用设备，按实际支付或应付的金额：

借：固定资产

　　贷：银行存款

应付账款等

按规定抵减的增值税应纳税额：

借：应交税费——应交增值税（减免税款）【一般纳税人】

应交税费——应交增值税【小规模纳税人】

贷：管理费用等

企业发生增值税税控系统专用设备技术维护费，应按实际支付或应付的金额：

借：管理费用

贷：银行存款等

按规定抵减的增值税应纳税额：

借：应交税费——应交增值税（减免税款）【一般纳税人】

应交税费——应交增值税【小规模纳税人】

贷：管理费用

【例题·判断题】（2019年）企业初次购买增值税税控系统专用设备，按规定可抵减的增值税应纳税额，应冲减该专用设备成本。（   ）

【答案】×

【解析】企业初次购入增值税税控系统专用设备，按规定抵减的增值税应纳税额，借记"应交税费——应交增值税（减免税款）"科目（小规模纳税人应借记"应交税费——应交增值税"科目），贷记"管理费用"等科目。

【新东方提示】

小微企业在取得销售收入时，应当按照现行增值税制度的规定计算应交增值税，并确认为应交税费，在达到增值税制度规定的免征增值税条件时，将有关应交增值税转入当期损益。

考点三 应交消费税的账务处理★★★

一、消费税概述

消费税是指在我国境内生产、委托加工和进口应税消费品的单位和个人，按其流转额交纳的一种税。

二、应交消费税的账务处理

企业应在"应交税费"科目下设置"应交消费税"明细科目，核算应交消费税的发

生、交纳情况。

该科目贷方登记应交纳的消费税，借方登记已交纳的消费税，期末贷方余额，反映企业尚未交纳的消费税，期末借方余额，反映企业多交纳的消费税。

（一）销售应税消费品

企业销售应税消费品应交的消费税：

借：税金及附加

　　贷：应交税费——应交消费税

（二）自产自用应税消费品

企业将生产的应税消费品用于在建工程等非生产机构时，按规定应交纳的消费税：

借：在建工程等

　　贷：应交税费——应交消费税

【例题·判断题】（2021年）企业在建工程领用自产的应税消费品计提的消费税，应记入"税金及附加"科目核算。（　　）

【答案】×

【解析】企业将生产的应税消费品用于在建工程时，按规定应交纳的消费税，借记"在建工程"科目，贷记"应交税费——应交消费税"科目。

【例题·判断题】（2019年）企业销售自产应税消费品确认的消费税，应记入"税金及附加"科目。（　　）

【答案】√

（三）委托加工应税消费品

企业如有应交消费税的委托加工物资，一般应由受托方代收代缴消费税。委托加工物资收回后，直接用于销售的，应将受托方代收代缴的消费税计入委托加工物资的成本：

借：委托加工物资等

　　贷：应付账款

　　　　银行存款等

委托加工物资收回后用于连续生产应税消费品的，按规定准予抵扣的，应按已由受托方代收代缴的消费税：

借：应交税费——应交消费税

　　贷：应付账款

　　　　银行存款等

【新东方提示】

待用委托加工的应税消费品生产出应纳消费税的产品销售时，再交纳消费税。

【例题·单选题】（2020 年）甲公司为增值税一般纳税人，委托外单位加工一批应交消费税的商品，以银行存款支付加工费 400 万元、增值税 52 万元、消费税 60 万元，该加工商品收回后将直接用于销售。甲公司支付上述相关款项时，应编制的会计分录是（　　）。

 A. 借：委托加工物资   452
   贷：银行存款   452
 B. 借：委托加工物资   460
   应交税费   52
   贷：银行存款   512
 C. 借：委托加工物资   400
   应交税费   112
   贷：银行存款   512
 D. 借：委托加工物资   512
   贷：银行存款   400
    应交税费   112

【答案】B
【解析】选项 B 正确，以银行存款支付的加工费 400 万元计入"委托加工物资"，该加工商品收回后将直接用于销售，所以支付的消费税 60 万元应计入"委托加工物资"，支付的增值税 52 万元，计入"应交税费——应交增值税（进项税额）"。

（四）进口应税消费品
企业进口应税物资交纳的消费税由海关代征。
应交的消费税按照组成计税价格和规定的税率计算，消费税计入该项物资成本：
借：在途物资
 材料采购
 原材料
 库存商品
 贷：银行存款等

考点四　其他应交税费的账务处理★★★

一、应交资源税

资源税是对在我国境内开采矿产品或者生产盐的单位和个人征收的税。

对外销售应税产品应交纳的资源税：

借：税金及附加

　　贷：应交税费——应交资源税

自产自用应税产品应交纳的资源税：

借：生产成本

　　制造费用等

　　贷：应交税费——应交资源税

【例题·单选题】（2020年）某企业将应交资源税的自产矿产品用于其产品生产，不考虑其他因素，该企业确认应交资源税应借记的会计科目是（　　）。

A. 管理费用　　　　B. 税金及附加　　　　C. 生产成本　　　　D. 销售费用

【答案】C

【解析】选项C正确，该企业将应交资源税的自产矿产品用于其产品生产，因是自产自用，且用于产品生产，所以应交纳的资源税计入生产成本，借记"生产成本"科目，贷记"应交税费——应交资源税"科目。

二、应交城市维护建设税

城市维护建设税是以增值税和消费税为计税依据征收的一种税。

$$应纳税额 =（实际交纳的增值税 + 实际交纳的消费税）\times 适用税率$$

企业按规定计算出应交纳的城市维护建设税：

借：税金及附加等

　　贷：应交税费——应交城市维护建设税

交纳城市维护建设税：

借：应交税费——应交城市维护建设税

　　贷：银行存款

三、应交教育费附加

教育费附加是指为了加快发展地方教育事业、扩大地方教育经费资金来源而向企业征

收的附加费用。

教育费附加以各单位实际缴纳的增值税、消费税的税额为计征依据，按其一定比例分别与增值税、消费税同时缴纳。

企业按规定计算出应交纳的教育费附加：

借：税金及附加等

　　贷：应交税费——应交教育费附加

【例题·多选题】（2019年）2018年12月，某企业当月实际交纳增值税50万元，销售应税消费品实际交纳消费税20万元，经营用房屋交纳房产税10万元。该企业适用的城市维护建设税税率为7%，教育费附加征收比率为3%，不考虑其他因素，下列各项中，关于该企业12月份应交纳城市维护建设税和教育费附加的相关会计科目处理正确的有（　　）。

A. 借记"税金及附加"科目7万元

B. 贷记"应交税费——应交教育费附加"科目2.1万元

C. 贷记"应交税费——应交城市维护建设税"科目5.6万元

D. 借记"管理费用"科目7万元

【答案】A、B

【解析】选项B正确，应交教育费附加 =（实际交纳的增值税 + 实际交纳的消费税）× 征收比率 =（50+20）×3% = 2.1（万元）；选项C错误，应交城市维护建设税 =（实际交纳的增值税 + 实际交纳的消费税）× 适用税率 =（50+20）×7% = 4.9（万元）；选项A正确、选项D错误，城市维护建设税及教育费附加记入"税金及附加"科目，故计入税金及附加的金额 = 4.9+2.1 = 7（万元）。

四、应交土地增值税

土地增值税是对转让国有土地使用权、地上的建筑物及其附着物（简称"转让房地产"）并取得增值性收入的单位和个人所征收的一种税。

根据企业对房地产核算方法不同，企业应交土地增值税的账务处理也有所区别：

企业转让的土地使用权连同地上建筑物及其附着物一并在"固定资产"科目核算的，转让时应交的土地增值税：

借：固定资产清理

　　贷：应交税费——应交土地增值税

土地使用权在"无形资产"科目核算的：

借：银行存款

　　累计摊销

　　无形资产减值准备

　　　　贷：应交税费——应交土地增值税

　　　　　　无形资产

　　　　　　资产处置损益（或借记）

　　房地产开发经营企业销售房地产应交纳的土地增值税：

　　借：税金及附加

　　　　贷：应交税费——应交土地增值税

　　交纳土地增值税：

　　借：应交税费——应交土地增值税

　　　　贷：银行存款

【例题·判断题】（2020年）房地产开发经营企业销售房地产应缴纳的土地增值税记入"税金及附加"科目。（　　　）

【答案】√

五、应交房产税、城镇土地使用税和车船税

　　企业应交的房产税、城镇土地使用税、车船税：

　　借：**税金及附加**

　　　　贷：应交税费——应交房产税

　　　　　　　　——应交城镇土地使用税

　　　　　　　　——应交车船税

【例题·单选题】（2020年）下列各项中，企业依据税法规定计算应交的车船税应借记的会计科目是（　　　）。

　　A. 税金及附加　　　　　　　　　B. 主营业务成本

　　C. 销售费用　　　　　　　　　　D. 管理费用

【答案】A

【解析】选项A正确，企业应交的车船税，记入"税金及附加"科目，借记"税金及附加"科目，贷记"应交税费——应交车船税"科目。

【例题·单选题】（2019年）下列各项中，企业确认当期销售部门使用车辆应交纳的车船税，应借记的会计科目是（　　　）。

　　A. 税金及附加　　　　　　　　　B. 销售费用

　　C. 制造费用　　　　　　　　　　D. 其他业务成本

【答案】A

【解析】选项A正确，企业确认车船税：

　　借：税金及附加

　　　　贷：应交税费——应交车船税

第五单元　非流动负债

考点一　长期借款的账务处理★★

一、长期借款概述

　　长期借款是指企业向银行或其他金融机构借入的期限在 1 年以上（不含 1 年）的各种借款。通过"长期借款"科目，核算长期借款的借入、归还等情况。该科目按贷款单位和贷款种类，分"本金"、"利息调整"等进行明细核算。该科目的贷方登记长期借款本息的增加额，借方登记本息的减少额，期末贷方余额反映企业尚未偿还的长期借款。

二、长期借款的账务处理

（一）取得长期借款

　　企业借入长期借款，应按实际收到的金额，借记"银行存款"科目，贷记"长期借款——本金"科目；如存在差额，还应借记"长期借款——利息调整"科目。

【例题·单选题】甲企业于 2022 年 1 月 1 日向银行借入资金 1 000 000 元，借款期限为 5 年，年利率为 5%（每年末付息，到期还本）。所借款项已存入银行。则甲公司 2022年 1 月 1 日关于该借款的会计处理正确的是（　　　）。

　A. 借：银行存款　　　　　　　　　　　　　　1 000 000

　　　　贷：短期借款　　　　　　　　　　　　　　　　　1 000 000

　B. 借：银行存款　　　　　　　　　　　　　　1 000 000

　　　　贷：长期借款——本金　　　　　　　　　　　　　1 000 000

　C. 借：银行存款　　　　　　　　　　　　　　1 000 000

　　　　贷：预收账款　　　　　　　　　　　　　　　　　1 000 000

　D. 借：银行存款　　　　　　　　　　　　　　1 000 000

　　　　贷：应付账款　　　　　　　　　　　　　　　　　1 000 000

【答案】B

【解析】选项 B 正确，企业向银行借入借款期限为 5 年的资金 1 000 000 元，需计入长期借款，应借记"银行存款"科目，贷记"长期借款——本金"。

（二）发生长期借款利息

长期借款利息费用应当在资产负债表日按照实际利率法计算确定，实际利率与合同利率差异较小的，也可以采用合同利率计算确定利息费用。

1. 利息费用的确认

长期借款计算确定的利息费用，应当按以下原则计入有关成本、费用：

属于筹建期间的，计入管理费用；属于生产经营期间的，计入财务费用。如果长期借款用于购建固定资产等符合资本化条件的，在资产尚未达到预定可使用状态前，所发生的利息支出数应当资本化，计入在建工程等相关资产成本；资产达到预定可使用状态后发生的利息支出，以及按规定不予资本化的利息支出，计入财务费用。

2. 付息方式

长期借款按合同利率计算确定的应付未付利息，如果属于分期付息的，记入"应付利息"科目，如果属于到期一次还本付息的，记入"长期借款——应计利息"科目，借记"在建工程""制造费用""财务费用""研发支出"等科目，贷记"应付利息"或"长期借款——应计利息"科目。

【例题·多选题】（2022 年）下列各项中，发生长期借款利息的账务处理涉及的会计科目有（　　　）。

A. 管理费用　　　　　　　　　　　B. 财务费用

C. 长期借款——应计利息　　　　　D. 应付利息

【答案】A、B、C、D

【解析】选项 A、B、C、D 正确，发生长期借款利息的账务处理如下：

（1）属于筹建期间的利息支出：

借：管理费用

　　贷：应付利息（分期付息）

　　　　长期借款——应计利息（到期一次还本付息）

（2）属于生产经营期间的利息支出：

借：财务费用

　　贷：应付利息

　　　　长期借款——应计利息

（3）用于购建固定资产等符合资本化条件的：

① 在资产尚未达到预定可使用状态前发生的利息支出：

借：在建工程 / 制造费用 / 研发支出等

　　贷：应付利息

　　　　长期借款——应计利息

② 资产达到预定可使用状态后发生的利息支出，以及按规定不予资本化的利息支出：

借：财务费用
　贷：应付利息
　　　长期借款——应计利息

（三）归还长期借款

企业归还长期借款的本金时，应按归还的金额，借记"长期借款——本金"科目，贷记"银行存款"科目；按归还的利息，借记"应付利息"或"长期借款——应计利息"科目，贷记"银行存款"科目。

考点二 应付债券的账务处理★★

一、债券的发行

企业为筹集长期资金而发行的、期限在 1 年以上的债券为应付债券，构成了企业一项非流动负债。

债券发行有面值发行、溢价发行和折价发行三种情况。其中：

（1）债券按其票面金额发行，称为面值发行；

（2）以低于债券票面金额的价格发行，称为折价发行；

（3）以高于债券票面金额的价格发行，称为溢价发行。

【新东方提示】

　发行方作为应付债券核算，购买方可能作为交易性金融资产、债权投资或其他债权投资核算。

二、应付债券的账务处理

企业应通过设置"应付债券"科目，核算应付债券发行、计提利息、还本付息等情况。该科目贷方登记应付债券的本金和利息；借方登记归还的债券本金和利息；期末贷方余额表示企业尚未偿还的长期债务。本科目可按"面值""利息调整""应计利息"等设置明细科目进行明细核算。各科目核算内容如表 5-2 所示。

表 5-2 "应付债券"相关科目的记录内容

会计科目	记录内容
应付债券——面值	记录债券面值

续表

会计科目	记录内容
应付债券——应计利息	记录一次还本付息债券投资在资产负债表日按照票面利率计算确定的应付未付利息
应付利息	记录分期付息、到期还本债券在资产负债表日按照票面利率计算确定的应付未付利息
应付债券——利息调整	记录发行债券企业在债券存续期内对利息费用的调整

1. 发行债券时：

借：银行存款 / 库存现金

　　应付债券——利息调整【差额，可能在贷方】

　　贷：应付债券——面值

2. 债券利息的确认

借：在建工程 / 制造费用 / 财务费用 / 研发支出等【摊余成本 × 实际利率】

　　贷：应付利息【分期付息、到期一次还本】/ 应付债券——应计利息【一次还本付息】

　　　　应付债券——利息调整【差额，可能在借方】

3. 分期付息、到期一次还本的长期债券，企业在每期支付利息时

借：应付利息

　　贷：银行存款

4. 到期支付债券本息

借：应付债券——面值

　　应付利息 / 应付债券——应计利息

　　贷：银行存款等

【例题·单选题】2022 年 7 月 1 日，甲公司为扩大生产按面值发行 3 年期、到期一次还本付息、票面利率为 5%（不计复利）的债券，该债券已于当日全部售出，其面值为 1 000 万元，票面利率等于实际利率，2022 年 12 月 31 日应付债券的账面余额为（　　）万元。

A. 1 000　　　　　　B. 975　　　　　　　C. 1 050　　　　　　D. 1 025

【答案】D

【解析】应付债券的账面余额 = 1 000 + 1 000 × 5% × 6/12 = 1 025（万元）。

考点三　长期应付款的账务处理 ★

一、长期应付款的概念

长期应付款，是指企业除长期借款和应付债券以外的其他各种长期应付款项，如以分期付款方式购入固定资产发生的应付款项等。

二、长期应付款的账务处理

企业应设置"长期应付款"科目，用以核算企业应付的款项及偿还情况。该科目可按长期应付款的种类和债权人进行明细核算。该科目的贷方登记发生的长期应付款，借方登记偿还的应付款项，期末贷方余额反映企业尚未偿还的长期应付款。

企业购买资产有可能延期支付有关价款。如果延期支付的购买价款超过正常信用条件，实质上具有融资性质的，所购资产的成本不能以各期付款额之和直接确定，应当以延期支付购买价款的现值之和为基础确认。

固定资产购买价款的现值，应当按照各期支付的价款选择适当的折现率进行折现后的金额加以确定。

【新东方提示】

折现率是反映当前市场货币时间价值和延期付款债务特定风险的利率。该折现率实质上是供货企业的必要报酬率。

各期实际支付的价款之和与其现值之间的差额，应当在信用期间内采用实际利率法进行摊销，计入相关资产成本或当期损益。具体来说，企业购入资产超过正常信用条件延期付款实质上具有融资性质时，应按购买价款的现值，借记"固定资产""在建工程"等科目，按应支付的价款总额，贷记"长期应付款"科目，按其差额，借记"未确认融资费用"科目。

【新东方提示】

（1）以延期支付方式购买资产

借：固定资产 / 在建工程 / 无形资产【购买价款的现值】

　　未确认融资费用

　贷：长期应付款【应支付的价款总额】

（2）以后期间对未确认融资费用的摊销

借：财务费用／在建工程等

　　贷：未确认融资费用

第六章 所有者权益

内容框架

单元	考点	星级
实收资本或股本	实收资本或股本概述	★
	实收资本或股本的账务处理	★★★
	其他权益工具的财务处理	★★
资本公积和其他综合收益	资本公积概述	★★
	资本公积的账务处理	★★★
	其他综合收益的财务处理	★
留存收益	留存收益的管理	★★
	留存收益的账务处理	★★★

考情分析

本章最近3年的考查分值约为10分，涉及单选题、多选题、判断题和不定项选择题，属于重要章节。本章介绍了所有者权益的内容，具体包括实收资本或股本、资本公积及留存收益，在财务会计六大要素的相关知识中属于"友好型"知识，难度一般。

教材变化

1. 第一节增加了"其他权益工具"的财务处理，属于重要变化。

2. "第二节 资本公积"标题修改为"第二节 资本公积和其他综合收益"，增加了"其他综合收益"的财务处理，属于重要变化。

第一单元　实收资本或股本

考点一 **实收资本或股本概述** ★

一、实收资本或股本的管理

实收资本是指企业按照章程规定或合同、协议约定，接受投资者投入企业的资本。实收资本的构成比例或股东的股份比例，是确定所有者在企业所有者权益中份额的基础，也是企业进行利润或股利分配的主要依据。

对股份有限公司而言，实收资本又称为股本，即发起人按照合同或协议约定投入的资本和社会公众在公司发行股票时认购股票缴入的资本，其在金额上等于股份面值和股份总额的乘积。

我国《公司法》规定，股东可以用货币出资，也可以用实物、知识产权、土地使用权等可以用货币估价并可以依法转让的非货币财产作价出资；但是，法律、行政法规规定不得作为出资的财产除外。

二、实收资本或股本的确认与计量

股份有限公司应设置"股本"科目，其他各类企业应设置"实收资本"科目，反映和监督企业实际收到的投资者投入资本的情况。实收资本或股本的账户运用和适用范围，如表6-1所示。

表6-1　实收资本或股本的账户运用和适用范围

会计账户	账户运用	适用范围
实收资本	"实收资本"科目贷方登记企业收到投资者符合注册资本的出资；借方登记企业按照法定程序报经批准减少的注册资本额；期末余额在贷方，反映企业实有的资本额。"实收资本"科目应按照投资者设置明细账	除股份有限公司外，其他各类企业应设置"实收资本"科目 【新东方提示】 　　小企业根据合同规定在合作期间归还投资者的投资，应在本科目设置"已归还投资"明细科目进行核算

续表

会计账户	账户运用	适用范围
股本	"股本"科目贷方登记已发行的股票面值；借方登记经批准核销的股票面值；期末贷方余额反映发行在外的股票面值。"股本"科目应当按照股票的类别设置明细账进行明细核算	股份有限公司应设置"股本"科目，反映和监督股份有限公司股本情况

考点二 **实收资本或股本的账务处理★★★**

一、接受现金资产投资

1. 股份有限公司以外的企业接受现金资产投资
借：银行存款【实际收到的金额】
　　贷：实收资本【按投资合同或协议约定的投资者在企业注册资本中所占份额的部分】
　　　　资本公积——资本溢价【差额】
2. 股份有限公司接受现金资产投资
借：银行存款【发行价款扣减手续费、佣金】
　　贷：股本【每股面值 × 发行股票数量】
　　　　资本公积——股本溢价【差额】

【新东方提示】

股份有限公司发行股票发生的手续费、佣金等交易费用，应首先从溢价中抵扣，冲减资本公积（股本溢价）。

【例题·判断题】（2018 年）股份有限公司回购本公司股票时，应当将回购价格与股票面值总额的差额计入资本公积。（　　　）

【答案】×

【解析】股份有限公司回购本公司股票时，应将回购价格计入库存股。注销股票时，若回购价格高于股票面值总额，应当将回购价格与股票面值总额的差额，借记"资本公积——股本溢价"科目，股本溢价不足冲减的，应借记"盈余公积""利润分配——未分配利润"科目；若回购价格低于股票面值总额，应当将回购价格与股票面值总额的差额，贷记"资本公积——股本溢价"科目。

二、接受非现金资产投资

账务处理：

借：固定资产/原材料/无形资产【按合同或协议约定的价值，不公允的除外】

　　应交税费——应交增值税（进项税额）

　　　贷：实收资本/股本【按投资合同或协议约定的投资者在企业注册资本或股本中所占份额的部分】

　　　　　资本公积——资本（股本）溢价【差额倒挤】

【例题·单选题】（2022年）甲公司接受投资者投入一台需要安装的设备，合同约定的设备价款为200万元（与公允价值相符），增值税进项税额为26万元（由投资方支付税款并提供增值税专用发票）。计入实收资本的金额为180万元，该项业务导致资本公积增加的金额为（　　）万元。

A. 24　　　　　　　B. 20　　　　　　　C. 50　　　　　　　D. 46

【答案】D

【解析】选项D正确，甲公司应编制如下会计分录：

借：在建工程　　　　　　　　　　　　　　　　　　　　　　200

　　应交税费——应交增值税（进项税额）　　　　　　　　　26

　　　贷：实收资本　　　　　　　　　　　　　　　　　　　180

　　　　　资本公积——资本溢价　　　　　　　　　　　　　46

【例题·判断题】（2021年）企业接受投资者作价投入的材料物资，按投资合同或协议约定的投资者在企业注册资本或股本中所占份额的部分作为实收资本或股本入账。（　　）

【答案】√

三、实收资本（或股本）的增减变动

（一）实收资本（或股本）的增加

一般企业增加资本主要有三个途径：接受投资者追加投资、资本公积转增资本和盈余公积转增资本。

借：银行存款等【接受投资者追加投资】

　　资本公积——资本（股本）溢价【资本公积转增资本】

　　盈余公积【盈余公积转增资本】

　　　贷：实收资本/股本

【新东方提示】

（1）由于资本公积和盈余公积均属于所有者权益，用其转增资本时，如果是独资企业比较简单，直接结转即可。如果是股份有限公司或有限责任公司，应该按照原投资者各自出资比例相应增加各投资者的出资额。

（2）资本公积转增资本和盈余公积转增资本，企业所有者权益总额不发生变化。

【例题·多选题】（2020年）某有限责任公司由甲、乙投资者分别出资100万元设立。为扩大经营规模，该公司的注册资本由200万元增加到250万元，丙企业以现金出资100万元享有公司20%的注册资本，不考虑其他因素，该公司接受丙企业出资相关科目的会计处理结果正确的有（　　）。

A. 贷记"实收资本"科目100万元　　B. 贷记"盈余公积"科目100万元

C. 贷记"资本公积"科目50万元　　D. 借记"银行存款"科目100万元

【答案】C、D

【解析】选项C、D正确，会计分录为：

借：银行存款 　　　　　　　　　　　　　　　　100

　　贷：实收资本——丙企业 　　　　　　　　　　　　　　50

　　　　资本公积——资本溢价 　　　　　　　　　　　　　50

（二）实收资本（或股本）的减少

实收资本（或股本）减少的会计处理原则如表6-2所示。

表6-2　实收资本（或股本）减少的会计处理原则

公司类型	会计处理原则
非股份有限公司	有限责任公司和小企业发还投资的会计处理比较简单，按法定程序报经批准减少注册资本的，按减少的注册资本金额减少实收资本
股份有限公司	采用收购本公司股票方式减资的，通过"库存股"科目核算回购股份的金额

1. 非股份有限公司

减少注册资本时：

借：实收资本

　　资本公积

　　贷：银行存款/库存现金

2. 股份有限公司

回购本公司股票时：

借：**库存股**【回购价格 × 股数】

　　贷：银行存款

注销股票时：

借：股本【每股面值 × 股数】

　　资本公积——股本溢价【差额】

　　盈余公积【股本溢价不足冲减的，冲减盈余公积】

　　利润分配——未分配利润【盈余公积也不足冲减的，继续冲减未分配利润】

　　贷：库存股

 【新东方提示】

（1）库存股属于所有者权益的备抵科目，属于所有者权益类科目。借方登记库存股增加，贷方登记库存股的减少。

（2）在冲减完股本溢价后如果还有差额，应先冲减盈余公积，再冲减利润分配——未分配利润。

（3）如果回购股票支付的价款低于面值总额的，其会计分录为：

借：股本

　　贷：库存股

　　　　资本公积——股本溢价

【练习题】A 上市公司 2020 年 12 月 31 日的股本为 100 000 000 元（面值为 1 元），资本公积（股本溢价）为 30 000 000 元，盈余公积为 40 000 000 元。经股东大会批准，A 上市公司以现金回购方式回购本公司股票 20 000 000 股并注销。假定 A 上市公司按每股 0.9 元回购股票，其他条件不变，A 上市公司应编制如下会计分录：

回购本公司股票时：

借：库存股　　　　　　　　　　　　　　　　　　　18 000 000

　　贷：银行存款　　　　　　　　　　　　　　　　　　18 000 000

库存股成本 = 20 000 000 × 0.9 = 18 000 000（元）

注销本公司股票时：

借：股本　　　　　　　　　　　　　　　　　　　　20 000 000

　　贷：库存股　　　　　　　　　　　　　　　　　　　18 000 000

　　　　资本公积——股本溢价　　　　　　　　　　　　 2 000 000

应增加的资本公积 = 20 000 000 × 1 - 20 000 000 × 0.9 = 2 000 000（元）

由于折价回购，股本与库存股成本的差额 2 000 000 元应作为增加资本公积处理。

【例题·单选题】（2019 年）某上市公司经股东大会批准以现金回购并注销本公司股票 1 000 万股，每股面值为 1 元，回购价为每股 1.5 元。该公司注销股份时"资本公积——股本溢价"科目余额为 2 000 万元，"盈余公积"科目余额为 800 万元。不考虑其他因素。该公司注销股份的会计科目处理正确的是（　　　　）。

    A. 借记"盈余公积"科目 500 万元

    B. 借记"库存股"科目 1 000 万元

    C. 借记"股本"科目 1 500 万元

    D. 借记"资本公积——股本溢价"科目 500 万元

【答案】D

【解析】选项 D 正确，回购分录如下：

借：库存股	1 500
贷：银行存款	1 500

注销分录如下：

借：股本	1 000
资本公积——股本溢价	500
贷：库存股	1 500

考点三　其他权益工具的账务处理 ★★

一、其他权益工具的概念

其他权益工具是企业发行的除普通股以外的按照准则规定归类为权益工具的各种金融工具，如优先股、永续债等。

优先股是指依照《公司法》、在一般规定的普通种类股份之外，另行规定的其他种类股份，其股份持有人优先于普通股股东分配公司利润和剩余财产，但参与公司决策管理等权利受到限制。

永续债是指没有到期日的债券，一般由主权国家、大型企业发行，持有人不能要求清偿本金，但可以按期取得利息。

符合负债条件的优先股、永续债，应当分类为金融负债。

二、其他权益工具的账务处理

（一）其他权益工具账务处理的基本原则

1. 对于归类为权益工具的金融工具，无论其名称中是否包含"债"，其利息支出或股利分配都应当作为发行企业的利润分配，其回购、注销等作为权益的变动处理。

2. 对于归类为金融负债的金融工具，无论其名称中是否包含"股"，其利息支出或股利分配原则上按照借款费用进行处理，其回购或赎回产生的利得或损失等计入当期损益。

（二）交易费用的会计处理

企业（发行方）发行金融工具，其发生的手续费、佣金等交易费用，如分类为债务工具且以摊余成本计量的，应当计入所发行工具的初始计量金额；如分类为权益工具的，应当从权益（其他权益工具）中扣除。

（三）其他权益工具的账务处理

1. 企业按规定发行其他权益工具时，应按照实际收到的金额（发行价扣除发生的手续费、佣金等交易费用）：

借：银行存款
　　贷：其他权益工具——优先股、永续债等

2. 分类为权益工具的金融工具，在存续期间分派股利的，作为利润分配处理，发行方应根据经批准的股利分配方案，按应分配给金融工具持有者的股利金额：

借：利润分配——应付优先股股利、应付永续债股利
　　贷：应付股利——优先股股利、永续债股利等

3. 发行方按规定赎回其他权益工具时：

借：库存股——其他权益工具
　　贷：银行存款

4. 注销时：

借：其他权益工具
　　贷：库存股——其他权益工具

第二单元　资本公积和其他综合收益

考点一　资本公积概述★★

资本公积是企业收到投资者出资额超出其在注册资本（或股本）中所占份额的部分，以及其他资本公积等。

资本公积包括资本溢价（或股本溢价）和其他资本公积等，具体内容如表6-3所示。

表 6-3 资本公积的构成

构成	具体内容
资本溢价	投资者实际缴入的款额超过其在企业注册资本中所占份额的数额
股本溢价	股份有限公司发行股票实际收到的款项超过其股票面值总额的部分
其他资本公积	除资本溢价（或股本溢价）以外所形成的资本公积

考点二 资本公积的账务处理★★★

为了反映和监督企业资本公积的增减变动情况，企业应设置"资本公积"科目。该科目贷方登记资本公积的增加额，借方登记资本公积的减少额，期末贷方余额反映企业资本公积结余额。该科目的明细账按资本公积的类别设置。

一、资本溢价（或股本溢价）

（一）资本溢价

非股份有限公司接受投资者投入资产的金额超过投资者在企业注册资本中所占份额的部分，通过"资本公积——资本溢价"科目核算。

（二）股本溢价

股份有限公司在按面值发行股票的情况下，企业发行股票取得的收入，应全部作为股本处理；在溢价发行股票的情况下，企业发行股票取得的收入，等于股票面值部分计入股本，超出股票面值的溢价收入计入股本溢价。

股份有限公司发行股票发生的手续费、佣金等交易费用，如果是溢价发行股票的，应从溢价中抵扣，冲减资本公积——股本溢价；无溢价发行股票或溢价金额不足以抵扣的，应将不足抵扣的部分冲减盈余公积，盈余公积不足抵扣的，冲减未分配利润。

二、其他资本公积

"其他资本公积"涉及的情况相对比较复杂，以下简单介绍三种。

一是企业的长期股权投资采用权益法核算时，因被投资单位除净损益、其他综合收益以及利润分配以外的所有者权益的其他变动（主要包括被投资单位接受其他股东的资本性投入、被投资单位发行可分离交易的可转债中包含的权益成分、以权益结算的股份支付、其他股东对被投资单位增资导致投资方持股比例变动等），投资企业按应享有份额而增加或减少的资本公积，直接计入投资方所有者权益（资本公积——其他资本公积）。

二是以权益结算的股份支付换取职工或其他方提供服务的，应按照确定的金额，将当期取得的服务计入相关资产成本或当期费用，同时增加资本公积（其他资本公积）。

三是企业集团（由母公司和其全部子公司构成）内发生的股份支付交易，如结算企业为接受服务企业的投资者，应当按照授予日权益工具的公允价值或应承担负债的公允价值确认为对接受服务企业的长期股权投资，同时确认资本公积（其他资本公积）或负债。

【例题·单选题】（2019年）下列各项中，关于股份有限公司溢价发行股票相关会计处理表述正确的是（　　　）。

A. 发行股票发生的交易费用应单独计入当期损益

B. 溢价总额不足以抵扣发行股票发生的交易费用的差额应冲减股本

C. 溢价总额高于发行股票发生的交易费用的差额作为资本公积入账

D. 溢价总额不足以抵扣发行股票发生的交易费用的差额应计入当期损益

【答案】C

【解析】选项C正确。在溢价发行股票的情况下，企业发行股票取得的收入，等于股票面值的部分计入股本，超出股票面值的溢价收入（扣除交易费用）计入"资本公积——股本溢价"。选项A、B、D错误，发行股票相关的手续费、佣金等交易费用，如果是溢价发行股票的，应从溢价中抵扣，冲减资本公积（股本溢价）；溢价金额不足以抵扣的，应将不足抵扣的部分冲减盈余公积，盈余公积不足抵扣的冲减未分配利润。

考点三　其他综合收益的账务处理★

其他综合收益，是指企业根据其他会计准则规定未在当期损益中确认的各项利得和损失。包括以后会计期间不能重分类进损益的其他综合收益和以后会计期间满足规定条件时将重分类进损益的其他综合收益两类。

一、以后会计期间不能重分类进损益的其他综合收益

以后会计期间不能重分类进损益的其他综合收益，主要包括：

1. 重新计量设定受益计划净负债或净资产变动导致的变动。

2. 按权益法核算因被投资单位重新计量设定受益计划净负债或净资产变动导致的权益变动，投资企业按持股比例计算确认的该部分其他综合收益项目。

3. 在初始确认时，企业可以将非交易性权益工具指定为以公允价值计量且其变动计入其他综合收益的金融资产，该指定后不得撤销。

二、以后会计期间满足规定条件时将重分类进损益的其他综合收益

1. 符合金融工具准则规定，同时符合以下两个条件的金融资产应当分类为以公允价值计量且其变动计入其他综合收益：

（1）企业管理该金融资产的业务模式既以收取合同现金流量为目标又以出售该金融资产为目标；

（2）该金融资产的合同条款规定，在特定日期产生的现金流量，仅为对本金和以未偿付本金金额为基础的利息的支付。

当该类金融资产终止确认时，之前计入其他综合收益的累计利得或损失应当从其他综合收益中转出，计入当期损益。

2. 按照金融工具准则规定，将以公允价值计量且其变动计入其他综合收益的债务工具投资重分类为以摊余成本计量的金融资产的，或重分类为以公允价值计量且其变动计入当期损益的金融资产的，按规定可以将原计入其他综合收益的利得或损失转入当期损益的部分。

3. 采用权益法核算的长期股权投资，按照被投资单位实现其他综合收益以及持股比例计算应分享或分担的金额，调整长期股权投资的账面价值，同时增加或减少其他综合收益：

借：长期股权投资——其他综合收益

　　贷：其他综合收益

或相反处理。

待该项股权投资处置时，将原计入其他综合收益的金额转入当期损益。

4. 自用房地产或存货转换为采用公允价值模式计量的投资性房地产，转换日的公允价值大于原账面价值的，其差额作为其他综合收益核算。处置该项投资性房地产时，原计入其他综合收益的部分应当转入当期损益。

第三单元　留存收益

考点一　留存收益的管理★★

留存收益是指企业从历年实现的利润中提取或形成的留存于企业的内部积累，包括盈余公积和未分配利润两类，如表6-4所示。

表 6-4 留存收益的类别

类别	具体含义
盈余公积	是指企业按照有关规定从净利润中提取的积累资金。公司制企业的盈余公积包括法定盈余公积和任意盈余公积
未分配利润	是指企业实现的净利润经过弥补亏损、提取盈余公积和向投资者分配利润后留存在企业的、历年结存的利润。相对于所有者权益的其他部分来说，企业对于未分配利润的使用有较大的自主权

【新东方提示】

（1）法定盈余公积是指企业按照规定的比例从净利润中提取的盈余公积；

（2）任意盈余公积是指企业按照股东会或股东大会决议提取的盈余公积；

（3）企业提取的盈余公积经批准可用于弥补亏损、转增资本、发放现金股利或利润等。

考点二 留存收益的账务处理★★★

一、利润分配

利润分配是指企业根据国家有关规定和企业章程、投资者协议等，对企业当年可供分配的利润所进行的分配。可供分配利润的计算公式如下：

$$可供分配利润 = 年初未分配利润（或 - 年初未弥补亏损）+$$
$$当年实现的净利润（或净亏损）+ 其他转入$$

1. 结转当期实现净利润

借：本年利润

　　贷：利润分配——未分配利润

若当期发生净亏损，则做相反分录。

【新东方提示】

（1）如果"利润分配——未分配利润"年初余额为负数，即未弥补亏损，那么此处的分录便自动进行了弥补。因此，在用当年实现的净利润弥补以前年度亏损时，不需另行编制会计分录。

（2）利润分配的顺序依次是：①提取法定盈余公积；②提取任意盈余公积；③向投资者分配利润。

2. 提取盈余公积【如果出现净亏损，则不需要提取】

提取盈余公积的计算公式如下：

应提取的盈余公积＝（当年实现的净利润－以前年度未弥补的亏损）× 计提比例

借：利润分配——提取法定盈余公积
　　　　　　——提取任意盈余公积
　　贷：盈余公积——法定盈余公积
　　　　　　　　——任意盈余公积

3. 宣告分配现金股利或利润

借：利润分配——应付现金股利或利润
　　贷：应付股利

【新东方提示】

　　宣告分配股票股利时不做账务处理，实际支付股票股利并办妥增资手续时：
　　借：利润分配——转作股本的股利
　　　　贷：股本

4. 盈余公积补亏

借：盈余公积
　　贷：利润分配——盈余公积补亏

5. 将利润分配所属其他明细科目的余额，转入"未分配利润"明细科目

借：利润分配——未分配利润
　　　　　　——盈余公积补亏
　　贷：利润分配——提取法定盈余公积
　　　　　　　　——提取任意盈余公积
　　　　　　　　——应付现金股利或利润

【新东方提示】

　　结转后，"利润分配"科目中除"未分配利润"明细科目以外，其他明细科目无余额。

【例题·单选题】（2021 年）下列各项中，关于盈余公积会计处理的表述正确的是（　　）。

　　A. 用盈余公积转增资本时，应借记"盈余公积"科目，贷记"资本公积"科目

　　B. 用盈余公积弥补亏损时，应借记"盈余公积"科目，贷记"利润分配——盈余公积补亏"科目

C. 提取盈余公积时，应借记"本年利润"科目，贷记"盈余公积"科目

D. 用盈余公积发放现金股利时，应借记"盈余公积"科目，贷记"利润分配——应付现金股利和利润"科目

【答案】B

【解析】选项 A 错误，用盈余公积转增资本时，应借记"盈余公积"科目，贷记"实收资本"或"股本"科目。选项 C 错误，提取盈余公积时，应借记"利润分配"科目，贷记"盈余公积"科目。选项 D 错误，用盈余公积发放现金股利时，应借记"盈余公积"科目，贷记"应付股利"科目。

二、盈余公积

盈余公积是指企业按照有关规定从净利润中提取的积累资金。企业应通过"盈余公积"科目，反映和监督盈余公积的形成和使用情况。

该科目贷方登记企业按照规定提取的盈余公积数额；借方登记用盈余公积弥补亏损和转增资本的实际数额；贷方余额反映企业的盈余公积。

该科目可通过"法定盈余公积""任意盈余公积"科目分别进行明细核算。

1. 提取盈余公积

根据《公司法》有关规定，公司制企业应按照净利润（减弥补以前年度亏损）的 10% 提取法定盈余公积。法定盈余公积累计额已达注册资本的 50% 时可以不再提取。非公司制的企业也可以按照超过 10% 的比例提取法定盈余公积。

如果以前年度未分配利润有盈余，在计算提取法定盈余公积的基数时，不应包括企业年初未分配利润。

如果以前年度有未弥补的亏损，应先弥补以前年度亏损再提取盈余公积。

企业按规定提取盈余公积时：

借：利润分配——提取法定盈余公积

　　　　　　——提取任意盈余公积

　　贷：盈余公积——法定盈余公积

　　　　　　　——任意盈余公积

2. 盈余公积弥补亏损

借：盈余公积

　　贷：利润分配——盈余公积补亏

【例题·单选题】（2020 年）经股东大会批准，某公司以法定盈余公积弥补当年亏损 80 000 元。不考虑其他因素，下列各项中，该公司弥补亏损的会计处理正确的是（　　）。

A. 借：盈余公积——法定盈余公积　　　　　　　　　80 000

　　贷：本年利润　　　　　　　　　　　　　　　　　　80 000

B. 借：盈余公积　　　　　　　　　　　　　　　80 000

　　　贷：利润分配——盈余公积补亏　　　　　　　　　　80 000

C. 借：利润分配——盈余公积补亏　　　　　　　　80 000

　　　贷：盈余公积——法定盈余公积　　　　　　　　　　80 000

D. 借：利润分配——未分配利润　　　　　　　　　80 000

　　　贷：盈余公积——法定盈余公积　　　　　　　　　　80 000

【答案】B

【解析】选项 B 正确，以法定盈余公积弥补当年亏损 80 000 元，盈余公积减少，应借记"盈余公积"科目，同时贷记"利润分配——盈余公积补亏"科目。

3. 盈余公积转增资本

经股东大会（或股东会）决议，企业可将盈余公积转增资本或股本。

借：盈余公积

　　贷：实收资本 / 股本

4. 用盈余公积发放现金股利或利润

借：盈余公积

　　贷：应付股利

【新东方提示】

　　盈余公积的用途：弥补亏损、转增资本、发放现金股利或利润。

【例题 · 多选题】（2021 年）下列各项中，引起企业留存收益总额发生增减变动的有（　　　）。

A. 用盈余公积发放现金股利　　　　　　B. 用盈余公积弥补亏损

C. 用盈余公积转增资本　　　　　　　　D. 用净利润发放现金股利

【答案】A、C、D

【解析】选项 A 正确，减少盈余公积，减少留存收益；选项 B 不正确，属于留存收益内部的增减变动，留存收益总额不变；选项 C 正确，减少盈余公积，减少留存收益；选项 D 正确，减少利润分配，减少留存收益。

【例题 · 多选题】（2021 年）下列各项中，应通过"利润分配"科目核算的有（　　　）。

A. 提取法定盈余公积

B. 用可供分配的利润分配现金股利

C. 用盈余公积转增资本

D. 用盈余公积弥补亏损

【答案】A、B、D

【解析】

选项 A 正确：

借：利润分配——提取法定盈余公积

　　贷：盈余公积——法定盈余公积

选项 B 正确：

借：利润分配——应付现金股利或利润

　　贷：应付股利

选项 C 不正确：

借：盈余公积

　　贷：实收资本（股本）

选项 D 正确：

借：盈余公积

　　贷：利润分配——盈余公积补亏

【例题·单选题】（2019 年）下列各项中，年终结转后"利润分配——未分配利润"科目借方余额反映的是（　　　）。

A. 本年实现的净利润　　　　　　　　B. 本年发生的净亏损

C. 历年累积未分配的利润　　　　　　D. 历年累积未弥补的亏损

【答案】D

【解析】选项 D 正确，年终结转后，"利润分配——未分配利润"科目借方余额反映企业历年累积未弥补的亏损金额。

【例题·多选题】（2019 年）某公司年初"利润分配——未分配利润"科目贷方余额为 700 000 元，本年实现净利润 5 000 000 元，本年提取法定盈余公积 500 000 元，宣告分配现金股利 2 000 000 元。不考虑其他因素，该公司当年结转本年利润及其分配的会计处理正确的有（　　　）。

A. 结转本年实现的净利润时：

借：本年利润　　　　　　　　　　　　　　　　　　　5 000 000

　　贷：利润分配——未分配利润　　　　　　　　　　　　　　5 000 000

B. 结转本年实现的净利润时：

借：利润分配——未分配利润　　　　　　　　　　　　5 000 000

　　贷：本年利润　　　　　　　　　　　　　　　　　　　　　5 000 000

C. 结转"利润分配"科目所属明细科目余额时：

借：利润分配——提取法定盈余公积　　　　　　　　　　500 000

　　　　　　——应付现金股利或利润　　　　　　　　2 000 000

　　贷：利润分配——未分配利润　　　　　　　　　　　　　　2 500 000

D. 结转"利润分配"科目所属明细科目余额时：

借：利润分配——未分配利润 2 500 000
　　贷：利润分配——提取法定盈余公积 500 000
　　　　　　　　——应付现金股利或利润 2 000 000

【答案】A、D

【解析】选项 A 正确，结转本年实现的净利润时：

借：本年利润 5 000 000
　　贷：利润分配——未分配利润 5 000 000

选项 D 正确，提取法定盈余公积：

借：利润分配——提取法定盈余公积 500 000
　　贷：盈余公积——法定盈余公积 500 000

宣告分配现金股利：

借：利润分配——应付现金股利或利润 2 000 000
　　贷：应付股利 2 000 000

结转"利润分配"科目所属明细科目余额时：

借：利润分配——未分配利润 2 500 000
　　贷：利润分配——提取法定盈余公积 500 000
　　　　　　　　——应付现金股利或利润 2 000 000

【例题·单选题】（2018 年）2017 年 1 月 1 日，某股份有限公司未分配利润为 100 万元，2017 年度实现净利润 400 万元，法定盈余公积的提取比例为 10%，不考虑其他因素，下列关于盈余公积的账务处理正确的是（　　）。

A. 借：利润分配——提取法定盈余公积 40
　　　 贷：盈余公积 40
B. 借：本年利润——提取法定盈余公积 40
　　　 贷：盈余公积 40
C. 借：本年利润——提取法定盈余公积 50
　　　 贷：盈余公积 50
D. 借：利润分配——提取法定盈余公积 50
　　　 贷：盈余公积 50

【答案】A

【解析】选项 A 正确。如果以前年度未分配利润有盈余（即年初未分配利润余额为正数），在计算提取法定盈余公积的基数时，不应包括年初未分配利润，所以 2017 年提取法定盈余公积的金额 = 400×10% = 40（万元）。企业按规定提取盈余公积时，应通过"利润分配"和"盈余公积"科目核算。

【例题·单选题】（2016 年）某公司年初未分配利润为 1 000 万元，当年实现净利润 500 万元，按 10% 提取法定盈余公积，5% 提取任意盈余公积，宣告发放现金股利 100 万

元，不考虑其他因素，该公司年末未分配利润为（　　）万元。

　　A. 1 450　　　　　　　　　　　　　B. 1 475

　　C. 1 325　　　　　　　　　　　　　D. 1 400

　　【答案】C

　　【解析】选项 C 正确，该公司年末未分配利润＝1 000＋500－500×（10%＋5%）－100＝
1 325（万元）。

第七章　收入、费用和利润

内容框架

单元	考点	星级
收入	收入的确认与计量的步骤以及收入核算应设置的会计科目	★★
	一般商品销售收入的账务处理	★★★
	可变对价的账务处理	★★
	在某一时段内完成的商品销售收入的账务处理	★★★
费用	营业成本与税金及附加	★★
	期间费用	★★
利润	利润的构成	★★
	营业外收入、营业外支出的核算	★★★
	应交所得税、所得税费用的计算及账务处理	★★★
	本年利润的结转方法及账务处理	★★★

考情分析

　　本章最近 3 年考查分值约为 20 分，涉及单选题、多选题、判断题和不定项选择题，属于非常重要章节。本章主要介绍收入、费用和利润要素，其中与收入相关的内容最为复杂，结合收入准则施行后在实务中出现较为复杂的情形，是考试重点内容，难度较大。

教材变化

　　本章无实质性变化。

第一单元　收　入

考点一　收入的确认与计量的步骤以及收入核算应设置的会计科目★★

收入是指企业在日常活动中形成的、会导致所有者权益增加的、与所有者投入资本无关的经济利益的总流入。

一、收入的确认和计量

（一）收入确认的原则

企业应当在履行了合同中的履约义务，即在客户取得相关商品控制权时确认收入。

【新东方提示】

取得相关商品控制权，是指客户能够主导该商品的使用并从中获得几乎全部经济利益，也包括有能力阻止其他方主导该商品的使用并从中获得经济利益。

取得商品控制权包括三个要素，如表 7-1 所示。

表 7-1　商品控制权三要素

要素	具体含义	原理解释
客户必须拥有现时权利	能够主导该商品的使用并从中获得几乎全部经济利益。如果客户只能在未来的某一期间主导该商品的使用并从中获益，则表明其尚未取得该商品的控制权	能够
客户有能力主导该商品的使用	即客户在其活动中有权使用该商品，或者能够允许或阻止其他方使用该商品	主导
客户能够获得几乎全部的经济利益	商品的经济利益是指商品的潜在现金流量，既包括现金流入的增加，也包括现金流出的减少	获利
	客户可以通过使用、消耗、出售、处置、交换、抵押或持有等多种方式直接或间接地获得商品的经济利益	

【新东方提示】

　　本章的收入不涉及企业对外出租资产收取的租金、进行债权投资收取的利息、进行股权投资取得的现金股利以及保费收入等。

（二）收入确认的前提条件

企业与客户之间的合同同时满足下列五项条件的，企业应当在客户取得相关商品控制权时确认收入：

（1）合同各方已批准该合同并承诺将履行各自义务；

（2）该合同明确了合同各方与所转让商品相关的权利和义务；

（3）该合同有明确的与所转让商品相关的支付条款；

（4）该合同具有商业实质，即履行该合同将改变企业未来现金流量的风险、时间分布或金额；

（5）企业因向客户转让商品而有权取得的对价很可能收回。

【新东方提示】

　　收入确认的前提条件主要是针对与合同相关的条件。

（三）收入确认和计量的步骤

根据《企业会计准则第14号——收入》（2017），收入确认和计量的步骤大致分为以下五步：

第一步，识别与客户订立的合同。

合同是指双方或多方之间订立的有法律约束力的权利义务的协议。合同的存在是企业确认客户合同收入的前提，企业与客户之间的合同一经签订，企业即享有从客户取得与转移商品和服务对价的权利，同时负有向客户转移商品和服务的履约义务。

【新东方提示】

　　合同有书面形式、口头形式以及其他形式。

第二步，识别合同中的单项履约义务。

履约义务是指合同中企业向客户转让可明确区分商品或服务的承诺。

【新东方提示】

企业应当将向客户转让可明确区分商品（或者商品的组合）的承诺以及向客户转让一系列实质相同且转让模式相同的、可明确区分商品的承诺作为单项履约义务。

例如，企业与客户签订合同，向其销售商品并提供安装服务，该安装服务简单，除该企业外其他供应商也可以提供此类安装服务，该合同中销售商品和提供安装服务为两项单项履约义务。若该安装服务复杂且商品需要按客户定制要求修改，则合同中销售商品和提供安装服务合并为单项履约义务。

第三步，确定交易价格。

交易价格是指企业因向客户转让商品而预期有权收取的对价金额，不包括企业代第三方收取的款项（如增值税）以及企业预期将退还给客户的款项。

合同条款所承诺的对价，可能是固定金额、可变金额或两者兼有。

【新东方提示】

实务中，例如甲公司与客户签订合同为其建造一栋厂房，约定的价款为100万元，4个月完工，交易价格为固定金额100万元；假如合同中约定若提前1个月完工，客户将额外奖励甲公司10万元，甲公司对合同估计工程提前1个月完工的概率为95%，则甲公司预计有权收取的对价为110万元，即交易价格应包括固定金额100万元和可变金额10万元，总计为110万元。

第四步，将交易价格分摊至各单项履约义务。

当合同中包含两项或多项履约义务时，需要将交易价格分摊至各单项履约义务，分摊的方法是在合同开始日，按照各单项履约义务所承诺商品的单独售价（企业向客户单独销售商品的价格）的相对比例，将交易价格分摊至各单项履约义务。

【例题·单选题】（2022年）甲企业签订设备销售和安装合同，不含增值税的合同总价款为420万元。单独售价分别为324万元和108万元。则甲企业销售设备应分摊的交易价格为（   ）万元。

A. 108　　　　　　B. 105　　　　　　C. 324　　　　　　D. 315

【答案】D

【解析】销售设备应分摊的交易价格＝420×324/（324＋108）＝315（万元）。

第五步，履行各单项履约义务时确认收入。

企业将商品控制权转移给客户，可能是在某一时段内（即履行履约义务的过程中）发生，也可能在某一时点（即履约义务完成时）发生。

企业应当根据实际情况，首先判断履约义务是否满足在某一时段内履行的条件，如不满足，则该履约义务属于在某一时点履行的履约义务。

收入确认和计量的五个步骤中，第一步、第二步和第五步主要与收入的确认有关，第三步和第四步主要与收入的计量有关。

【新东方提示】

履行某些合同义务确认收入不一定都经过五个步骤：

例如，企业按照第二步确定某项合同仅为单项履约义务时，可以从第三步直接进入第五步（确认收入），不需要进行第四步（分摊交易价格）。

【例题·多选题】 下列选项中表述正确的有（   ）。

A. 交易价格不包括企业代第三方收取的款项

B. 合同的存在是企业确认客户合同收入的前提条件

C. 若安装服务复杂且商品需要按客户定制要求修改，该合同中销售商品和提供安装服务应合并为单项履约义务

D. 应当先识别合同中的单项履约义务，再确定交易价格

【答案】 A、B、C、D

二、收入核算应设置的会计科目

为了核算企业与客户之间的合同产生的收入及相关的成本费用，一般需要设置相关会计科目，如表 7-2 所示。

表 7-2　与收入相关的会计科目

科目名称	核算内容
主营业务收入	（1）企业确认的销售商品、提供服务等主营业务的收入 （2）贷方登记企业主营业务活动实现的收入，借方登记期末转入"本年利润"科目的主营业务收入，结转后该科目应无余额
其他业务收入	（1）企业确认的除主营业务活动以外的其他经营活动实现的收入，包括出租固定资产、出租无形资产、出租包装物和商品、销售材料等实现的收入 （2）贷方登记企业其他业务活动实现的收入，借方登记期末转入"本年利润"科目的其他业务收入，结转后该科目应无余额
主营业务成本	（1）企业确认销售商品、提供服务等主营业务收入时应结转的成本 （2）借方登记企业应结转的主营业务成本，贷方登记期末转入"本年利润"科目的主营业务成本，结转后该科目应无余额

续表

科目名称	核算内容
其他业务成本	（1）企业确认的除主营业务活动以外的其他经营活动所形成的成本，包括出租固定资产的折旧额、出租无形资产的摊销额、出租包装物的成本或摊销额、销售材料的成本等 （2）借方登记企业应结转的其他业务成本，贷方登记期末转入"本年利润"科目的其他业务成本，结转后该科目应无余额
合同取得成本	（1）企业取得合同发生的、预计能够收回的增量成本 （2）借方登记发生的合同取得成本，贷方登记摊销的合同取得成本，期末借方余额，反映企业尚未结转的合同取得成本
合同履约成本	（1）企业为履行当前或预期取得的合同所发生的、不属于其他企业会计准则规范范围且按照收入准则应当确认为一项资产的成本 （2）借方登记发生的合同履约成本，贷方登记摊销的合同履约成本，期末借方余额，反映企业尚未结转的合同履约成本
合同资产	（1）企业已向客户转让商品而有权收取对价的权利，且该权利取决于时间流逝之外的其他因素（如履行合同中的其他履约义务） （2）借方登记因已转让商品而有权收取的对价金额，贷方登记取得无条件收款权的金额 （3）期末借方余额，反映企业已向客户转让商品而有权收取的对价金额
合同负债	（1）企业已收或应收客户对价而应向客户转让商品的义务 （2）贷方登记企业在向客户转让商品之前，已经收到或已经取得无条件收取合同对价权利的金额；借方登记企业向客户转让商品时冲销的金额 （3）期末贷方余额，反映企业在向客户转让商品之前，已经收到的合同对价或已经取得的无条件收取合同对价权利的金额

【新东方提示】

　　企业发生减值的，还应当设置"合同履约成本减值准备""合同取得成本减值准备""合同资产减值准备"等科目进行核算。

考点二 在某一时点完成的商品销售收入的账务处理★★★

一、一般商品销售收入的确认

　　企业一般商品销售属于在某一时点履行的履约义务。对于在某一时点履行的履约义务，企业应当在客户取得相关商品控制权时点确认收入。

【新东方提示】

在判断控制权是否转移时，企业应当综合考虑下列迹象：

迹象1：企业就该商品享有现时收款权利，即客户就该商品负有现时付款义务。

例如，甲企业与客户签订销售商品合同，约定客户有权定价且在收到商品无误后10日内付款。在客户收到甲企业开具的发票、商品验收入库后，客户能够自主确定商品的销售价格或商品的使用情况，此时甲企业享有收款权利，客户负有现时付款义务。

迹象2：企业已将该商品的法定所有权转移给客户，即客户已拥有该商品的法定所有权。

例如，房地产企业向客户销售商品房，在客户付款后取得房屋产权证时，表明企业已将该商品房的法定所有权转移给客户。

迹象3：企业已将该商品实物转移给客户，即客户已占有该商品实物。

例如，企业与客户签订交款提货合同，在企业销售商品并送货到客户指定地点，客户验收合格并付款，表明企业已将该商品实物转移给客户，即客户已占有该商品实物。

迹象4：企业已将该商品所有权上的主要风险和报酬转移给客户，即客户已取得该商品所有权上的主要风险和报酬。

例如，甲房地产公司向客户销售商品房办理产权转移手续后，该商品房价格上涨或下跌带来的利益或损失全部属于客户，表明客户已取得该商品房所有权上的主要风险和报酬。

迹象5：客户已接受该商品。

迹象6：其他表明客户已取得商品控制权的迹象。

二、一般商品销售收入的账务处理

（一）现金结算方式销售业务的账务处理

企业以现金结算方式对外销售商品，在客户取得相关商品控制权时点确认收入，按实际收到的款项，借记"库存现金""银行存款"等科目，按实现的收入贷记"主营业务收入"科目，按应交的增值税，贷记"应交税费——应交增值税（销项税额）"科目。

（二）委托收款结算方式销售业务的账务处理

企业以委托收款结算方式对外销售商品，在其办妥委托收款手续且客户取得相关商品

控制权时点确认收入，按应收的款项，借记"应收账款"科目，按实现的收入贷记"主营业务收入"科目，按应交的增值税，贷记"应交税费——应交增值税（销项税额）"科目；在实际收到款项时，借记"银行存款"科目，贷记"应收账款"科目。

（三）商业汇票结算方式销售业务的账务处理

企业以商业汇票结算方式对外销售商品，在收到商业汇票且客户取得相关商品控制权时点确认收入，按收到商业汇票的票面金额，借记"应收票据"科目，按实现的收入贷记"主营业务收入"科目，按应交的增值税，贷记"应交税费——应交增值税（销项税额）"科目。

（四）赊销方式销售业务的账务处理

企业以赊销方式对外销售商品，在客户取得相关商品控制权时点确认收入，按应收的款项，借记"应收账款"科目，按实现的收入贷记"主营业务收入"科目，按应交的增值税，贷记"应交税费——应交增值税（销项税额）"科目；在实际收到款项时，借记"银行存款"科目，贷记"应收账款"科目。

【例题·判断题】（2019年）某企业赊销商品时知晓客户财务困难，不能确定能否收回货款，为了维持客户的长期合作关系仍将商品发出并开具销售发票，对于该赊销，不需要进行相关的会计处理。（　　　）

【答案】×

【解析】赊销商品时知晓客户财务困难，不能确定能否收回货款，说明不满足收入确认条件，不能确认收入。但是已经开具销售发票应确认纳税义务。

发出商品时：

借：发出商品

　　贷：库存商品

同时，已经开具发票，应确认增值税销项税额：

借：应收账款

　　贷：应交税费——应交增值税（销项税额）

（五）发出商品业务的账务处理

企业按合同发出商品，合同约定客户只有在商品售出取得价款后才支付货款。企业向客户转让商品的对价未达到"很可能收回"收入确认条件。在发出商品时，企业不应确认收入，将发出商品的成本记入"发出商品"科目，借记"发出商品"科目，贷记"库存商品"科目。如已发出的商品被客户退回，应编制相反的会计分录。"发出商品"科目核算企业商品已发出但客户没有取得商品控制权的商品成本。当收到货款或取得收取货款权利时，确认收入，借记"银行存款""应收账款"科目，贷记"主营业务收入"科目，贷记"应交税费——应交增值税（销项税额）"科目；同时结转已销商品成本，借记"主营业务成本"科目，贷记"发出商品"科目。

【例题·单选题】（2021年）企业对不符合收入确认条件的售出商品进行会计处理，应借记的会计科目是（　　）。

A. 在途物资　　　　B. 库存商品　　　　C. 主营业务成本　　　D. 发出商品

【答案】D

【解析】选项D正确，"发出商品"科目核算一般销售方式下已经发出但尚未确认收入的商品成本。

（六）材料销售业务的账务处理

企业在日常活动中发生对外销售不需用的原材料、随同商品对外销售单独计价的包装物等业务。企业销售原材料、包装物等存货取得收入的确认和计量原则比照商品销售。企业销售原材料、包装物等存货确认的收入作为其他业务收入处理，结转的相关成本作为其他业务成本处理。

【例题·单选题】（2018年）某企业为增值税一般纳税人，增值税税率为13%，本月销售材料一批，价税合计为5 876元。该批材料计划成本为4 200元，材料成本差异为2%。不考虑其他因素，销售材料应确认的损益为（　　）元。

A. 1 884　　　　B. 1 084　　　　C. 1 968　　　　D. 916

【答案】D

【解析】选项D正确，分析计算如下：

销售材料应确认的损益＝其他业务收入－其他业务成本

（1）销售材料价税合计5 876元，应换算为不含税售价，即应确认的其他业务收入＝5 876÷（1＋13%）＝5 200（元）。

（2）所售材料计划成本4 200元，材料成本差异率为2%，由此得出所售材料的实际成本。

所售材料应负担的超支成本差异＝4 200×2%＝84（元）。

所售材料的实际成本，即其他业务成本＝4 200＋84＝4 284（元）

综上可得，销售材料应确认的损益＝5 200－4 284＝916（元）。

会计分录如下：

借：银行存款等　　　　　　　　　　　　　　　　　　　　5 876

　　贷：其他业务收入　　　　　　　　　　　　　　　　　　5 200

　　　　应交税费——应交增值税（销项税额）　　　　　　　 676

借：其他业务成本　　　　　　　　　　　　　　　　　　　4 284

　　贷：原材料　　　　　　　　　　　　　　　　　　　　　4 200

　　　　材料成本差异　　　　　　　　　　　　　　　　　　　 84

（七）销售退回业务的账务处理

销售退回是指企业因售出商品在质量、规格等方面不符合销售合同规定条款的要求，客户要求企业予以退货。销售退回业务的账务处理如表 7-3 所示。

表 7-3　销售退回业务的账务处理

尚未确认销售收入的售出商品发生销售退回	借：库存商品 　　贷：发出商品
已确认销售商品收入的售出商品发生销售退回（除属于资产负债表日后事项外）	冲减主营业务收入和增值税销项税额： 借：主营业务收入 　　应交税费——应交增值税（销项税额） 　　贷：银行存款 / 应收账款等
	同时冲减当期销售商品成本： 借：库存商品 　　贷：主营业务成本

【例题·判断题】（2017 年）企业售出商品发生销售退回，对于已确认收入且不属于资产负债表日后事项的，应冲减退回当期的销售收入和销售成本。（　　　）

【答案】√

考点三　可变对价的账务处理★★

一、可变对价的概念

企业与客户的合同中约定的对价金额可能是固定的，也可能会因折扣、价格折让、返利、退款、奖励积分、激励措施、业绩奖金、索赔等因素而变化。此外，根据一项或多项或有事项的发生而收取不同对价金额的合同，也属于可变对价的情形。

二、可变对价最佳估计数的确定

若合同中存在可变对价，企业应当对计入交易价格的可变对价进行估计。企业应当按照期望值或最可能发生金额确定可变对价的最佳估计数。但是，企业不能在两种方法之间随意进行选择。期望值是按照各种可能发生的对价金额及相关概率计算确定的金额；最可能发生金额是一系列可能发生的对价金额中最可能发生的单一金额，即合同最可能产生的单一结果。最佳估计数的确定如表 7-4 所示。

表7-4 最佳估计数的确定

确定方式	原理解释
期望值	多种情形：加权平均
最可能发生金额确定	两种情形：最可能发生金额

　　企业确定可变对价金额之后，计入交易价格的可变对价金额还应满足限制条件，即包含可变对价的交易价格，应当不超过在相关不确定性消除时，累计已确认的收入极可能不会发生重大转回的金额。

三、可变对价的账务处理

　　1. 商业折扣

对于商业折扣，企业应按扣除商业折扣后的金额确认销售收入和增值税销项税额。

　　2. 现金折扣

对于现金折扣，一般根据最可能发生的现金折扣率预测其有权获取的对价金额。根据期望值预测有权获取的对价金额，企业应确认的销售商品收入 = ∑（可能发生的对价金额 × 相关概率）

　　【例题·单选题】（2022年）甲、乙公司均为增值税一般纳税人，增值税税率为13%，甲公司2021年12月5日向乙公司销售商品一批，价款100万元，由于成批购买，甲公司给予乙公司5%的商业折扣，并且规定了现金折扣的条件为2/10，N/20（计算现金折扣时，不考虑增值税），该批商品的成本为80万元，甲公司基于对乙公司的了解，预计乙公司10天内付款的概率为90%，10天后付款的概率为10%。甲公司认为按照最可能发生金额能够更好地预测其有权获取的对价金额。乙公司于12月13日支付了上述款项，则甲公司下列处理中不正确的是（　　　）。

　　A. 确认主营业务收入金额为100万元　　B. 确认增值税销项税额为12.35万元

　　C. 确认主营业务成本为80万元　　D. 甲公司实际收回价款为105.45万元

　　【答案】 A

　　【解析】 选项A错误，甲公司实现销售时应确认的收入 = 100 × (1 - 5%) × (1 - 2%) = 93.1（万元）；选项B正确，应确认的增值税的销项税额 = 100 × (1 - 5%) × 13% = 12.35（万元）；选项C正确，该批商品成本为80万元；选项D正确，甲公司实际收回价款 = 93.1 + 12.35 = 105.45（万元）。

　　【例题·单选题】（2022年）A公司为增值税一般纳税人，适用的增值税税率为13%。A公司所售产品的单价为400元，若客户购买100件以上（含100件）可得到每件20元的商业折扣。2019年8月10日，A公司向B公司销售该产品300件，双方约定的现金折扣条件为 2/10，1/20，N/30。预计 B 公司 10 天内付款的概率为 90%，11 天至 20 天内付款的概率为 10%。A 公司认为按照最可能发生金额能够更好地预测其有权获取的对价金额。不考虑其他因素，则销售时 A 公司应确认的收入为（　　）元。（假定计算现金折扣时不考虑增值税）

    A. 120 000   B. 111 720   C. 114 000   D. 117 600

【答案】B

【解析】选项 B 正确，A 公司应确认的收入 =（400 - 20）× 300 ×（1 - 2%）= 111 720（元）。

考点四　在某一时段内完成的商品销售收入的账务处理★★★

一、含义

对于在某一时段内履行的履约义务，企业应当在该段时间内按照履约进度确认收入，履约进度不能合理确定的除外。

二、某一时段内履行的履约义务的界定

满足下列条件之一的，属于在某一时段内履行的履约义务：

（1）客户在企业履约的同时即取得并消耗企业履约所带来的经济利益。

（2）客户能够控制企业履约过程中在建的商品。

（3）企业履约过程中所产出的商品具有不可替代用途，且该企业在整个合同期间内有权就累计至今已完成的履约部分收取款项。

【新东方提示】

    具有不可替代用途，是指因合同限制或实际可行性限制，企业不能轻易地将商品用于其他用途。有权就累计至今已完成的履约部分收取款项，是指在由于客户或其他方原因终止合同的情况下，企业有权就累计至今已完成的履约部分收取能够补偿其已发生成本和合理利润的款项，并且该权利具有法律约束力。

三、履约进度的确定

企业应当考虑商品的性质，采用实际测量的完工进度、评估已实现的结果、时间进度、已完工或交付的产品等产出指标，或采用投入的材料数量、花费的人工工时、机器工时、发生的成本和时间进度等投入指标确定恰当的履约进度，并且在确定履约进度时，应当扣除那些控制权尚未转移给客户的商品和服务。通常，企业按照累计实际发生的成本占预计总成本的比例（即成本法）确定履约进度。累计实际发生的成本包括企业向客户转移

商品过程中所发生的直接成本和间接成本，如直接人工、直接材料、分包成本以及其他与合同相关的成本。

【新东方提示】

与履约进度相关的收入确认如表7-5所示。

表7-5　与履约进度相关的收入确认

履约进度是否可确定	处理原则	原理解释
当履约进度能合理确定时	当期应确认的收入＝合同的交易价格总额 × 履约进度 − 以前会计期间累计已确认的收入	累计求差法
当履约进度不能合理确定时	企业已经发生的成本预计能够得到补偿的，应当按照已经发生的成本金额确认收入，直到履约进度能够合理确定为止	兜底条款

四、合同成本与合同负债

（一）合同取得成本

企业为取得合同发生的增量成本预期能够收回的，应作为合同取得成本确认为一项资产。

【新东方提示】

（1）增量成本是指企业不取得合同就不会发生的成本，也就是企业发生的与合同直接相关，但又不是所签订合同的对象或内容（如建造商品或提供服务）本身所直接发生的费用。

如销售佣金，若预期可通过未来的相关服务收入予以补偿，该销售佣金（即增量成本）应在发生时确认为一项资产，即合同取得成本。

（2）合同取得成本的会计处理如表7-6所示。

表7-6　合同取得成本的会计处理

企业对已确认为资产的合同取得成本	应当采用与该资产相关的商品收入确认相同的基础进行摊销，计入当期损益
简化的实务操作	该资产摊销期限不超过一年的，可以在发生时计入当期损益

续表

企业为取得合同发生的、除预期能够收回的增量成本之外的其他支出	应当在发生时计入当期损益（除非这些支出明确由客户承担） 例如，无论是否取得合同均会发生的差旅费、投标费、为准备投标资料发生的相关费用等
具体会计处理	发生合同取得成本时： 借：合同取得成本 　　贷：银行存款 / 应付职工薪酬等 对合同取得成本进行摊销时： 借：销售费用等 　　贷：合同取得成本

【例题·单选题】（2022 年）某公司为签订某个合同，发生尽职调查费 2 500 元，差旅费 800 元，销售佣金 6 000 元，合同取得成本是（　　）元。

A. 9 300　　　　B. 6 000　　　　C. 3 300　　　　D. 6 800

【答案】B

【解析】选项 B 正确，增量成本是指企业不取得合同就不会发生的成本，如销售佣金。无论是否取得合同均会发生的差旅费、投标费、为准备投标资料发生的相关费用和尽职调查费，发生时计入当期损益，除非这些费用明确由客户承担。

（二）合同履约成本

1. 企业为履行合同可能会发生各种成本，企业在确认收入的同时应当对这些成本进行分析，若不属于存货、固定资产、无形资产等规范范围且同时满足下列条件的，应当作为合同履约成本确认为一项资产：

（1）该成本与一份当前或预期取得的合同直接相关，如表 7-7 所示。

表 7-7　与当前或预期取得合同直接相关的成本

与合同直接相关的成本	（1）直接人工。例如，支付给直接为客户提供所承诺服务的人员的工资、奖金等 （2）直接材料。例如，为履行合同耗用的原材料、辅助材料、构配件、零件、半成品的成本和周转材料的摊销及租赁费用等 （3）制造费用或类似费用。例如，组织和管理相关生产、施工、服务等活动发生的费用，包括车间管理人员的职工薪酬、劳动保护费、固定资产折旧费及修理费、物料消耗、取暖费、水电费、办公费、差旅费、财产保险费、工程保修费、临时设施摊销费等

续表

明确由客户承担的成本以及仅因该合同而发生的其他成本	例如，支付给分包商的成本、机械使用费、设计和技术援助费用、施工现场二次搬运费、生产工具和用具使用费、检验试验费、工程定位复测费、工程点交费用、场地清理费等

（2）该成本增加了企业未来用于履行（包括持续履行）履约义务的资源。

（3）该成本预期能够收回。

【新东方提示】

企业应当在下列支出发生时，将其计入当期损益：

一是管理费用，除非这些费用明确由客户承担。

二是非正常消耗的直接材料、直接人工和制造费用（或类似费用），这些支出为履行合同发生，但未反映在合同价格中。

三是与履约义务中已履行（包括已全部履行或部分履行）部分相关的支出，即该支出与企业过去的履约活动相关。

四是无法在尚未履行的与已履行（或已部分履行）的履约义务之间区分的相关支出。

2. 企业对已确认为资产的合同履约成本，应当采用与该资产相关的商品收入确认相同的基础进行摊销，计入当期损益。其账务处理如表7-8所示。

表7-8 合同履约成本的账务处理

发生合同履约成本	摊销合同履约成本
借：合同履约成本 　　贷：银行存款 　　　　应付职工薪酬 　　　　原材料等	借：主营业务成本 　　其他业务成本 　　贷：合同履约成本

【新东方提示】

涉及增值税的，还应进行相应的处理。

【例题·多选题】（2021年）下列各项中，属于合同履约成本的有（　　　）。

A. 支付给分包商的成本

B. 与履约义务中已履行部分相关的材料支出

C. 支付给直接为客户提供承诺服务的人员工资

D. 非正常消耗的直接材料

【答案】A、C

【解析】合同履约成本是指企业为履行当前或预期取得的合同所发生的、按照收入准则应当确认为一项资产的成本。

同时满足下列条件时，应当作为合同履约成本确认为一项资产：

（1）该成本与一份当前或预期取得的合同直接相关。包括：

① 与合同直接相关的成本。包括：直接人工（如支付给直接为客户提供所承诺服务的人员的工资、奖金等）；直接材料（如为履行合同耗用的原材料、辅助材料、构配件、零件、半成品的成本和周转材料的摊销及租赁费用等）；制造费用或类似费用（如组织和管理相关生产、施工、服务等活动发生的费用，包括车间管理人员的职工薪酬、劳动保护费、固定资产折旧费及修理费、物料消耗、取暖费、水电费、办公费、差旅费、财产保险费、工程保修费、临时设施摊销费等）。

② 明确由客户承担的成本以及仅因该合同而发生的其他成本（如支付给分包商的成本、机械使用费、设计和技术援助费用、施工现场二次搬运费、生产工具和用具使用费、检验试验费、工程定位复测费、工程点交费用、场地清理费等）。

（2）该成本增加了企业未来用于履行（包括持续履行）履约义务的资源。

（3）该成本预期能够收回。

选项 A、C 正确，支付给分包商的成本、支付给直接为客户提供承诺服务的人员工资，与合同直接相关。

选项 B、D 错误，与履约义务中已履行部分相关的材料支出、非正常消耗的直接材料，应在发生时，计入当期损益。

【例题·单选题】（2018 年）2017 年 10 月，某企业签订一项劳务合同，合同收入为 300 万元，预计合同成本为 240 万元，合同价款在签订合同时已收取，该企业采用履约进度确认收入，2017 年已确认收入 80 万元，截至 2018 年年底，累计完工进度为 60%，不考虑其他因素，2018 年企业应确认该项业务的收入为（　　）万元。

A. 64　　　　　　　　B. 144　　　　　　　　C. 100　　　　　　　　D. 180

【答案】C

【解析】选项 C 正确，2018 年应确认的收入 = $300 \times 60\% - 80 = 100$（万元）。

（三）合同负债

合同负债是指企业已收或应收客户对价而应向客户转让商品的义务。

【新东方提示】

　　需要说明的是，对于尚未向客户履行转让商品的义务而已收或应收客户对价中的增值税部分，因不符合合同负债的定义，不应确认为合同负债。

【例题·单选题】（2018年）某企业向客户收取了一笔服务费后承诺在后续两年内为其提供相应的技术咨询服务。不考虑其他因素，下列各项中，该企业收取服务费时应记入会计科目是（　　）。

　　A. 主营业务收入　　　　　　　　B. 预收账款
　　C. 合同负债　　　　　　　　　　D. 其他应收款

【答案】C

【解析】选项C正确，对于在某一时段内履行的履约义务，企业应当在该段时间内按照履约进度确认收入，涉及的预收款应计入合同负债，因该企业向客户预先收取一笔服务费，并承诺在后续两年内为其提供相应的技术咨询服务，故预先收取的服务费应记入"合同负债"科目。

　　会计分录：
　　借：银行存款
　　　　贷：合同负债

第二单元　费　　用

　　费用是指企业日常活动所发生的、会导致所有者权益减少的、与向所有者分配利润无关的经济利益的总流出，主要指企业为取得营业收入进行产品销售等营业活动所发生的营业成本、税金及附加和期间费用。

考点一　营业成本与税金及附加★★

一、营业成本

　　营业成本，是指企业为生产产品、提供劳务等发生的可归属于产品成本、劳务成本等的费用，应当在确认销售商品收入、提供劳务收入时，将已销售商品、已提供劳务的成本确认为营业成本。营业成本包括主营业务成本和其他业务成本。

二、税金及附加

（一）税金及附加的概述

税金及附加是指企业经营活动应负担的相关税费，包括消费税、城市维护建设税、教育费附加、资源税、土地增值税、房产税、环境保护税、城镇土地使用税、车船税、印花税等。

（二）税金及附加的账务处理

税金及附加的账务处理如表7-9所示。

表 7-9　税金及附加的账务处理

主要税费	账务处理
消费税 城市维护建设税 资源税 教育费附加 房产税 环境保护税 城镇土地使用税 车船税	借：税金及附加 　　贷：应交税费——应交消费税 　　　　　　　　——应交城市维护建设税 　　　　　　　　——应交资源税 　　　　　　　　——应交教育费附加 　　　　　　　　——应交房产税 　　　　　　　　——应交环境保护税 　　　　　　　　——应交城镇土地使用税 　　　　　　　　——应交车船税等
印花税	企业交纳的印花税不通过"应交税费"科目核算： 借：税金及附加 　　贷：银行存款
期末，结转本科目后无余额	借：本年利润 　　贷：税金及附加

【例题·单选题】（2020年）2019年12月，某企业当月实际应交增值税15万元，经营用房屋应交房产税5万元，应交城市维护建设税1.05万元，应交教育费附加0.45万元。不考虑其他因素，该企业当月记入"税金及附加"科目的金额为（　　）万元。

A. 21.5　　　　　　B. 16.5　　　　　　C. 1.5　　　　　　D. 6.5

【答案】D

【解析】选项D正确，企业当月记入"税金及附加"科目的金额 = 5 + 1.05 + 0.45 = 6.5（万元）。

【例题·单选题】（2020年）下列选项中，应列入利润表税金及附加项目的是（　　）。

A. 销售自产应税化妆品应交的消费税

B. 进口原材料应交的关税

C. 一般纳税人购进生产设备应交的增值税

D. 购入土地使用权交纳的契税

【答案】A

【解析】选项 A 正确；选项 B 错误，计入原材料入账成本；选项 C 错误，记入"应交税费——应交增值税（进项税额）"科目；选项 D 错误，作为土地使用权入账成本记入"无形资产"科目。

【例题·多选题】（2020 年）下列各项中，应通过"税金及附加"科目核算的有（   ）。

A. 增值税   B. 教育费附加   C. 车船税   D. 城市维护建设税

【答案】B、C、D

【解析】税金及附加是指企业经营活动应负担的相关税费，包括消费税、城市维护建设税（选项 D）、教育费附加（选项 B）、资源税、土地增值税、房产税、环境保护税、城镇土地使用税、车船税（选项 C）、印花税等。

考点二 期间费用★★

一、期间费用概述

期间费用是指企业日常活动发生的不能计入特定核算对象的成本，而应计入发生当期损益的费用。期间费用包括销售费用、管理费用和财务费用。

二、期间费用的账务处理

（一）销售费用的账务处理

1. 销售费用是指企业在销售商品和材料、提供服务的过程中发生的各种费用，如表 7-10 所示。

表 7-10 销 售 费 用

企业在**销售商品过程中**发生的费用	保险费、包装费、展览费、广告费、商品维修费、预计产品质量保证损失、运输费、装卸费等，以及为销售本企业商品而专设的销售机构（含销售网点、售后服务网点等）的职工薪酬、业务费、折旧费等经营费用
企业发生的与**专设销售机构相关**的费用	固定资产修理费用等后续支出

2. 销售费用的账务处理如表 7-11 所示。

表 7-11　销售费用的账务处理

发生时	借：销售费用 　　应交税费——应交增值税（进项税额） 　　　贷：银行存款 　　　　　应付职工薪酬 　　　　　累计折旧等
期末，结转本科目后无余额	借：本年利润 　　贷：销售费用

【例题·单选题】（2022 年）下列各项中，制造业企业应计入销售费用的是（　　　）。

A. 销售单独计价包装物的成本　　　　　B. 筹建期间发生的开办费

C. 专设销售网点发生的业务费　　　　　D. 确认的管理人员薪酬

【答案】C

【解析】销售费用是指企业在销售商品和材料、提供服务过程中发生的各项费用，主要包括：

（1）企业在销售商品过程中发生的保险费、包装费、展览费、广告费、商品维修费、预计产品质量保证损失、运输费、装卸费等；

（2）为销售本企业商品而专设的销售机构（含销售网点、售后服务网点等）的职工薪酬、业务费、折旧费、修理费等经营费用（选项 C 正确）。

选项 A 错误，销售单独计价包装物的成本计入其他业务成本；选项 B 错误，筹建期间发生的开办费计入管理费用；选项 D 错误，确认的管理人员薪酬计入管理费用。

【例题·单选题】（2022 年）某企业 2020 年 11 月发生以下经济业务：支付专设销售机构的固定资产修理费 3 万元；代垫销售商品运杂费 2 万元；结转随同商品出售单独计价包装物成本 5 万元；按法定要求对本月已售商品计提产品质量保证费用 1 万元；支付诉讼费 8 万元。则该企业 11 月份应记入"销售费用"科目的金额为（　　　）万元。

A. 9　　　　　　　　B. 4　　　　　　　　C. 11　　　　　　　　D. 6

【答案】B

【解析】选项 B 正确，该企业 11 月份应记入"销售费用"科目的金额 = 3 + 1 = 4（万元）。代垫销售商品运杂费 2 万元计入应收账款；结转随同商品出售单独计价包装物成本计入其他业务成本；支付的诉讼费计入管理费用。

【例题·多选题】（2021 年）下列各项中，制造业企业应计入销售费用的有（　　　）。

A. 销售商品过程中承担的保险费

B. 优化产品销售策略发生的咨询费

C. 拓展产品销售市场发生的业务招待费

D. 销售商品专设销售机构发生的业务费

【答案】A、D

【解析】销售费用是指企业销售商品和材料、提供服务的过程中发生的各种费用，包括企业在销售商品过程中发生的保险费、包装费、展览费、广告费、商品维修费、预计产品质量保证损失、运输费、装卸费等，以及为销售本企业商品而专设的销售机构（含销售网点、售后服务网点等）的职工薪酬、业务费、折旧费等经营费用。

选项A、D正确，销售商品过程中承担的保险费、销售商品专设销售机构发生的业务费，均计入销售费用；选项B、C错误，优化产品销售策略发生的咨询费、拓展产品销售市场发生的业务招待费，均应计入管理费用。

（二）管理费用的账务处理

管理费用是指企业为组织和管理生产经营发生的各种费用。

管理费用包括的内容：企业在筹建期间内发生的开办费、董事会和行政管理部门在企业的经营管理中发生的以及应由企业统一负担的公司经费（包括行政管理部门职工薪酬、物料消耗、低值易耗品摊销、办公费和差旅费等）、行政管理部门负担的工会经费、董事会费（包括董事会成员津贴、会议费和差旅费等）、聘请中介机构费、咨询费（含顾问费）、诉讼费、业务招待费、技术转让费、研究费用等。

【新东方提示】

　　企业行政管理部门发生的固定资产修理费用等后续支出，也作为管理费用核算。

管理费用的账务处理如表7-12所示。

表7-12　管理费用的账务处理

发生时	借：管理费用 　　应交税费——应交增值税（进项税额） 　　贷：银行存款 　　　　应付职工薪酬 　　　　累计折旧 　　　　累计摊销等
期末，结转本科目后无余额	借：本年利润 　　贷：管理费用

【新东方提示】

　　商品流通企业管理费用不多的，可不设"管理费用"科目，相关核算内容可并入"销售费用"科目核算。

　　【例题·单选题】（2020年）下列各项中，企业根据本月"工资费用分配汇总表"分配所列财务部门人员薪酬时，应借记的会计科目是（　　）。

　　A. 主营业务成本　　　　　　　　　　B. 管理费用

　　C. 其他业务成本　　　　　　　　　　D. 财务费用

　　【答案】B

　　【解析】选项B正确，财务部门是企业为组织和管理生产经营而设立的，属于管理部门，所以财务部门人员的薪酬应计入管理费用。

　　【例题·多选题】（2020年）下列各项中，应计入企业管理费用的有（　　）。

　　A. 董事会成员的公务差旅费

　　B. 聘请会计师事务所咨询费

　　C. 行政管理部门的办公费

　　D. 计提销售商品预计产品质量保证损失

　　【答案】A、B、C

　　【解析】选项A、B、C正确，管理费用是指企业为组织和管理生产经营发生的各种费用，包括企业在筹建期间内发生的开办费、董事会和行政管理部门在企业的经营管理中发生的以及应由企业统一负担的公司经费（包括行政管理部门职工薪酬、物料消耗、低值易耗品摊销、办公费和差旅费等）、行政管理部门负担的工会经费、董事会费（包括董事会成员津贴、会议费和差旅费等）、聘请中介机构费、咨询费（含顾问费）、诉讼费、业务招待费、技术转让费、研究费用等，故董事会成员的公务差旅费、聘请会计师事务所咨询费、行政管理部门办公费，均应计入管理费用。选项D错误，计提销售商品预计产品质量保证损失，应计入销售费用。

　　【例题·多选题】（2019年）下列各项中，应计入管理费用的有（　　）。

　　A. 合同违约支付的诉讼费

　　B. 专设销售机构发生的计算机维修费用

　　C. 聘请会计师事务所支付的审计费用

　　D. 筹建期间发生的开办费

　　【答案】A、C、D

　　【解析】选项B错误，应计入销售费用。

（三）财务费用的账务处理

财务费用是指企业为筹集生产经营所需资金等而发生的筹资费用，包括利息支出（减利息收入）、汇兑损益以及相关的手续费等。

财务费用的账务处理如表 7-13 所示。

表 7-13　财务费用的账务处理

发生时	借：财务费用 　　贷：应付利息【计提利息】 　　　　银行存款【直接支付】
期末，结转本科目后无余额	借：本年利润 　　贷：财务费用

【例题·单选题】（2022 年）下列各项中，通过"财务费用"科目核算的是（　　）。

A. 外币的汇兑收益
B. 财务人员的薪酬
C. 发生的销售折让
D. 支付的年度财务报表审计费

【答案】A

【解析】选项 B，财务人员的薪酬记入"管理费用"科目；选项 C，发生的销售折让，不属于资产负债表日后事项的，冲减营业收入；选项 D，支付的年度财务报表审计费记入"管理费用"科目。

【例题·单选题】（2020 年）下列各项中，企业以银行存款支付银行承兑汇票手续费应借记的会计科目是（　　）。

A. 管理费用
B. 研发费用
C. 财务费用
D. 在建工程

【答案】C

【解析】选项 C 正确，银行承兑汇票手续费应记入"财务费用"科目。

【例题·单选题】（2019 年）2018 年度，某企业"财务费用"科目核算内容如下，短期借款利息支出 600 万元，银行存款利息收入 20 万元，银行手续费支出 10 万元。不考虑其他因素，2018 年度该企业利润表中"财务费用"科目本年度金额为（　　）万元。

A. 580
B. 590
C. 600
D. 610

【答案】B

【解析】选项 B 正确，期末"财务费用"的金额 = 600 - 20 + 10 = 590（万元）。

【例题·多选题】（2019 年）下列各项中，应计入企业期间费用的有（　　）。

A. 确认销售人员的薪酬

B. 计提行政部门固定资产的折旧费

C. 以银行存款支付销售部门用固定资产日常修理费

D. 以银行存款偿还银行短期借款的利息

【答案】A、B、C、D

【解析】期间费用包括销售费用（选项 A、C 正确）、管理费用（选项 B 正确）和财务费用（选项 D 正确）。

第三单元　利　润

考点一　利润的构成★★

利润包括收入减去费用后的净额、直接计入当期利润的利得和损失等。利得是指由企业非日常活动所形成的、会导致所有者权益增加的、与所有者投入资本无关的经济利益的流入。损失是指由企业非日常活动所发生的、会导致所有者权益减少的、与向所有者分配利润无关的经济利益的流出。

【例题·判断题】（2020 年）利润反映的是企业在一定会计期间的经营成果，包括收入减去费用后的净额，直接计入当期利润的利得和损失等。（　　　）

【答案】√

一、营业利润

营业利润的构成内容如下：

营业利润＝营业收入－营业成本－税金及附加－销售费用－管理费用－研发费用－财务费用＋其他收益＋投资收益（－投资损失）＋净敞口套期收益（－净敞口套期损失）＋公允价值变动收益（－公允价值变动损失）－信用减值损失－资产减值损失＋资产处置收益（－资产处置损失）

营业利润主要构成项目如表 7-14 所示。

表 7-14　营业利润主要构成项目

主要构成项目	具体内容
营业收入	是指企业经营业务所实现的收入总额，包括主营业务收入和其他业务收入
营业成本	是指企业经营业务所发生的实际成本总额，包括主营业务成本和其他业务成本
研发费用	是指企业计入管理费用的进行研究与开发过程中发生的费用化支出，以及计入管理费用的自行开发无形资产的摊销

续表

主要构成项目	具体内容
其他收益	主要是指与企业日常活动相关，除冲减相关成本费用以外的政府补助，以及其他应计入其他收益的内容
投资收益（或损失）	是指企业以各种方式对外投资所取得的收益（或损失）
公允价值变动收益（或损失）	是指企业交易性金融资产等公允价值变动形成的应计入当期损益的利得（或损失）
信用减值损失	是指企业计提各项金融资产信用减值准备所确认的信用损失
资产减值损失	是指企业计提有关资产减值准备所形成的损失
资产处置收益（或损失）	反映企业出售划分为持有待售的非流动资产（金融工具、长期股权投资和投资性房地产除外）或处置组（子公司和业务除外）时确认的处置利得或损失，以及处置未划分为持有待售的固定资产、在建工程、生产性生物资产及无形资产而产生的处置利得或损失，还包括非货币性资产交换中换出非流动资产产生的利得或损失

【例题·单选题】（2022 年）2021 年，甲企业发生下列经济业务：出售商品确认收入 500 万元，结转已销商品成本 300 万元，出售自用设备实现净收益 50 万元，确认存货跌价损失 30 万元，确认捐赠支出 10 万元。2021 年该企业的营业利润为（ ）万元。

A. 210   B. 170   C. 220   D. 190

【答案】C

【解析】选项 C 正确。捐赠支出 10 万元属于营业外支出，不影响营业利润。故本题营业利润 = 500（营业收入）- 300（营业成本）+ 50（资产处置收益）- 30（资产减值损失）= 220（万元）。

【例题·单选题】（2020 年）下列各项中，影响营业利润的是（ ）。

A. 税收罚款支出   B. 当期确认的所得税费用

C. 接受现金捐赠   D. 管理不善造成的库存现金短缺

【答案】D

【解析】选项 D 正确，计入管理费用，影响营业利润；选项 A 错误，计入营业外支出，不影响营业利润；选项 B 错误，所得税费用影响净利润，不影响营业利润；选项 C 错误，计入营业外收入，不影响营业利润。

【例题·单选题】（2020 年）某企业 2019 年发生经济业务如下：确认销售费用 1 000 万元，公允价值变动损失 60 万元，确认信用减值损失 4 万元，支付税收滞纳金 26 万元。不考虑其他因素，上述业务导致该企业 2019 年营业利润减少（ ）万元。

A. 1 090   B. 1 064   C. 1 036   D. 1 060

【答案】B

【解析】选项 B 正确，该企业 2019 年营业利润减少金额＝1 000＋60＋4＝1 064（万元）。支付税收滞纳金 26 万元，计入营业外支出，不影响营业利润。

【例题·单选题】（2019 年）下列各项中，会导致企业当期营业利润增加的是（　　）。

A. 确认无法查明原因的现金溢余　　　B. 计提固定资产的减值损失

C. 结转出售生产设备收益　　　D. 分配在建工程人员薪酬

【答案】C

【解析】选项 C 正确，计入资产处置损益，导致营业利润增加；选项 A 错误，计入营业外收入，导致利润总额增加；选项 B 错误，计入资产减值损失，导致营业利润减少；选项 D 错误，计入在建工程，不影响营业利润。

二、利润总额

$$利润总额＝营业利润＋营业外收入－营业外支出$$

其中：

营业外收入是指企业发生的与其日常活动无直接关系的各项利得。

营业外支出是指企业发生的与其日常活动无直接关系的各项损失。

三、净利润

$$净利润＝利润总额－所得税费用$$

其中，所得税费用是指企业确认的应从当期利润总额中扣除的所得税费用。

考点二　营业外收入、营业外支出的核算★★★

一、营业外收入

（一）营业外收入的核算内容

营业外收入的主要核算内容如表 7–15 所示。

表 7–15　营业外收入的主要核算内容

非流动资产毁损报废收益	指因自然灾害等发生毁损、已丧失使用功能而报废非流动资产所产生的清理收益
与企业日常活动无关的政府补助	指企业从政府无偿取得货币性资产或非货币性资产，且与企业日常活动无关的利得

续表

盘盈利得	指企业对现金等资产清查盘点时发生盘盈，报经批准后计入营业外收入的金额
捐赠利得	指企业接受捐赠产生的利得

（二）营业外收入的账务处理

营业外收入的账务处理如表 7-16 所示。

表 7-16　营业外收入的账务处理

发生时	借：固定资产清理【固定资产报废净收益】 　　待处理财产损溢【现金溢余无法查明原因】 　　应付账款等【确实无法支付】 　　贷：营业外收入
期末，结转本科目后无余额	借：营业外收入 　　贷：本年利润

【例题·多选题】（2022 年）企业应计入营业外收入的有（　　　）。

A. 固定资产出售净收益

B. 接受捐赠产生的利得

C. 无法查明原因的库存现金溢余

D. 企业取得的与其日常活动相关的政府补助（除冲减相关成本费用外）

【答案】B、C

【解析】选项 A 错误，因出售、转让等原因产生的固定资产处置利得或损失应计入资产处置损益。选项 D 错误，企业取得的与其日常活动相关的政府补助（除冲减相关成本费用外）应计入其他收益。

【例题·多选题】（2021 年）下列各项中，企业应通过"营业外收入"科目核算的有（　　　）。

A. 无法支付的应付账款　　　　　B. 接受固定资产捐赠

C. 无法查明原因的现金溢余　　　D. 出租包装物实现的收入

【答案】A、B、C

【解析】选项 D 错误，应计入其他业务收入。

【例题·单选题】（2019 年）下列各项中，企业应计入营业外收入的是（　　　）。

A. 接受固定资产捐赠确认的利得

B. 销售多余原材料取得的收入

C. 持有交易性金融资产期间的公允价值变动收益

D. 转让非专利技术使用权取得的使用费收入

【答案】A

【解析】营业外收入是指企业确认的与其日常活动无直接关系的各项利得，主要包括非流动资产毁损报废收益、与企业日常活动无关的政府补助、盘盈利得、捐赠利得等。

选项 A 正确，接受固定资产捐赠确认的利得，应计入营业外收入。选项 B 错误，销售多余原材料取得的收入，应计入其他业务收入。选项 C 错误，持有交易性金融资产期间的公允价值变动收益，计入公允价值变动损益。选项 D 错误，转让非专利技术使用权取得的使用费收入，应计入其他业务收入。

二、营业外支出

（一）营业外支出的核算内容

营业外支出的主要核算内容如表 7-17 所示。

表 7-17　营业外支出的主要核算内容

非流动资产毁损报废损失	指因自然灾害等发生毁损、已丧失使用功能而报废非流动资产所产生的清理损失
捐赠支出	指企业对外进行捐赠发生的支出
盘亏损失	主要指对于财产清查盘点中盘亏的资产，查明原因并报经批准计入营业外支出的损失
非常损失	指企业对于因客观因素（如自然灾害等）造成的损失，扣除保险公司赔偿后应计入营业外支出的净损失
罚款支出	指企业支付的行政罚款、税务罚款，以及其他违反法律法规、合同协议等而支付的罚款、违约金、赔偿金等支出

（二）营业外支出的账务处理

营业外支出的账务处理如表 7-18 所示。

表 7-18　营业外支出的账务处理

发生时	借：营业外支出 　　贷：固定资产清理／无形资产【非流动资产毁损报废损失】 　　　　待处理财产损溢【资产盘亏净损失】 　　　　库存商品【对外捐赠】 　　　　应交税费——应交增值税（销项税额）【对外捐赠视同销售】 　　　　银行存款等【支付罚款、违约金等】
期末，结转本科目后无余额	借：本年利润 　　贷：营业外支出

【例题·单选题】（2022年）2021年11月，某企业发生公益性捐赠支出8万元，出售非专利技术净损失20万元，违反税法规定支付罚款3万元。不考虑其他因素，该企业2021年11月计入营业外支出的金额为（　　）万元。

A. 15　　　　　　B. 11　　　　　　C. 25　　　　　　D. 19

【答案】B

【解析】选项B正确。营业外支出是指企业发生的与其日常活动无直接关系的各项损失，主要包括非流动资产毁损报废损失、捐赠支出、盘亏损失、非常损失、罚款支出等。本题中营业外支出=8（公益性捐赠支出8万元）+3（违反税法规定支付罚款3万元）=11（万元），而出售非专利技术净损失20万元应当计入资产处置损益，不计入营业外支出。

【例题·单选题】（2021年）下列各项中，影响企业"利润总额"的是（　　）。

A. 向投资者分配的现金股利

B. 向灾区捐款发出的支出

C. 收到投资者超过注册资本份额的出资

D. 确认的所得税费用

【答案】B

【解析】选项B正确，计入营业外支出，影响利润总额；选项A错误，计入应付股利，不影响利润总额；选项C错误，计入资本公积，不影响利润总额；选项D错误，计入所得税费用，影响净利润。

【例题·多选题】（2021年）下列各项中，应计入营业外支出的有（　　）。

A. 支付的会计师事务所审计费　　　　B. 支付的税收滞纳金

C. 报废无形资产发生的净损失　　　　D. 支付的董事会费

【答案】B、C

【解析】选项B、C正确，营业外支出是指企业发生的与其日常活动无直接关系的各项损失，主要包括非流动资产毁损报废损失、捐赠支出、盘亏损失、非常损失、罚款支出等，故支付的税收滞纳金、报废无形资产发生的净损失，均计入营业外支出。选项A、D错误，支付的会计师事务所审计费、支付的董事会费，均计入管理费用。

【例题·判断题】（2019年）企业因未及时缴纳企业所得税而支付税款滞纳金时，应借记"所得税费用"科目。（　　）

【答案】×

【解析】企业因未及时缴纳企业所得税而支付的税款滞纳金，应借记"营业外支出"科目。

考点三　应交所得税、所得税费用的计算及账务处理★★★

企业的所得税费用包括当期所得税和递延所得税两部分，如表7-19所示。

表 7-19　所得税费用内容

当期所得税	是指当期应交的所得税
递延所得税	递延所得税资产：指以未来期间很可能取得用来抵扣可抵扣暂时性差异的应纳税所得额为限确认的一项资产 递延所得税负债：指根据应纳税暂时性差异计算的未来期间应付所得税的金额

一、应交所得税的计算

应交所得税是指企业按照企业所得税法规定计算确定的针对当期发生的交易和事项，应交纳给税务部门的所得税金额，即当期应交所得税。

企业当期应交所得税的计算公式为：

$$应交所得税 = 应纳税所得额 × 所得税税率$$

$$应纳税所得额 = 税前会计利润 + 纳税调整增加额 - 纳税调整减少额$$

纳税调整情形如表 7-20 所示。

表 7-20　纳税调整情形

纳税调整增加额	（1）企业所得税法规定允许扣除项目中，企业已计入当期费用但超过税法规定扣除标准的金额，如超过企业所得税法规定标准的职工福利费、工会经费、职工教育经费、业务招待费、公益性捐赠支出、广告费和业务宣传费等 （2）企业已计入当期损失但企业所得税法规定不允许扣除项目的金额，如税收滞纳金、罚金、罚款等
纳税调整减少额	主要包括按企业所得税法规定允许弥补的亏损和准予免税的项目，如前 5 年内未弥补亏损、国债利息收入以及符合条件的居民企业之间的股息、红利等权益性投资收益

 【新东方提示】

企业所得税法规定：

（1）企业发生的合理的工资、薪金支出准予据实扣除；

（2）企业发生的职工福利费支出，不超过工资、薪金总额 14% 的部分准予扣除；

（3）企业拨缴的工会经费，不超过工资、薪金总额 2% 的部分准予扣除；

（4）除国务院财政、税务主管部门另有规定外，企业发生的职工教育经费支出，不超过工资、薪金总额 8% 的部分准予扣除，超过部分准予结转以后纳税年度扣除。

【例题·单选题】（2022年）下列项目中，计算应纳税所得额时需要纳税调减的项目是（　　）。

　　A. 盘盈的固定资产 　　　　　　　　　　B. 前2年的亏损额

　　C. 前10年的亏损额 　　　　　　　　　　D. 税收滞纳金

【答案】B

【解析】选项B正确，计算所得税时可以纳税调减的是按照税法规定允许弥补的亏损和准予免税的项目，如前五年内未弥补亏损和国债利息收入等；选项A、C，不属于纳税调整事项；选项D，为纳税调增项目。

【例题·单选题】（2018年）2016年某企业取得债券投资利息收入15万元，其中国债利息收入5万元，全年税前利润总额为150万元，所得税税率为25%，不考虑其他因素，2016年该企业的净利润为（　　）万元。

　　A. 112.5 　　　　　　B. 113.75 　　　　　　C. 116.75 　　　　　　D. 111.25

【答案】B

【解析】选项B正确，2016年该企业的净利润 = 150 − (150−5) × 25% = 113.75（万元）。

二、所得税费用的计算及账务处理

（一）所得税费用的计算

根据企业会计准则的规定，企业计算确定的当期所得税和递延所得税之和，即为应从当期利润总额中扣除的所得税费用。即：

$$所得税费用 = 当期所得税 + 递延所得税$$

其中，

$$递延所得税 = （递延所得税负债的期末余额 − 递延所得税负债的期初余额） −$$
$$（递延所得税资产的期末余额 − 递延所得税资产的期初余额）$$

（二）所得税费用的账务处理

所得税费用的账务处理如表7-21所示。

表7-21　所得税费用的账务处理

发生时	借：所得税费用 　　递延所得税资产【或在贷方】 　贷：应交税费——应交所得税【当期所得税】 　　递延所得税负债【或在借方】
期末，结转本科目后无余额	借：本年利润 　贷：所得税费用

【例题·单选题】（2021年）某企业2020年度利润总额为500万元，应纳税所得额为480万元，递延所得税资产年初数为18万元、年末数为10万元，所得税税率为25%。不考虑其他因素，该企业2020年末确认的所得税费用为（　　）万元。

　　A. 125　　　　　　B. 112　　　　　　C. 120　　　　　　D. 128

【答案】D

【解析】选项D正确，分析计算如下：

所得税费用＝当期所得税＋递延所得税

（1）该企业2020年度应纳税所得额为480万元，应交所得税＝480×25%＝120（万元）。

（2）递延所得税＝（递延所得税负债的期末余额－递延所得税负债的期初余额）－（递延所得税资产的期末余额－递延所得税资产的期初余额）＝0－（10－18）＝8（万元）。

综上，该企业2020年末确认的所得税费用＝120＋8＝128（万元）。

【例题·判断题】（2021年）企业计算确定的当期所得税与递延所得税之和，即为应从当期利润总额中扣除的所得税费用。（　　）

【答案】√

【例题·单选题】（2019年）某公司2018年计算的当年应交所得税为100万元，递延所得税负债年初数为30万元、年末数为35万元，递延所得税资产年初数为20万元、年末数为18万元。不考虑其他因素，该公司2018年应确认的所得税费用为（　　）万元。

　　A. 103　　　　　　B. 97　　　　　　C. 127　　　　　　D. 107

【答案】D

【解析】选项D正确，递延所得税＝（35－30）－（18－20）＝7（万元），该公司2018年应确认的所得税费用＝100＋7＝107（万元）。

考点四　本年利润的结转方法及账务处理★★★

一、本年利润的结转方法

会计期末，结转本年利润的方法有表结法和账结法两种，如表7-22所示。

表7-22　结转本年利润的方法

表结法	（1）表结法下，各损益类科目每月月末只需结计出本月发生额和月末累计余额，不结转到"本年利润"科目，只有在年末时才将全年累计余额结转入"本年利润"科目

续表

表结法	（2）每月月末要将损益类科目的本月发生额合计数填入利润表的本月数栏，同时将本月月末累计余额填入利润表的本年累计数栏，通过利润表计算反映各期的利润（或亏损） （3）表结法下，年中损益类科目无须结转入"本年利润"科目，从而减少了转账环节和工作量，同时并不影响利润表的编制及有关损益指标的利用
账结法	（1）账结法下，**每月月末**均需编制转账凭证，将在账上结计出的各损益类科目的余额结转入"本年利润"科目 （2）结转后"本年利润"科目的本月余额反映当月实现的利润或发生的亏损，"本年利润"科目的本年余额反映本年累计实现的利润或发生的亏损 （3）在各月均可通过"本年利润"科目提供当月及本年累计的利润（或亏损）额，但增加了转账环节和工作量

【例题·单选题】（2020年）下列各项中，关于会计期末结转本年利润的"表结法"表述正确的是（　　）。

A. 表结法下不需要设置"本年利润"科目

B. 年末不需要将各项损益类科目余额结转入"本年利润"科目

C. 各月末需要将各项损益类科目发生额填入利润表来反映本期的利润（或亏损）

D. 每月末需要编制转账凭证将当期各损益类科目余额结转入"本年利润"科目

【答案】C

【解析】选项C正确。选项A不正确，需要设置"本年利润"科目；选项B不正确，表结法下，各损益类科目每月末只需结计出本月发生额和月末累计余额，不结转到"本年利润"科目，只有在年末时才将全年累计余额结转入"本年利润"科目；选项D不正确，账结法下，每月末均需编制转账凭证，将在账上结计出的各损益类科目的余额结转入"本年利润"科目。

【例题·多选题】（2018年）下列各项中，关于"账结法"结转本年利润的表述正确的有（　　）。

A. "本年利润"科目可以提供当月及本年累计的利润（或亏损）额

B. 每月月末需要编制结转损益的转账凭证

C. 每月末将各损益类科目的余额转入"本年利润"科目

D. 与"表结法"相比，减少了转账环节和相应的工作量

【答案】A、B、C

【解析】选项A正确，账结法在各月均可通过"本年利润"科目提供当月及本年累计的利润（或亏损）额；选项B、C正确，账结法下，每月月末均需编制转账凭证，将在账上结计出的各损益类科目的余额结转入"本年利润"科目；选项D不正确，账结法增加了转账环节和工作量。

二、结转本年利润的账务处理

企业应设置"本年利润"科目，核算企业本年度实现的净利润（或发生的净亏损）。

（一）会计期末

（1）企业应将"主营业务收入""其他业务收入""其他收益""营业外收入"等科目的余额分别转入"本年利润"科目的贷方。

（2）将"主营业务成本""其他业务成本""税金及附加""销售费用""管理费用""财务费用""信用减值损失""资产减值损失""营业外支出""所得税费用"等科目的余额分别转入"本年利润"科目的借方。

（3）企业还应将"投资收益""公允价值变动损益""资产处置损益"科目的净收益转入"本年利润"科目的贷方，将"投资收益""公允价值变动损益""资产处置损益"科目的净损失转入"本年利润"科目的借方。

 【新东方提示】

结转后"本年利润"科目如为贷方余额，表示当年实现的净利润；如为借方余额，表示当年发生的净亏损。

（二）年度终了

企业应将"本年利润"科目的本年累计余额转入"利润分配——未分配利润"科目。如"本年利润"为贷方余额，借记"本年利润"科目，贷记"利润分配——未分配利润"科目；如为借方余额，作相反的会计分录，借记"利润分配——未分配利润"科目，贷记"本年利润"科目。

结转后，"本年利润"科目应无余额。

【例题·多选题】（2019年）下列各项中，企业年末应将其本期发生额结转至"本年利润"科目的有（　　）。

A. 营业外收入　　　B. 财务费用　　　C. 管理费用　　　D. 制造费用

【答案】 A、B、C

【解析】 损益类科目期末都应结转至"本年利润"科目。选项A、B、C正确，营业外收入、财务费用、管理费用，均属于损益类科目，故年末应将其本期发生额结转至"本年利润"科目。选项D错误，制造费用是成本类科目，期末按一定分配比例结转至"生产成本"科目。

【例题·判断题】（2021年）会计期末，企业应将"所得税费用"科目的余额转入"利润分配——未分配利润"科目。（　　）

【答案】×

【解析】企业应设置"所得税费用"科目，核算企业所得税费用的确认及其结转情况。期末，应将"所得税费用"科目的余额转入"本年利润"科目，借记"本年利润"科目，贷记"所得税费用"科目，结转后，"所得税费用"科目应无余额。

第八章 财务报告

内容框架

单元	考点	星级
概述	财务报告概念	★
	财务报告编制要求	★
资产负债表	资产负债表概述	★★
	资产负债表的编制	★★★
利润表	利润表概述	★★
	利润表的编制	★★★
现金流量表	现金流量表概述	★★
	现金流量表的编制	★★
所有者权益变动表	所有者权益变动表	★★
财务报表附注及财务报告信息披露要求	财务报表附注	★
	财务报告信息披露要求	★
财务报告的阅读与应用	财务报告的阅读与应用	★

考情分析

　　本章最近 3 年的考查分值约为 10 分，涉及单选题、多选题、判断题和不定项选择题，属于重要章节。本章介绍了财务报告部分内容，其中"四表一注"是财务报告重要组成部分，难度一般。

教材变化

1. "第四节 现金流量表"补充了部分内容，属于重要变化。
2. 本章增加了"第七节 财务报告的阅读与应用"，属于不重要变化。

第一单元 概 述

考点一 财务报告概念★

一、财务报告的管理

财务报告，是指企业对外提供的反映企业某一特定日期的财务状况和某一会计期间的经营成果、现金流量等会计信息的文件。

【新东方提示】

企业编制、对外提供和分析利用财务报告的风险主要有以下三点：

（1）编制财务报告违反会计法律法规和国家统一的会计准则制度，可能导致企业承担法律责任和声誉受损。

（2）提供虚假财务报告，误导财务报告使用者，造成决策失误，干扰市场秩序。

（3）不能有效利用财务报告，难以及时发现企业经营管理中存在的问题，可能导致企业财务和经营风险失控。

二、财务报告体系及其构成

1. 财务报告体系

财务报告包括财务报表和其他应当在财务报告中披露的相关信息和资料。

财务报表是财务报告的主体和核心内容，其他应当在财务报告中披露的相关信息和资料是对财务报表的补充和说明，共同构成财务报告体系。

财务报表，又称财务会计报表，是指对企业财务状况、经营成果和现金流量的结构性表述。一套完整的财务报表至少应当包括"四表一注"，即资产负债表、利润表、现金流量表、所有者权益变动表和附注，并且这些组成部分在列报上具有相同的重要程度，企业不得强调某张报表或某些报表（或附注）较其他报表（或附注）更为重要。

【新东方提示】

附注是对在资产负债表、利润表、现金流量表和所有者权益变动表等报表中列示项目的文字描述或明细资料，以及对未能在这些报表中列示项目的说明等。

财务报表列报，是指交易和事项在报表中的列示和在附注中的披露。其中，"列示"通常反映资产负债表、利润表、现金流量表和所有者权益（或股东权益）变动表等报表中的信息；相对于"列示"而言，"披露"通常主要反映附注中的信息。

2. 财务报告的分类

（1）按照编报时间分类

财务报告按照编报时间分为年报和中期报告。

年报是年度财务报告的简称，是指以会计年度为基础编制的财务报告。

中期报告是中期财务报告的简称，是指以中期为基础编制的财务报告。

【新东方提示】

中期，是指短于一个完整的会计年度的报告期间。

中期财务报告至少应当包括资产负债表、利润表、现金流量表和附注。

中期报告分为月度报告（简称月报）、季度报告（简称季报）和半年度报告（简称半年报）。

（2）按照编报时间分类

财务报表按照编报时间，分为年度财务会计报表和中期财务会计报表。

中期财务报表分为月度、季度和半年度财务会计报表。

（3）按编制主体分类

财务会计报表按编制主体，分为个别财务报表和合并财务报表。

个别财务报表，是指反映母公司所属子公司财务状况、经营成果和现金流量的财务报表。

合并财务报表，是指反映母公司和其全部子公司形成的企业集团整体财务状况、经营成果和现金流量的财务报表。

考点二 财务报告编制要求★

会计报表应当依据国家统一会计制度要求，根据登记完整、核对无误的会计账簿记录和其他有关资料编制，做到数字真实、计算准确、内容完整、说明清楚。

企业编制财务报表时应当对企业持续经营能力进行评估；除现金流量表信息外，企业应当按照权责发生制编制财务报表；企业财务报表项目的列报应当在各个会计期间保持一致；企业单独列报或汇总列报相关项目时应当遵循重要性原则；企业财务报表项目一般不得以金额抵销后的净额列报；企业应当列报可比会计期间的比较数据等。

1. 依据各项会计准则确认和计量的结果编制财务报表

企业应当根据实际发生的交易和事项，遵循会计基本准则和各项具体会计准则及解释的规定进行确认和计量，并在此基础上编制财务报表。

2. 列报基础

企业应当以 持续经营 为基础编制财务报表。在编制财务报表的过程中，企业管理层应当全面评估企业的持续经营能力。评估时，应当利用其所有可获得的信息，评估涵盖的期间应包括企业自资产负债表日起至少 12 个月，评估需要考虑的因素包括宏观政策风险、市场经营风险、企业目前或长期的盈利能力、偿债能力、财务弹性以及企业管理层改变经营政策的意向等。评价结果表明对持续经营能力产生重大怀疑的，企业应当在附注中披露导致对持续经营能力产生重大怀疑的影响因素以及企业拟采取的改善措施。

【新东方提示】

企业在评估持续经营能力时应当结合考虑企业的具体情况。

通常情况下，如果企业过去每年都有可观的净利润，并且易于获取所需的财务资源，则对持续经营能力的评估易于判断，这表明企业以持续经营为基础编制财务报表是合理的，而无需进行详细的分析。

反之，如果企业过去多年有亏损的记录等情况，则需要通过考虑更加广泛的相关因素来作出评价，比如目前和预期未来的获利能力、债务清偿计划、替代融资的潜在来源等。

企业如果存在以下情况之一，通常表明其处于非持续经营状态：(1) 企业已在当期进行清算或停止营业；(2) 企业已经正式决定在下一个会计期间进行清算或停止营业；(3) 企业已确定在当期或下一个会计期间没有其他可供选择的方案而将被迫进行清算或停止营业。企业处于非持续经营状态时，应当采用清算价值等其他基础编制财务报表，比如破产企业的资产采用可变现净值计量、负债按照其预计的结算金额计量等。

3. 权责发生制

除现金流量表按照收付实现制编制外，企业应当按照权责发生制编制其他财务报表。在采用权责发生制会计的情况下，当项目符合基本准则中财务报表要素的定义和确认标准时，企业就应当确认相应的资产、负债、所有者权益、收入和费用，并在财务报表中加以反映。

4. 列报的一致性

财务报表项目的列报应当在各个会计期间保持一致，**不得随意变更**，包括财务报表中的项目名称和财务报表项目的分类、排列顺序等方面都应保持一致。

在下列情况下，企业可以变更财务报表项目的列报：一是会计准则要求改变财务报表项目的列报；二是企业经营业务的性质发生重大变化或对企业经营影响较大的交易或事项发生后，变更财务报表项目的列报能够提供更可靠、更相关的会计信息。企业变更财务报表项目列报的，应当根据会计准则的有关规定提供列报的比较信息。

5. 依据重要性原则单独或汇总列报项目

重要性是判断财务报表项目是否单独列报的重要标准。重要性是指在合理预期下，如果财务报表某项目的省略或错报会影响使用者据此作出经济决策的，则该项目就具有重要性。企业在进行重要性判断时，应当根据所处环境，从项目的**性质**和**金额**大小两方面予以判断。

一方面，应当考虑该项目的性质是否属于企业日常活动，以及是否显著影响企业的财务状况、经营成果和现金流量等因素。

另一方面，判断项目金额大小的重要性，应当通过单项金额占资产总额、负债总额、所有者权益总额、营业收入总额、营业成本总额、净利润、综合收益总额等直接相关或所属报表单列项目金额的比重加以确定。企业对于各个项目的重要性判断标准一经确定，不得随意变更。

对于财务报表中的项目是单独列报还是汇总列报，应当依据重要性原则来判断。如果某项目单个看不具有重要性，则可将其与其他项目汇总列报；如具有重要性，则应当单独列报。企业应按照财务报表项目的性质或功能判断其重要性：

（1）性质或功能不同的项目，一般应当在财务报表中单独列报，但是不具有重要性的项目可以汇总列报。性质或功能可以按照流动性来判断，流动性通常按资产的变现或耗用时间长短或者负债的偿还时间长短来确定。存货和固定资产在性质上和功能上都有本质差别，必须分别在资产负债表上单独列报。

（2）性质或功能类似的项目，一般可以汇总列报，但是对其具有重要性的类别应该单独列报。例如，原材料、低值易耗品等项目在性质上类似，均通过生产过程形成企业的产品存货，因此可以汇总列报，汇总之后的类别统称为"存货"在资产负债表上单独列报。

（3）项目单独列报的原则不仅适用于报表，还适用于附注。某些项目的重要程度不足以在资产负债表、利润表、现金流量表或所有者权益变动表中单独列示，但对附注却具有重要性，在这种情况下应当在附注中单独披露。例如，对某制造企业而言，原材料、在产品、库存商品等项目的重要程度不足以在资产负债表上单独列示，因此在资产负债表上汇总列示，但是鉴于其对该制造企业的重要性，应当在附注中单独披露。

（4）会计基本准则规定在财务报表中单独列报的项目，企业应当单独列报。其他会计准则规定单独列报的项目，企业应当增加单独列报项目。

6. 总额列报

财务报表项目应当以**总额**列报，资产和负债、收入和费用、直接计入当期利润的利得项目和损失项目的金额不能相互抵销，即不得以净额列报，但另有规定的除外。比如，企业欠客户的应付款不得与其他客户欠本企业的应收款相抵销，否则就掩盖了交易的实质。再如，收入和费用反映了企业投入和产出之间的关系，是企业经营成果的两个方面，为了更好地反映经济交易的实质、考核企业经营管理水平以及预测企业未来现金流量，收入和费用不得相互抵销。

以下三种情况不属于抵销：

（1）一组类似交易形成的利得和损失以净额列示的，不属于抵销。例如，汇兑损益应当以净额列报，为交易目的而持有的金融工具形成的利得和损失应当以净额列报。但是，如果相关的利得和损失具有重要性，则应当单独列报。

（2）资产或负债项目按扣除备抵项目后的净额列示，不属于抵销。例如，资产计提的减值准备，实质上意味着资产的价值确实发生了减损，资产项目应当按扣除减值准备后的净额列示，这样才能反映资产当时的真实价值。

（3）非日常活动产生的利得和损失，以同一交易形成的收益扣减相关费用后的净额列示更能反映交易实质的，不属于抵销。非日常活动并非企业主要的业务，非日常活动产生的损益以收入扣减费用后的净额列示，更能有利于报表使用者的理解。

【新东方提示】

　　非流动资产处置形成的利得或损失，应当按处置收入扣除该资产的账面金额和相关销售费用后的净额列报。

7. 比较信息的列报

企业在列报当期财务报表时，至少应当提供所有列报项目上一个可比会计期间的比较数据，以及与理解当期财务报表相关的说明，提高信息在会计期间的可比性。列报比较信息的要求适用于财务报表的所有组成部分，包括"四表一注"。通常情况下，企业列报的所有项目至少包括两期各报表及相关附注的比较数据。

8. 财务报表表首的列报要求

财务报表通常与其他信息（如企业年度报告等）一起公布，企业应当将按照企业会计准则编制的财务报告与一起公布的同一文件中的其他信息相区分。

企业应当在财务报表的显著位置（通常是表首部分）至少披露下列基本信息：编报企业的名称，如企业名称在所属当期发生了变更的，还应明确标明。对资产负债表而言，应当披露资产负债表日；对利润表、现金流量表、所有者权益变动表而言，应当披露报表涵盖的会计期间。货币名称和单位，按照我国企业会计准则的规定，企业应当以人民币作为记账本位币列报，并标明金额单位，如人民币元、人民币万元等。

第二单元 资产负债表

考点一 资产负债表概述★★

一、资产负债表概念

资产负债表，是反映企业在某一**特定日期**的**财务状况**的报表，是对企业特定日期的资产、负债和所有者权益的结构性表述。资产负债表是根据"资产＝负债＋所有者权益"这一平衡公式，按照各具体项目的性质和功能作为分类标准，依次将某一特定日期的资产、负债、所有者权益的具体项目予以适当排列编制而成。

二、资产负债表结构

格式：**账户式**结构

资产：按**流动性**强弱排列顺序，流动性强的资产排在前面，流动性弱的资产排在后面。

负债及所有者权益：一般按要求清偿期限长短的先后顺序排列。

资产负债表如表 8-1 所示。

表 8-1 资产负债表

会企 01 表

编制单位： 年 月 日　　　　　　　　　　　　　　　　　单位：元

资产	期末余额	上年年末余额	负债和所有者权益（或股东权益）	期末余额	上年年末余额
流动资产：			**流动负债：**		
货币资金			短期借款		
交易性金融资产			交易性金融负债		
衍生金融资产			衍生金融负债		
应收票据			应付票据		
应收账款			应付账款		
应收款项融资			预收款项		

续表

资产	期末余额	上年年末余额	负债和所有者权益（或股东权益）	期末余额	上年年末余额
预付款项			合同负债		
其他应收款			应付职工薪酬		
存货			应交税费		
合同资产			其他应付款		
持有待售资产			持有待售负债		
一年内到期的非流动资产			一年内到期的非流动负债		
其他流动资产			其他流动负债		
流动资产合计			**流动负债合计**		
非流动资产：			**非流动负债：**		
债权投资			长期借款		
其他债权投资			应付债券		
长期应收款			其中：优先股		
长期股权投资			永续债		
其他权益工具投资			租赁负债		
其他非流动金融资产			长期应付款		
投资性房地产			预计负债		
固定资产			递延收益		
在建工程			递延所得税负债		
生产性生物资产			其他非流动负债		
油气资产			**非流动负债合计**		
使用权资产			**负债合计**		
无形资产			**所有者权益（或股东权益）：**		
开发支出			实收资本（或股本）		

续表

资产	期末余额	上年年末余额	负债和所有者权益（或股东权益）	期末余额	上年年末余额
商誉			其他权益工具		
长期待摊费用			其中：优先股		
递延所得税资产			永续债		
其他非流动资产			资本公积		
非流动资产合计			减：库存股		
			其他综合收益		
			专项储备		
			盈余公积		
			未分配利润		
			所有者权益（或股东权益）合计		
资产总计			**负债和所有者权益（或股东权益）总计**		

【例题·单选题】（2022年）下列各项中，反映企业某一特定日期财务状况报表的是（　　）。

A. 利润表　　　　　　　　　　B. 现金流量表

C. 资产负债表　　　　　　　　D. 所有者权益变动表

【答案】C

【解析】选项C正确，资产负债表是反映企业在某一特定日期的财务状况的报表，是对企业特定日期的资产、负债和所有者权益的结构性表述；选项A错误，利润表是反映企业在一定会计期间的经营成果的报表；选项B错误，现金流量表是指反映企业在一定会计期间现金和现金等价物流入和流出的报表；选项D错误，所有者权益变动表是指反映构成所有者权益各组成部分当期增减变动情况的报表。

【例题·单选题】（2019年）下列各项中，应列入企业资产负债表"非流动负债"项目的是（　　）。

A. 一年内到期的非流动负债　　B. 递延收益

C. 应付票据　　　　　　　　　D. 合同负债

【答案】B

【解析】选项A、C、D错误，应列入企业资产负债表"流动负债"项目。

【例题·多选题】（2019年）下列资产负债表项目中，属于非流动资产的有（　　）。

A. 开发支出　　　　B. 其他应收款　　　C. 固定资产　　　　D. 在建工程

【答案】A、C、D

【解析】选项B错误，属于流动资产。

考点二　资产负债表的编制 ★★★

一、"上年年末余额"填列

资产负债表的"上年年末余额"栏内各项数字，应根据上年年末资产负债表的"期末余额"栏内所列数字填列。

如果上年度资产负债表规定的各个项目的名称和内容与本年度不相一致，应按照本年度的规定对上年年末资产负债表各项目的名称和数字进行调整，填入本表"上年年末余额"栏内。

二、"期末余额"填列

期末余额的五类填列方法如表8-2所示：

表8-2　期末余额的五类填列方法

期末余额	根据总账科目余额填列	直接：短期借款、资本公积 计算：货币资金
	根据明细账科目余额计算填列	预收款项、预付款项、应付账款、应付职工薪酬、开发支出、一年内到期的非流动负债、一年内到期的非流动资产
	根据总账科目和明细账科目余额分析填列	长期借款、长期待摊费用、其他非流动资产、其他非流动负债
	根据有关科目余额减去其备抵科目余额后的净额填列	应收账款、固定资产、无形资产
	综合运用上述填列方法分析填列	存货

（一）根据总账科目余额填列

1. 直接填列

短期借款、资本公积等。

2. 计算填列

$$货币资金＝库存现金＋银行存款＋其他货币资金$$

【练习题】2020 年 12 月 31 日，甲公司"短期借款"科目的余额如下所示：银行质押借款 10 万元，信用借款 40 万元，则 2020 年 12 月 31 日，甲公司资产负债表中"短期借款"项目"期末余额"栏的列报金额＝10＋40＝50（万元）。

【练习题】2020 年 12 月 31 日，甲公司"应付票据"科目的余额如下所示：25 万元的银行承兑汇票，10 万元的商业承兑汇票，则 2020 年 12 月 31 日，甲公司资产负债表中"应付票据"项目"期末余额"栏的列报金额＝25＋10＝35（万元）。

【例题·多选题】下列资产负债表项目中，根据总账科目余额填列的有（　　）。

A. 货币资金　　　　B. 固定资产　　　　C. 短期借款　　　　D. 应付账款

【答案】A、C

【解析】选项 B 错误，固定资产应根据有关科目余额减去其备抵科目余额后的净额填列；选项 D 错误，应付账款应根据有关明细账科目余额计算填列。

（二）根据明细账科目余额计算填列

1. 往来款项相关项目

"预收款项"项目，根据"应收账款"和"预收账款"两个科目所属的相关明细科目的期末贷方余额计算填列。

"应付账款"项目，根据"应付账款"和"预付账款"两个科目所属的相关明细科目的期末贷方余额计算填列。

"预付款项"项目，根据"应付账款"科目和"预付账款"科目所属的相关明细科目的期末借方余额减去与"预付账款"有关的坏账准备贷方余额计算填列。

2. 开发支出与应付职工薪酬

开发支出：根据"研发支出——资本化支出"明细科目余额计算填列。

应付职工薪酬：根据"应付职工薪酬"明细科目余额计算填列。

3. 一年内到期的非流动资产／非流动负债

一年内到期的非流动资产／非流动负债，根据相关非流动资产／非流动负债的明细科目余额计算填列。

【例题·单选题】（2019 年）2018 年 12 月 31 日，某企业"应付账款——甲企业"明细科目贷方余额 40 000 元，"应付账款——乙企业"明细科目借方余额 10 000 元，"预付账款——丙企业"明细科目借方余额 30 000 元，"预付账款——丁企业"明细科目贷方余额 6 000 元。不考虑其他因素，该企业 2018 年 12 月 31 日资产负债表"应付账款"项目期末余额为（　　）元。

A. 36 000　　　　B. 40 000　　　　C. 30 000　　　　D. 46 000

【答案】D

【解析】选项D正确，"应付账款"项目，根据"应付账款"和"预付账款"两个科目所属的相关明细科目的期末贷方余额计算填列，期末余额＝40 000＋6 000＝46 000（元）。

【例题·判断题】（2019年）企业资产负债表的"预付款项"项目应根据"预付账款"和"应付账款"所属各明细科目的期末借方余额，减去与预付账款有关的坏账准备的期末借方余额的净额填列。（   ）

【答案】×

【解析】"预付款项"项目，需要根据"应付账款"科目借方余额和"预付账款"科目借方余额减去与"预付账款"有关的坏账准备贷方余额计算填列。

（三）根据总账科目和明细账科目余额分析计算填列

"长期借款"项目，需要根据"长期借款"总账科目余额扣除"长期借款"科目所属明细科目中将在一年内到期且企业不能自主地将清偿义务展期的长期借款后的金额计算填列。

【练习题】2020年12月31日，甲公司"长期借款"科目余额为155万元，其中自乙银行借入的5万元借款将于一年内到期，甲公司不具有自主展期清偿的权利，则甲公司2020年12月31日资产负债表中"长期借款"项目"期末余额"栏的列报金额＝155－5＝150（万元），"一年内到期的非流动负债"项目"期末余额"栏的列报金额为5万元。

【例题·单选题】（2020年）某企业一笔长期借款将于2020年7月1日到期，下列各项中，该笔长期借款应列于企业2019年12月31日资产负债表的项目是（   ）。

　　A. 一年内到期的非流动负债　　　　B. 其他非流动资产

　　C. 短期借款　　　　　　　　　　　D. 长期借款

【答案】A

【解析】选项A正确，"长期借款"项目，需要根据"长期借款"总账科目余额扣除"长期借款"科目所属的明细科目中将在一年内到期且企业不能自主地将清偿义务展期的长期借款后的金额计算填列。而"长期借款"科目所属的明细科目中将在一年内到期的长期借款的金额应计入"一年内到期的非流动负债"项目。

（四）根据有关科目余额减去备抵科目余额后的净额填列

具体计算公式如下：

"固定资产"项目＝固定资产－累计折旧－固定资产减值准备±固定资产清理

"无形资产"项目＝无形资产－累计摊销－无形资产减值准备

"在建工程"项目＝在建工程－在建工程减值准备＋工程物资－工程物资减值准备

$$"应收账款"项目 = 应收账款科目借方余额 - 坏账准备$$

$$"预付款项"项目 = （应付账款 + 预付账款）明细账借方余额 - 坏账准备$$

$$"其他应收款"项目 = 其他应收款 + 应收股利 + 应收利息 - 坏账准备$$

【练习题】2020 年 12 月 31 日，甲公司"应收票据"科目的余额为 1 300 万元；"坏账准备"科目中有关应收票据计提的坏账准备余额为 45 万元，则 2020 年 12 月 31 日，甲公司资产负债表中"应收票据"项目"期末余额"栏的列报金额 = 1 300 - 45 = 1 255（万元）。

【练习题】2020 年 12 月 31 日，甲公司"固定资产"科目借方余额为 4 000 万元，"累计折旧"科目贷方余额为 2 000 万元，"固定资产减值准备"科目贷方余额为 500 万元，则 2020 年 12 月 31 日，甲公司资产负债表中"固定资产"项目"期末余额"栏的列报金额 = 4 000 - 2 000 - 500 = 1 500（万元）。

【练习题】2020 年 12 月 31 日，甲公司"无形资产"科目借方余额为 800 万元，"累计摊销"科目贷方余额为 200 万元，"无形资产减值准备"科目贷方余额为 100 万元，则 2020 年 12 月 31 日，甲公司资产负债表中"无形资产"项目"期末余额"栏的列报金额 = 800 - 200 - 100 = 500（万元）。

【例题·单选题】（2021 年）下列有关科目的月末余额应列入资产负债表"在建工程"项目的是（　　）。

　　A. 在途物资　　　　　　　　　　B. 工程物资

　　C. 委托加工物资　　　　　　　　D. 固定资产清理

【答案】B

【解析】选项 B 正确，"在建工程"项目应根据"在建工程"科目的期末余额，减去"在建工程减值准备"科目期末余额后的金额以及"工程物资"科目的期末余额，减去"工程物资减值准备"科目的期末余额后的金额填列；选项 A、C 错误，应列入"存货"项目；选项 D 错误，应列入"固定资产"项目。

【例题·多选题】（2021 年）下列会计科目的期末余额，应列入资产负债表"固定资产"项目的有（　　）。

　　A. 累计摊销　　　　　　　　　　B. 在建工程

　　C. 固定资产清理　　　　　　　　D. 累计折旧

【答案】C、D

【解析】选项 C、D 正确，资产负债表中"固定资产"项目，应根据"固定资产"科目的期末余额，减去"累计折旧"和"固定资产减值准备"科目的期末余额后的金额，以及"固定资产清理"科目的期末余额填列。选项 A 错误，应列入资产负债表"无形资产"项目；选项 B 错误，应列入资产负债表"在建工程"项目。

【例题·单选题】（2019 年）2018 年 12 月 31 日，某企业"其他应收款"科目借方余额为 1 000 万元，"应收利息"科目借方余额为 200 万元，"应收股利"科目借方余额为

150万元，"坏账准备"中有关其他应收款计提的坏账金额为60万元。不考虑其他因素，该企业2018年12月31日资产负债表中"其他应收款"项目金额为（　　）万元。

    A. 1 350　　　　　B. 1 000　　　　　C. 940　　　　　D. 1 290

【答案】D

【解析】选项D正确，"其他应收款"项目应根据"应收利息""应收股利""其他应收款"科目的期末余额合计数，减去"坏账准备"科目中相关坏账准备期末余额后的金额填列。资产负债表中"其他应收款"项目金额＝1 000＋200＋150－60＝1 290（万元）。

（五）综合运用上述填列方法分析填列

具体计算公式如下：

"存货"项目＝原材料＋在途物资（材料采购）＋周转材料＋委托加工物资＋生产成本＋库存商品＋发出商品｜委托代销商品 ± 材料成本差异（借＋贷 −）− 存货跌价准备＋受托代销商品 − 受托代销商品款

【练习题】2020年12月31日，甲公司有关科目余额如下："发出商品"科目借方余额为800万元，"生产成本"科目借方余额为300万元，"原材料"科目借方余额为100万元，"委托加工物资"科目借方余额为200万元，"材料成本差异"科目贷方余额为25万元，"存货跌价准备"科目贷方余额为100万元，"受托代销商品"科目借方余额400万元，"受托代销商品款"科目贷方余额为400万元，甲公司期末资产负债表"存货"项目填列的金额是多少。

【答案】2020年12月31日，甲公司资产负债表中"存货"项目"期末余额"栏的列报金额＝800＋300＋100＋200－25－100＋400－400＝1 275（万元）。

【例题·单选题】（2020年）2019年12月31日，某企业有关科目期末借方余额如下，原材料55万元，库存商品35万元，生产成本65万元，材料成本差异8万元。不考虑其他因素，2019年12月31日，该企业资产负债表中"存货"项目的期末余额填列的金额为（　　）万元。

    A. 163　　　　　B. 155　　　　　C. 90　　　　　D. 147

【答案】A

【解析】选项A正确，资产负债表中"存货"项目的期末余额＝55＋35＋65＋8＝163（万元）。

【例题·判断题】（2020年）在建工程根据总账科目和明细科目余额分析计算填列。（　　）

【答案】×

【解析】在建工程根据有关总账科目余额减去其备抵科目余额后的净额填列。

【例题·单选题】（2019年）2018年12月31日，某企业"生产成本"账户借方余额

500 万元，"原材料"账户借方余额 300 万元，"材料成本差异"账户贷方余额 20 万元，"存货跌价准备"账户贷方余额 10 万元，"工程物资"账户借方余额 200 万元。不考虑其他因素，该企业 2018 年 12 月 31 日资产负债表中"存货"项目金额为（　　）万元。

　　A. 970　　　　　　B. 770　　　　　　C. 780　　　　　　D. 790

【答案】B

【解析】选项 B 正确，"存货"项目金额 = 500 + 300 - 20 - 10 = 770（万元），"工程物资"列示在"在建工程"项目。

【例题·多选题】（2019 年）下列各项中，应在资产负债表"存货"项目中列示的有（　　）。

　　A. 生产成本　　　　B. 原材料　　　　C. 工程物资　　　　D. 周转材料

【答案】A、B、D

【解析】选项 C 错误，应在"在建工程"项目中列示。

第三单元　利　润　表

考点一　利润表概述★★

一、利润表概念

利润表，又称损益表，是反映企业在一定会计期间的经营成果的报表。利润表表体部分的基本结构主要是根据"收入 - 费用 = 利润"平衡公式，按照各具体项目的性质和功能作为分类标准，依次将某一会计期间的收入、费用和利润的具体项目予以适当排列编制而成。

（一）利润表项目的性质

利润表项目的性质是指各具体项目的经济性质，如营业利润是指企业一定会计期间通过日常营业活动所实现的利润额，利润总额则是指营业利润和非经常性损益净额（即损失和利得）的总和，净利润是指利润总额减去所得税费用的净额。

（二）利润表项目的功能

利润表项目的功能是指各具体项目在创造和实现利润的经营业务活动过程中的功能与作用，如利润表中对于费用列报通常按照功能进行分类，包括从事经营业务发生的成本、管理费用、销售费用、研发费用和财务费用等。

（三）利润表的作用

（1）有助于使用者分析判断企业净利润的质量及其风险，评价企业经营管理效率，有助于使用者预测企业净利润的持续性，从而作出正确的决策。

（2）可以反映企业一定会计期间收入实现的情况。

（3）可以反映企业一定会计期间的费用耗费情况。

（4）可以反映企业一定会计期间的净利润实现情况，分析判断企业受托责任的履行情况。

（5）将利润表资料及信息与资产负债表资料及信息相结合进行综合计算分析。

二、利润表的结构

利润表的结构有单步式和多步式两种，我国企业的利润表采用多步式结构，如表8-3所示。

表8-3　利润表的多步式结构

项目	本期金额	上期金额
一、营业收入		
减：营业成本		
税金及附加		
销售费用		
管理费用		
研发费用		
财务费用		
其中：利息费用		
利息收入		
加：其他收益		
投资收益（损失以"–"号填列）		
净敞口套期收益（损失以"–"号填列）		
公允价值变动收益（损失以"–"号填列）		
信用减值损失（损失以"–"号填列）		
资产减值损失（损失以"–"号填列）		

续表

项目	本期金额	上期金额
资产处置收益（损失以"－"号填列）		
二、营业利润（亏损以"－"号填列）		
加：营业外收入		
减：营业外支出		
三、利润总额（亏损总额以"－"号填列）		
减：所得税费用		
四、净利润（净亏损以"－"号填列）		
五、其他综合收益的税后净额		
六、综合收益总额		
七、每股收益		

【例题·多选题】（2021年）下列各项中，属于企业利润表列示的项目有（   ）。

A. 每股收益

B. 综合收益总额

C. 其他收益

D. 信用减值损失

【答案】A、B、C、D

考点二 利润表的编制 ★★★

利润表各项目均需填列"本期金额"和"上期金额"两栏。

一、上期金额

应根据上年该期利润表的"本期金额"栏内所列数字填列。

二、本期金额

需重点关注项目：

"营业收入"项目，反映企业经营主营业务和其他业务所确认的收入总额。

"营业成本"项目，反映企业经营主营业务和其他业务所发生的成本总额。

"研发费用"项目，反映企业进行研究与开发过程中发生的费用化支出以及计入管理

费用的自行开发无形资产的摊销。本项目应根据"管理费用"科目下的"研发费用"明细科目的发生额以及"管理费用"科目下"无形资产摊销"明细科目的发生额分析填列。

"其他收益"项目，反映计入其他收益的政府补助，以及其他与日常活动相关且计入其他收益的项目。本项目应根据"其他收益"科目的发生额分析填列。企业作为个人所得税的扣缴义务人，收到的扣缴税款手续费，应作为其他与日常活动相关的收益在本项目中填列。

【例题·单选题】（2021年）下列各项中，影响企业利润表中"利润总额"项目的是（　　）。

A. 确认的所得税费用　　　　　　　B. 向灾区捐款发生的支出

C. 收取股东超过注册资本的出资　　D. 向投资者发放现金股利

【答案】B

【解析】选项A错误，计入"所得税费用"，影响净利润；选项B正确，计入"营业外支出"，影响利润总额；选项C错误，计入"资本公积"，对利润总额无影响；选项D错误，计入"应付股利"，对利润总额无影响。

【例题·多选题】（2021年）下列各项中，应列入利润表"资产处置收益"项目的有（　　）。

A. 出售生产设备取得的收益　　　　B. 出售包装物取得的收入

C. 出售原材料取得的收入　　　　　D. 出售专利权取得的收益

【答案】A、D

【解析】选项B、C错误，列入"营业收入"项目。

【例题·单选题】（2019年）2018年企业实现主营业务收入100万元，其他业务收入5万元，营业外收入3万元。不考虑其他因素，该企业2018年利润表中"营业收入"项目的金额是（　　）万元。

A. 103　　　　　　B. 100　　　　　　C. 105　　　　　　D. 108

【答案】C

【解析】选项C正确，营业收入＝主营业务收入＋其他业务收入＝100＋5＝105（万元）。

【例题·多选题】（2019年）下列各项中，应计入工业企业利润表"营业收入"项目的有（　　）。

A. 销售商品收入　　　　　　　　　B. 销售原材料收入

C. 出租闲置设备收取的价款　　　　D. 出售闲置设备收取的价款

【答案】A、B、C

【解析】选项D错误，出售闲置设备的损益应通过"资产处置损益"科目核算，不属于营业收入。

第四单元　现金流量表

考点一 现金流量表概述★★

一、现金流量表的概念

现金流量表，是指反映企业在一定会计期间现金和现金等价物流入和流出的报表。它是以资产负债表和利润表等会计核算资料为依据，按照收付实现制要求对现金流量的结构性表述，揭示企业在一定会计期间获取现金及现金等价物的能力。

 【新东方提示】

　　现金，是指企业库存现金以及可以随时用于支付的存款。不能随时用于支付的存款不属于现金。

　　现金等价物，是指企业持有的期限短、流动性强、易于转换为已知金额现金、价值变动风险很小的投资。期限短，一般是指从购买日起三个月内到期。现金等价物通常包括三个月内到期的债券投资等。权益性投资变现的金额通常不确定，因而不属于现金等价物。

企业应当根据具体情况，确定现金等价物的范围，一经确定不得随意变更。在以下表述现金，除非同时提及现金等价物，均包括现金和现金等价物。现金流量，是指现金和现金等价物的流入和流出。

【例题·单选题】下列各项中，不影响企业现金流量表中"现金及现金等价物净增加额"项目金额变化的有（　　）。

A. 以库存现金购买 3 个月内到期的债券

B. 用银行存款购买生产设备

C. 用银行存款购买长期股权投资

D. 用银行存款购买专利技术

【答案】A

【解析】选项 A 不影响，现金包括库存现金、银行存款以及其他货币资金，现金等价物包括 3 个月内到期的债券投资等。企业用库存现金购买 3 个月内到期的债券属于现金和现金等价物之间的转换，不影响现金流量；选项 B、C、D 影响，均为现金流出。

二、现金流量表的结构原理

（一）现金流量表的结构内容

现金流量表的基本结构根据"现金流入量－现金流出量＝现金净流量"公式设计。现金流量包括现金流入量、现金流出量、现金净流量。

根据企业业务活动的性质和现金流量的功能，主要现金流量可以分为三类并在现金流量表中列示，即：经营活动产生的现金流量、投资活动产生的现金流量和筹资活动产生的现金流量。每一项分为流入量、流出量和净流量三部分分项列示。此外，企业持有除记账本位币外的以外币为计量单位的资产负债及往来款项时，还应列示汇率变动对现金及现金等价物的影响。

（二）现金流量的分类

1. 经营活动产生的现金流量

经营活动产生的现金流量是指与销售商品、提供劳务有关的活动产生的现金流量，包括企业投资活动和筹资活动以外的所有交易和事项产生的现金流量。经营活动产生的现金流量分为经营活动产生的现金流入量、经营活动产生的现金流出量以及经营活动产生的现金净流量。主要项目内容如下：

（1）"销售商品、提供劳务收到的现金"项目。该项目反映企业本期销售商品、提供劳务收到的现金，以及前期销售商品、提供劳务本期收到的现金（包括销售收入和应向购买者收取的增值税销项税额）和本期预收的款项，减去本期销售本期退回商品和前期销售本期退回商品支付的现金。企业销售材料和代购代销业务收到的现金，也在本项目反映。

（2）"收到的税费返还"项目。该项目反映企业收到返还的所得税、增值税、消费税、关税和教育费附加等各种税费返还款。

（3）"收到的其他与经营活动有关的现金"项目。该项目反映企业经营租赁收到的租金等其他与经营活动有关的现金流入，金额较大的应当单独列示。

（4）"购买商品、接受劳务支付的现金"项目。该项目反映企业本期购买商品、接受劳务实际支付的现金（包括增值税进项税额），以及本期支付前期购买商品、接受劳务的未付款项和本期预付款项，减去本期发生的购货退回收到的现金。企业购买材料和代购代销业务支付的现金，也在本项目反映。

（5）"支付给职工以及为职工支付的现金"项目。该项目反映企业本期实际支付给职工的工资、奖金、各种津贴和补贴等职工薪酬（包括代扣代缴的职工个人所得税）。

（6）"支付的各项税费"项目。该项目反映企业本期发生并支付、前期发生本期支付以及预交的各项税费，包括所得税、增值税、消费税、印花税、房产税、土地增值税、车船税、教育费附加等。

（7）"支付的其他与经营活动有关的现金"项目。该项目反映企业支付的差旅费、业

务招待费、保险费、罚款支出等其他与经营活动有关的现金流出，金额较大的应当单独列示。

2. 投资活动产生的现金流量

投资活动产生的现金流量是指与非流动资产的取得或处置有关的活动产生的现金流量，包括企业长期资产的购建和不包括在现金等价物范围内的投资及其处置活动产生的现金流量。投资活动产生的现金流量分为投资活动产生的现金流入量、投资活动产生的现金流出量以及投资活动产生的现金净流量。主要项目内容如下：

（1）"收回投资收到的现金"项目。该项目反映企业出售、转让或到期收回除现金等价物以外的对其他企业的权益工具、债务工具和合营中的权益。

（2）"取得投资收益收到的现金"项目。该项目反映企业除现金等价物以外的对其他企业的权益工具、债务工具和合营中的权益投资分回的现金股利和利息等。

（3）"处置固定资产、无形资产和其他长期资产收回的现金净额"项目。该项目反映企业出售、报废固定资产、无形资产和其他长期资产所取得的现金（包括因资产毁损而收到的保险赔偿收入），减去为处置这些资产而支付的有关费用后的净额。

（4）"处置子公司及其他营业单位收到的现金净额"项目。该项目反映企业处置子公司及其他营业单位所取得的现金，减去相关处置费用以及子公司及其他营业单位持有的现金和现金等价物后的净额。

（5）"购建固定资产、无形资产和其他长期资产支付的现金"项目。该项目反映企业购买、建造固定资产、取得无形资产和其他长期资产所支付的现金（含增值税款等），以及用现金支付的应由在建工程和无形资产负担的职工薪酬。

（6）"投资支付的现金"项目。该项目反映企业取得除现金等价物以外的对其他企业的权益工具、债务工具和合营中的权益所支付的现金以及支付的佣金、手续费等附加费用。

（7）"取得子公司及其他营业单位支付的现金净额"项目。该项目反映企业购买子公司及其他营业单位购买出价中以现金支付的部分，减去子公司及其他营业单位持有的现金和现金等价物后的净额。

（8）"收到其他与投资活动有关的现金"、"支付其他与投资活动有关的现金"项目。该项目反映企业除上述（1）至（7）项目外收到或支付的其他与投资活动有关的现金，金额较大的应当单独列示。

3. 筹资活动产生的现金流量

筹资活动产生的现金流量是指涉及企业财务规模的更改或财务结构组成变化的活动，也就是指导致企业资本及债务规模和构成发生变动的活动产生的现金流量。筹资活动产生的现金流量分为筹资活动产生的现金流入量、筹资活动产生的现金流出量以及筹资活动产生的现金净流量。主要项目内容如下：

（1）"吸收投资收到的现金"项目。该项目反映企业以发行股票、债券等方式筹集资金实际收到的款项，减去直接支付给金融企业的佣金、手续费、宣传费、咨询费、印刷费等发行费用后的净额。

（2）"取得借款收到的现金"项目。该项目反映企业举借各种短期、长期借款而收到的现金。

（3）"偿还债务支付的现金"项目。该项目反映企业以现金偿还债务的本金。

（4）"分配股利、利润或偿付利息支付的现金"项目。该项目反映企业实际支付的现金股利、支付给其他投资单位的利润或用现金支付的借款利息、债券利息。

（5）"收到的其他与筹资活动有关的现金"、"支付其他与筹资活动有关的现金"项目。该项目反映企业除上述（1）至（4）项目外收到或支付的其他与筹资活动有关的现金，金额较大的应单独列示。

【例题·单选题】（2022年）下列各项中，应列入企业现金流量表中经营活动产生的现金流量项目的是（　　）。

A. 支付的各项税费
B. 取得子公司支付的现金
C. 购建固定资产支付的现金
D. 偿还借款支付的现金

【答案】A

【解析】选项B、C错误，属于投资活动产生的现金流量；选项D错误，属于筹资活动产生的现金流量。

【例题·多选题】（2015年）下列各项中，属于投资活动产生的现金流量的有（　　）。

A. 支付的现金股利
B. 支付的业务招待费
C. 转让无形资产所有权收到的现金
D. 支付给在建工程人员的职工薪酬

【答案】C、D

【解析】选项A错误，属于筹资活动产生的现金流量；选项B错误，属于经营活动产生的现金流量。

【例题·判断题】企业用现金支付采购人员的差旅费，应反映在现金流量表"购买商品、接受劳务支付的现金"项目。（　　）

【答案】×

【解析】支付采购人员的差旅费，应反映在"支付其他与经营活动有关的现金"项目中。

【例题·单选题】下列各项中，应列入"支付给职工以及为职工支付的现金"项目的是（　　）。

A. 支付现金股利
B. 支付在建工程人员薪酬
C. 代扣代缴个人所得税
D. 支付职工差旅费

【答案】C

【解析】选项 A 应列入"分配股利、利润或偿付利息支付的现金"项目；选项 B 应列入"购建固定资产、无形资产和其他长期资产支付的现金"项目；选项 D 应列入"支付的其他与经营活动有关的现金"项目。

【例题·判断题】为购建固定资产而发生的借款利息资本化金额，应列示在现金流量表"购建固定资产、无形资产和其他长期资产支付的现金"项目中（　　　）。

【答案】×

【解析】为购建固定资产而发生的借款利息资本化金额，应属于筹资活动，应当计入"分配股利、利润或偿付利息支付的现金"项目中。

（三）现金流量表的格式

现金流量表的格式，是指现金流量表结构内容的编排顺序和方式。

【新东方提示】

　　现金流量表的格式应有利于反映企业业务活动的性质和现金流量的来源，其基本原理是以权责发生制为基础提供的会计核算资料为依据，按照收付实现制基础进行调整计算，以反映现金流量增减变动及其结果，即将以权责发生制为基础编制的资产负债表和利润表资料按照收付实现制基础调整计算编制现金流量表。

考点二 现金流量表的编制★★

一、现金流量表的编制要求

现金流量表应当分经营活动、投资活动和筹资活动列报现金流量。现金流量应当分别按照现金流入和现金流出总额列报。

二、现金流量表的编制方法

编制现金流量表的方法有直接法和间接法两种。

（一）直接法

直接法是指通过现金收入和现金支出的主要类别列示企业经营活动现金流量的一种方法。以利润表中的营业收入为起算点，调整计算经营活动产生的现金流量净额。按直接法编制的现金流量表为现金流量表的正表。

【新东方提示】

例如，某企业某年度利润表中列示的营业收入为 100 万元，资产负债表中列示的应收账款年末金额为 20 万元、上年年末金额为 15 万元，不考虑其他因素影响，则表明该企业当年度 100 万元的营业收入中有 5 万元尚未收到现金，即销售商品收到的现金为 95 万元。

（二）间接法

在间接法下，则是以净利润为起算点，调整计算经营活动产生的现金流量净额。

【新东方提示】

例如，某企业某年度利润表中列示的净利润为 10 万元，资产负债表中列示的应收账款年末金额为 20 万元、上年年末金额为 15 万元，不考虑其他因素影响，则表明该企业当年度 10 万元的净利润中有 5 万元尚未收到现金，即经营活动产生的现金流量净额为 5 万元。

直接法和间接法二者的结果是一致的。

【新东方提示】

以直接法编制的现金流量表便于分析经营活动产生现金流量的来源和用途，预测企业现金流量的未来前景；而以间接法编制的现金流量表则便于将净利润与经营活动产生的现金流量净额进行比较，了解净利润与经营活动产生的现金流量差异的原因，从现金流量的角度分析净利润的质量，二者可以相互验证和补充。

第五单元 所有者权益变动表

考点 所有者权益变动表 ★★

一、所有者权益变动表概述

所有者权益变动表，是指反映构成所有者权益各组成部分**当期增减**变动情况的报表。

二、所有者权益变动表的结构

所有者权益变动表列示导致所有者权益变动的交易或事项；按照所有者权益的各组成部分及其总额列示交易或事项对所有者权益各部分的影响。

 【新东方提示】

在所有者权益变动表上，企业至少应当单独列示反映下列信息的项目：综合收益总额；会计政策变更和差错更正的累积影响金额；所有者投入资本和向所有者分配利润等；提取的盈余公积；实收资本、其他权益工具、资本公积、其他综合收益、专项储备、盈余公积、未分配利润的期初和期末余额及其调节情况。

所有者权益变动表的主要项目内容及其功能如下：

1.“上年年末余额”项目

“上年年末余额”项目反映企业上年资产负债表中实收资本（或股本）、其他权益工具、资本公积、库存股、其他综合收益、专项储备、盈余公积、未分配利润的年末余额。

2.“会计政策变更”“前期差错更正”项目

“会计政策变更”“前期差错更正”项目分别反映企业采用追溯调整法处理的会计政策变更的累积影响金额和采用追溯重述法处理的会计差错更正的累积影响金额。

 【新东方提示】

追溯调整法是指对某项交易或事项变更会计政策，视同该项交易或事项初次发生时采用变更后的会计政策，并以此对财务报表相关项目进行调整的方法。

追溯重述法是指在发现前期差错时，视同该项前期差错从未发生过，从而对财务报表相关项目进行更正的方法。前期差错通常包括计算错误、应用会计政策错误、疏忽或曲解事实以及舞弊产生的影响以及存货、固定资产盘盈等。

3.“本年增减变动金额”项目

“本年增减变动金额”项目反映所有者权益各项目本年增减变动的金额，具体内容：

（1）“综合收益总额”项目，反映净利润和其他综合收益扣除所得税影响后的净额相加后的合计金额。

（2）“所有者投入和减少资本”项目，反映企业当年所有者投入的资本和减少的资本。本项目内容包括：

①“所有者投入的普通股”项目，反映企业接受投资者投入形成的实收资本（或股

本）和资本溢价或股本溢价。

②"其他权益工具持有者投入资本"项目，反映企业发行的除普通股以外分类为权益工具的金融工具的持有者投入资本的金额。

③"股份支付计入所有者权益的金额"项目，反映企业处于等待期中的权益结算的股份支付当年计入资本公积的金额。

（3）"利润分配"项目，反映企业当年的利润分配金额。

（4）"所有者权益内部结转"项目，反映企业构成所有者权益的组成部分之间当年的增减变动情况。

本项目内容包括：

①"资本公积转增资本（或股本）"项目，反映企业当年以资本公积转增资本或股本的金额。

②"盈余公积转增资本（或股本）"项目，反映企业当年以盈余公积转增资本或股本的金额。

③"盈余公积弥补亏损"项目，反映企业当年以盈余公积弥补亏损的金额。

④"设定受益计划变动额结转留存收益"项目，反映企业因重新计量设定受益计划净负债或净资产所产生的变动计入其他综合收益，结转至留存收益的金额。

⑤"其他综合收益结转留存收益"项目，主要反映：第一，企业指定为以公允价值计量且其变动计入其他综合收益的非交易性权益工具投资终止确认时，之前计入其他综合收益的累计利得或损失从其他综合收益中转入留存收益的金额；第二，企业指定为以公允价值计量且其变动计入当期损益的金融负债终止确认时，之前由企业自身信用风险变动引起而计入其他综合收益的累计利得或损失从其他综合收益中转入留存收益的金额 等。

三、所有者权益变动表的编制

所有者权益变动表结构为纵横交叉的**矩阵式**结构。

所有者权益变动表各项目均需填列"本年金额"和"上年金额"两栏。上年度所有者权益变动表规定的各个项目的名称和内容同本年度不一致的，应对上年度所有者权益变动表各项目的名称和数字按照本年度的相关规定进行调整，填入所有者权益变动表的"上年金额"栏内。

【例题·单选题】（2020年）甲公司利润总额1 000万元，净利润800万元，其他综合收益税后净额170万元，综合收益总额是（　　　）万元。

A. 800
B. 630
C. 970
D. 1 000

【答案】C

【解析】选项C正确，综合收益总额＝净利润＋其他综合收益税后净额＝800＋

170＝970（万元）。

【例题·多选题】（2019年）下列各项中，企业应当在所有者权益变动表中单独列示反映的信息有（　　）。

A. 所有者投入资本
B. 综合收益总额
C. 向所有者分配利润
D. 提取的盈余公积

【答案】 A、B、C、D

【解析】 在所有者权益变动表上，企业至少应当单独列示反映下列信息的项目：（1）综合收益总额（选项B正确）；（2）会计政策变更和差错更正的累积影响金额；（3）所有者投入资本和向所有者分配利润等（选项A、C正确）；（4）提取的盈余公积（选项D正确）；（5）实收资本、其他权益工具、资本公积、其他综合收益、专项储备、盈余公积、未分配利润的期初和期末余额及其调节情况。

【例题·判断题】（2019年）所有者权益变动表中，"综合收益总额"项目反映净利润和其他综合收益扣除所得税影响后的净额相加后的合计金额。（　　）

【答案】 √

第六单元　财务报表附注及财务报告信息披露要求

考点一　财务报表附注★

一、附注概述

附注是对资产负债表、利润表、现金流量表和所有者权益变动表等报表中列示项目的文字描述或明细资料，以及对未能在这些报表中列示项目的说明等。

二、附注的主要内容

（一）企业简介和主要财务指标
（二）财务报表的编制基础
（三）遵循企业会计准则的声明
（四）重要会计政策和会计估计

企业应当披露采用的**重要**会计政策和会计估计，不重要的会计政策和会计估计可以不披露。

（五）会计政策和会计估计变更以及差错更正的说明

（六）报表重要项目的说明

（七）或者事项和承诺事项、资产负债表日后非调整事项、关联方关系及其交易等需要说明的事项

（八）有助于财务报表使用者评价企业管理资本的目标、政策及程序的信息

【例题·多选题】（2020年）下列各项中，应在企业财务报表附注中披露的内容有（　　）。

A. 财务报表的编制基础

B. 会计政策和会计估计变更以及差错更正的说明

C. 重要会计政策和会计估计

D. 遵循企业会计准则的声明

【答案】A、B、C、D

考点二　财务报告信息披露要求★

一、财务报告信息披露的概念

财务报告信息披露，又称会计信息披露，是指企业对外发布有关其财务状况、经营成果、现金流量等财务信息的过程。按照我国会计准则的规定，披露主要是指会计报表附注的披露。

二、财务报告信息披露的基本要求

财务报告信息披露的基本要求，又称财务报告信息披露的基本质量，主要有真实、准确、完整、及时和公平五个方面。

（一）真实

真实是指上市公司及相关信息披露义务人披露的信息应当以客观事实或者具有事实基础的判断和意见为依据，如实反映客观情况，不得有虚假记载和不实陈述。

【新东方提示】

虚假记载，是指企业在披露信息时，将不存在的事实在信息披露文件中予以记载的行为。

（二）准确

准确是指上市公司及相关信息披露义务人披露的信息应当使用明确、贴切的语言和简明扼要、通俗易懂的文字，不得含有任何宣传、广告、恭维或者夸大等性质的词句，不得有误导性陈述。公司披露预测性信息及其他涉及公司未来经营和财务状况等信息时，应当合理、谨慎、客观。

【新东方提示】

误导性陈述，是指在信息披露文件中或者通过媒体，作出使投资人对其投资行为发生错误判断并产生重大影响的陈述。

（三）完整

完整是指上市公司及相关信息披露义务人披露的信息应当内容完整、文件齐备，格式符合规定要求，不得有重大遗漏。信息披露完整性是公司信息提供给使用者的完整程度，不得忽略、隐瞒重要信息。使信息使用者了解公司治理结构、财务状况、经营成果、现金流量、经营风险及风险程度等。

【新东方提示】

重大遗漏，是指信息披露义务人在信息披露文件中，未将应当记载的事项完全或者部分予以记载。

不正当披露，是指信息披露义务人未在适当期限内或者未以法定方式公开披露应当披露的信息。

企业信息披露义务人应当忠实、勤勉地履行职责，保证披露信息的真实、准确、完整、及时、公平。

企业应当在附注中对"遵循了企业会计准则"作出声明。同时，企业不应以在附注中披露代替对交易和事项的确认和计量，即：企业采用的不恰当的会计政策，不得通过在附注中披露等其他形式予以更正，企业应当对交易和事项进行正确的确认和计量。

第七单元　财务报告的阅读与应用

财务报告的阅读与应用是利用财务报告资料获取企业财务状况、经营情况和现金流量等会计信息、评价企业经营业绩、预测经济前景、参与经济决策的过程。财务报告的阅读与应用是会计核算和会计监督职能的拓展与延伸。

考点　财务报告的阅读与应用★

一、资产负债表的阅读与应用

资产负债表的阅读与应用是获取企业财务状况的信息、考察企业资金的构成及来龙去脉、评价企业财务状况、预测企业财务状况发展趋势的过程，其主要内容有资产的存在状态及其分布、负债及所有者权益的构成状况、整体财务状况三方面。

1. 资产的存在状态及其分布

阅读资产负债表"资产"资料，获取企业拥有或控制的经济资源总量及配置状况的结构性信息，包括资产总额和资产结构的信息。

2. 负债及所有者权益的构成状况

阅读资产负债表"负债"资料，获取企业在一定时期内需要偿还的债务的总量和债务状况的结构性信息，了解掌握企业拥有或控制资产中运用负债获取资金来源的状况，包括负债总额和负债结构性的信息。

阅读企业资产负债表"所有者权益"资料，获取企业股权融资和盈利积累资金的总量以及所有者权益状况的结构性信息，了解掌握企业拥有或控制资产中运用股权融资和盈余积累获取资金来源的状况，包括所有者权益总额及其结构性的信息。

3. 整体财务状况的阅读与应用

阅读资产负债表资料，获取企业整体财务状况的结构性信息，厘清企业资金的来龙去脉关系，对企业财务状况作出基本评价，预测企业财务状况的基本变化趋势和发展前景。

二、利润表的阅读与应用

利润表的阅读与应用是获取企业经营情况的结构化信息、考察企业利润构成、评价经营业绩、预测企业盈利前景的过程。其主要内容有盈利水平、利润的构成情况和利润质量三方面。

1. 净利润和综合收益总额

阅读利润表中净利润和综合收益总额资料，获取企业经营成果和实现经济效益的信息，评价企业一定会计期间的经营情况。

2. 利润的构成情况

阅读利润表中营业利润、利润总额、净利润等项目资料，获取企业利润构成信息，评价企业利润质量和盈利能力。

三、现金流量表的阅读与应用

现金流量表的阅读与应用是获取企业现金流量的结构化信息、考察企业现金流量净额及其构成、评价企业现金收付能力和财务成果质量、预测企业现金流量前景的过程。其主要内容有持有现金、现金流量的构成情况和经营活动及其财务成果质量三方面。

1. 现金流量及其结构

阅读现金流量表中"现金及现金等价物净增加额"项目，获得现金增减净额信息，评价企业现金支付能力。阅读现金流量表中经营活动、投资活动、筹资活动产生现金流量净额以及汇率变动对现金及现金等价物的影响，获得现金流量的结构性信息和现金流量的来龙去脉，评价现金流量的质量。

2. 经营活动产生的现金流量及其结构

阅读现金流量表中经营活动产生的现金流量及其具体项目，获得经营活动产生的现金流量的详细信息，评价企业经营活动产生的现金流量。

3. 投资活动产生的现金流量及其结构

阅读现金流量表中投资活动产生的现金流量及其项目，获得投资活动产生的现金流量的详细信息，评价企业投资活动产生的现金流量。

4. 筹资活动产生的现金流量及其结构

阅读现金流量表中筹资活动产生的现金流量及其项目，获得筹资活动产生的现金流量的详细信息，评价企业筹资活动产生的现金流量。

5. 现金流量表补充资料

阅读现金流量表补充资料，获取经营活动产生现金流量的补充性的结构信息，评价企业经营活动现金流量和利润的质量。

（1）如果经营活动现金流量净额大于同期净利润额，一般说明收到的现金高于同期实现的净利润额，表明利润的质量好；通常会提高企业资产的流动性、进而改善企业的财务状况，增强抵御财务风险的能力。

（2）如果经营活动现金流量净额小于同期净利润额，一般说明收到的现金低于同期实现的净利润额，则表明利润的质量较差。

读者意见反馈

为收集对图书的意见建议，进一步完善图书编写并做好服务工作，读者可将对本图书的意见建议通过如下渠道反馈至我社。

咨询电话　400-810-0598

反馈邮箱　gjdzfwb@pub.hep.cn

通信地址　北京市朝阳区惠新东街 4 号富盛大厦 1 座

　　　　　高等教育出版社总编辑办公室

邮政编码　100029

防伪查询说明

用户购书后刮开封底防伪涂层，使用手机微信等软件扫描二维码，会跳转至防伪查询网页，获得所购图书详细信息。

防伪客服电话　（010）58582300